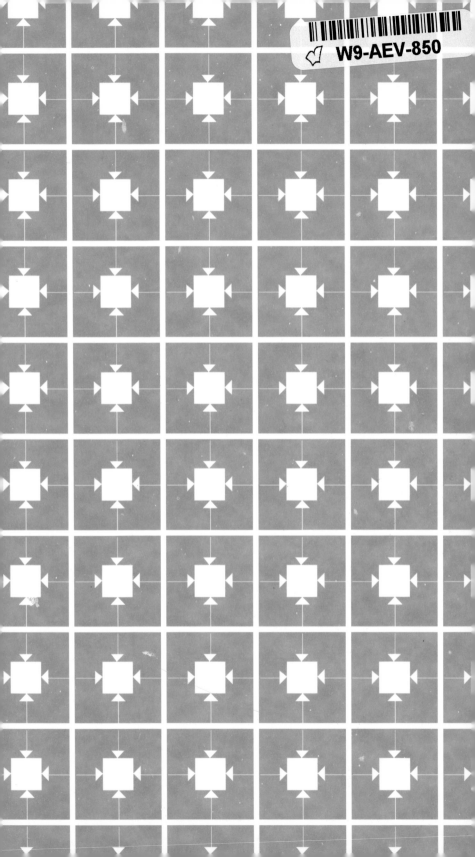

La ciudad en el imaginario venezolano
III. De 1958 a la metrópoli parroquiana

Arturo Almandoz

LA FUNDACION PARA LA CULTURA URBANA ha sido creada por el
Grupo de Empresas Econoinvest como un aporte a la comunidad

La ciudad en el imaginario venezolano

III. De 1958 a la metrópoli parroquiana

Arturo Almandoz

FUNDACIÓN PARA LA
CULTURA URBANA
Grupo de Empresas Econoinvest

Caracas, 2009

LA CIUDAD EN EL IMAGINARIO VENEZOLANO
III. De 1958 a la metrópoli parroquiana
ARTURO ALMANDOZ

© Fundación para la Cultura Urbana
RIF: J-30804495-4
Caracas, 2009

Hecho Depósito de Ley
Depósito Legal: lf86420099002953
ISBN: 978-980-7309-02-8
Diseño de carátula: John Lange
Diseño de colección: ProduGráfica

Ilustración de carátula: Tito Caula, colección de la Fundación para la Cultura Urbana
Producción gráfica: Ediplus producción, C.A.
Corrección de texto: Magaly Pérez Campos
Impresión: Gráficas Lauki, C.A.
Impreso en Venezuela / *Printed in Venezuela*

Presentación

Entregamos en manos de los lectores el tercer tomo de la extraordinaria investigación del profesor de la Universidad Simón Bolívar, Arturo Almandoz Marte, *La ciudad en el imaginario venezolano*. Esta trilogía única constituye, sin la menor duda, uno de los más importantes aportes de todos los tiempos, para la comprensión de la venezolanidad en sus vertientes urbanísticas, literarias e históricas.

El primer volumen abarcó *Del tiempo de Maricastaña a la masificación de los techos rojos* (2002); el segundo trabajó *De 1936 a los pequeños seres* (2004) y el tercero, *De 1958 a la metrópoli parroquiana* (2009). Desde la Fundación le agradecemos, con alegría, al profesor Almandoz por haber confiado en nosotros para la publicación de esta obra fundamental.

Fundación para la Cultura Urbana

ARTURO ALMANDOZ MARTE

(Caracas, 1960) es Urbanista *cum laude*, Universidad Simón Bolívar (USB, 1982); Diploma de Técnico Urbanista, Instituto Nacional de Administración Pública (INAP, Madrid, 1988); Magíster en Filosofía, USB (Caracas, 1992); PhD por la Architectural Association School of Architecture, Open University (Londres, 1996); Posdoctorado por el Centro de Investigaciones Posdoctorales (Cipost), Universidad Central de Venezuela (UCV, Caracas, 2004). Profesor Titular, departamento de Planificación Urbana, USB y profesor Titular Adjunto, Pontificia Universidad Católica de Chile (PUC, Santiago). Además de 45 artículos en revistas y actas especializadas y 15 contribuciones en obras colectivas, es autor o editor de 10 libros que han obtenido premios de la USB y el Municipal de Literatura (1998, 2004) en diferentes menciones investigativas, así como nacionales e internacionales. Destacan *Urbanismo europeo en Caracas (1870-1940)* (1997; 2006), Premio de Teoría y Crítica, IX Bienal Nacional de Arquitectura, 1998; *La ciudad en el imaginario venezolano,* I (Fundación para la Cultura Urbana, 2002; 2008) y II (2004), premio compartido de Teoría y Crítica de Arquitectura y Urbanismo, XIV Bienal Panamericana de Arquitectura de Quito, 2004; *Entre libros de historia urbana* (2008). Editor de *Planning Latin America's Capital Cities, 1850-1950* (2002), premio regional 2004 de la International Planning History Society (IPHS). El profesor Almandoz ha sido ponente o conferencista en más de 92 eventos nacionales e internacionales, habiendo publicado más de 65 colaboraciones divulgativas en prensa y revistas especializadas. Nivel IV del Programa de Promoción del Investigador (PPI) desde 2007, ha sido profesor invitado de universidades nacionales, así como de la Universidad de Helsinki, PUC y Federal de Bahía, Brasil.

Llegué a Caracas una semana antes de que tuviera lugar el terremoto del año 1967, fecha (la del sismo, por supuesto) que, aunque resulte paradójico, a mi juicio tiene mucha importancia histórica para lo que ha sido el desarrollo urbanístico, arquitectónico y sociocultural de esta ciudad a la que muchos de sus habitantes amamos-detestamos sin tener la más mínima intención de abandonarla. Ni siquiera en las peores circunstancias que nos puedan deparar bien sea la naturaleza, bien sea la situación política u otras «menudencias» cotidianas y ya comunes a muchas ciudades contemporáneas, hemos albergado la idea de «descaraqueñizarnos».

La inseguridad, el infernal tránsito automotor o las ya inevitables aglomeraciones de seres humanos en pequeños espacios como los pasillos de los centros comerciales, las estaciones y vagones del metro o las dependencias oficiales en las que debamos realizar algún trámite, no serán excusas suficientemente válidas como para que dejemos lo que ya forma parte inevitable e ineludible de nuestras vidas. Porque, como en un presagio llegado del vientre de la madre tierra, aquellos movimientos que hacían vibrar a la ciudad como si fuera un pastel de gelatina eran precisamente el anuncio de que aquí permaneceríamos por el resto de nuestra vida.

Pero, sin duda, ese día, Caracas entraba en una etapa urbanística y humana diferente. Quienes acá ya estaban y los que recién llegábamos descubrimos cuán endeble e indómito era el espacio que pisábamos. No obstante, por encima de la desgracia que aquello significaba, casi en sintonía con la Teoría de la diosa Gaia, también se impuso en el ánimo colectivo la voluntad de reconstruir física, social y espiritualmente todo lo que en aquel momento se había derribado, incluidas las esperanzas. Era necesario regresar al equilibrio.

Si se quiere, en ese tiempo, Caracas era todavía una capital pequeña, más humana y acogedora en la que, por lo menos los recién llegados, debíamos utilizar ropas que nos protegieran de las bajas temperaturas. Si vale la tautología, al llegar, el Ávila nos pareció un «misterioso enigma» propenso al hechizo. Todavía la niebla era posible por las tardes y la amabilidad de las personas nos ayudaba a paliar el despecho generado por la soledad traída de la provincia, ahora condimentado con un fenómeno natural que nunca antes habíamos conocido de modo directo.

El terremoto serviría entonces de triste hito simbólico para que se iniciara un conjunto de cambios que ya no se detendrían jamás. Si hasta ese momento no había cambiado demasiado desde los tiempos de Pérez Jiménez, tengo la impresión de que es a partir de esa fecha cuando se exacerba el síndrome de la urbe mimética en que se ha convertido nuestra capital.

Hasta el sol de hoy siguen ocurriendo variaciones de tal magnitud que bien podríamos decir que hay una Caracas distinta por cada lapso de cinco o seis años. Aquí sí es verdad que nadie se baña dos veces en el mismo río (porque seguramente no sobrevivirá al primer intento) ni camina más de tres por la misma acera. Y es que al decir Caracas, la mutante, sabemos que si alguien llamado Heráclito hubiese nacido en un barrio de la zona popular de Carapita, seguramente lo habrían bautizado con aguas del Guaire en el bulevar de Catia, hubiera hecho la primera comunión en un centro comercial como el de Chacaíto (antes) o el Sambil (ahora), habría firmado las capitulaciones matrimoniales en alguna sifrina iglesia de Altamira y su partida de defunción podríamos recogerla en la prefectura de Petare.

Es decir, así como ha sido la ciudad en el transcurso

temporal, sus habitantes vivimos y gozamos a nuestro modo de una urbe diferente con sólo recorrer unos pocos kilómetros o años. Y el segundo recorrido no será jamás idéntico al primero; seguramente, algo se habrá modificado en ella mientras escribimos este prólogo.

Pero aquí llegamos para quedarnos y dejar nuestros huesos. A esta urbe presuntamente deforme, desproporcionada, aunque igualmente seductora y cautivante. A esta amalgama de concreto, sudores, asfalto, aguas nauseabundas y aromas imprescindibles. A este berenjenal citadino que para nada se avergüenza de cambiar de piel cada cierto tiempo, sin ningún tipo de miramiento. La ciudad que es radicalmente distinta para el viajero que se aventura a repetir su visita.

No es Madrid, con sus mismos edificios de siempre. No es Londres, cuyas plazas estuvieron todo el tiempo en el mismo lugar. No es Roma, la de los personajes idénticos que no cambian. Ni París, que parece detenida en un tiempo de Tullerías que no cesan de mirar a la torre Eiffel. Es Caracas, la multifacética, la que nunca es igual de hoy para mañana, la que cambia su paisaje urbano y hace cambiar a sus habitantes como si nada.

Esta capital de nuestras querencias y dolencias se parece cada día más a un campamento de veraneo, como diría José Ignacio Cabrujas, autor importante para la lectura de este libro. Por la noche armamos las carpas para deshacerlas a la mañana siguiente, a fin de seguir una marcha que nunca se detiene. La vemos desde nuestra ventana cambiar de rostro, como la ve desde su asiento de ficcionauta, y durante el periplo que ha de realizar entre un extremo y otro de la misma, Andrés Barazarte, el personaje de *País portátil* (Adriano González León, 1968). La misión que Barazarte debe finiquitar no podía ser más parecida a lo que la ciudad ha sido en múltiples ocasiones: lograr que una carga explosiva dejara alguna cicatriz adicional en la faz recurrentemente modificada de la urbe de cemento que, al contrario de algunas antiquísimas capitales europeas, nunca es la misma después de una puesta de sol.

Y pecaría de insincero si no dijera que, muy al contrario de lo que crean ciertas personas de pensamiento conservacionista, los monumentalistas irredentos, me parece que ése es precisamente el atractivo más importante de este espacio urbano casi fantástico en el que pernoctamos. Eso de que las urbes deben conservarse idénticas hasta la eternidad puede resultar aburridísimo si lo vemos con sinceridad de habitante y no con mirada de turista. Siendo lo que no fuimos hace rato, mostramos al universo el dinamismo de la vida. Y la vida citadina también es movimiento perpetuo, agitación. Las ciudades se mueven como se mueve la sangre de sus habitantes. Ése es el misterio de Caracas y de Venezuela en general, posiblemente la única capital latinoamericana y el único país que se niegan al tedioso hábito cultural (¿herencia greco-latina, acaso?) de parecer entidades momificadas, lugares por donde transcurre la gente pero no pasa el tiempo.

Y eso, precisamente, es lo que he confirmado a través de las páginas de este libro en el que mi admirado colega y amigo Arturo Almandoz se hunde en esa hermosa selva de palabras, juicios, análisis y contundentes conclusiones que él ha dado en titular *La ciudad en el imaginario venezolano*, y que, con este nuevo abordaje, llega a su tercer recorrido cronológico. Y lo he confirmado porque he visto cómo se pasea Arturo con verdadero acierto por cada una de las distintas versiones de la urbe derivadas de los múltiples bocetos que ensayistas, novelistas y algunos cuentistas han pergeñado a través de la literatura. Podría servir la amplia muestra de obras que Almandoz ha analizado aquí para darnos cuenta de cómo la literatura venezolana ha contribuido a diseñar, desde la ficción, una historia de las distintas etapas que ha atravesado la ciudad.

Me sumo a la idea que el autor ha tomado de Orlando Araujo según la cual la ficción literaria (en su caso, principalmente el ensayo y la novela venezolanos) puede adelantarse a la historia y postular delimitaciones histórico-geográficas, hechos particulares del tiempo y el espacio, que luego habrán de servir de soporte para estudios formales emprendidos desde las distintas ciencias sociales. Casi como recordar la similitud entre esto y el modo como Homero contribuyó con sus ficciones a «construir» la historia de la Grecia antigua. De ese modo la literatura es capaz de adelantarse al por-venir y pre-postularlo. En tales casos, los escritores actúan (debería decir, actuamos) como visionarios, casi como «pitonisos» de la Geografía y la Historia. Eso, precisamente, lo vemos en las múltiples novelas y volúmenes ensayísticos aquí rigurosamente analizados: cada obra parece postular en su momento algún rasgo particular de lo que la ciudad habrá de ser en el futuro cercano. Por ejemplo, a modo de «documentos sociológicos» aquí se perpetúan algunos personajes e ideas de escritores como Eduardo Liendo, Salvador Garmendia, Antonia Palacios, Carlos Rangel, Antonieta Madrid, Ramón Bravo, Ludovico Silva, Luis Britto García, Elisa Lerner, José Balza, Renato Rodríguez y Juan Liscano, entre otros. Se confrontan en un solo espacio de análisis lo pueblerino en textos de Oswaldo Trejo, Alfredo Armas Alfonzo y Antonia Palacios, con la «ruralidad de papel» de Oscar Guaramato y Orlando Araujo, además de lo estrictamente citadino abocetado en obras como *País portátil* (1968, Adriano González León), *Piedra de mar* (1968, Francisco Massiani) y *Yo amo a Columbo o la pasión dispersa* (1979, Elisa Lerner).

La ciudad que ha venido siendo y nunca es la misma, la urbe que cambia de vestimenta con cada suspiro de algún personaje, el conglomerado urbano que muta motivado por su dinamismo social, va apareciendo y reapareciendo muy otra en cada propuesta textual que ha escogido Arturo Almandoz para su investigación.

Así, a partir de las consecuencias urbanísticas heredadas de la dictadura de Marcos Evangelista Pérez Jiménez (perfiladas y sugeridas, por ejemplo, en *Se llamaba SN*, de José Vicente Abreu, 1964, y *La muerte de Honorio*, de Miguel Otero Silva, 1963), hasta las construcciones emprendidas por los gobiernos democráticos posteriores (Guillermo Meneses, José Balza, Antonieta Madrid y, de nuevo, Miguel Otero Silva nos observan de reojo), cada escritor pone al descubierto una parte del rostro citadino, para mostrarnos un conjunto de apariencia amorfa que finalmente termina resultándonos armónico, en su estilo y con sus particularidades.

En la historia de la(s) ciudad(es) que aquí se «deconstruye(n)» a través del estudio minucioso de una amplia muestra ficcional, vamos apreciando la afluencia sucesiva de tópicos que permanecen en los textos como interesantes fuentes de estudio para algunas disciplinas de las llamadas ciencias humanas: valga decir, la guerrilla y algunas de sus consecuencias, como la pacificación y el funcionarismo posterior de algunos de sus más enconados participantes, el crecimiento veloz de los «techos de cartón» a los que se refirió nuestro inolvidable Alí Primera, las patotas pandilleras de los años sesenta y el impacto social generado por su advenimiento, la bohemia artística desplegada por el bulevar de Sabana Grande en todas sus manifestaciones, la psicodelia y el jipismo como expresiones de la actitud contestataria propia de las décadas de los sesenta y setenta, el consumismo y su avance desaforado hacia el mercadeo de todo lo humano, el advenimiento de los centros comerciales como fatuos templos de la modernidad y las grandes autopistas repletas de estáticos y enfilados automóviles como si representaran el castigo proveniente del «excremento del diablo». La Guerra Fría, la Revolución cubana, el Mayo francés y sus repercusiones en nuestra vida cotidiana, son también parte de este imaginario bosquejado en la literatura del período que llega hasta nuestros días, junto con sus tradiciones y contradicciones políticas.

Como testigos mudos, pero inevitables, del proceso de urbanización y cambios de la ciudad, se pasean por estas páginas, dialogan entre ellos y se ríen de nosotros los habitantes, algunos personajes y paisajes de Carlos Noguera, Arturo Uslar Pietri, Andrés Mariño Palacio, Pancho Massiani, Eduardo Liendo, Pedro Berroeta y Renato Rodríguez. Con el resto de los autores y obras analizados, cada uno forma parte de una especie de asamblea plenaria cuya finalidad es ofrecernos un recorrido panorámico por todo aquello que como conglomerado humano integrado al paisaje hemos sido.

Con suficientes datos tanto para el intelectual divulgador como para el formal especialista universitario, Arturo Almandoz parte de un amplio y muy bien documentado análisis histórico-contextual para llevarnos después a un recorrido ficcional que se inicia en el oeste de la capital, pasa por las peculiaridades urbanísticas del centro y se va dejando llevar por las aguas del Guaire para permitirnos caer en el este o sureste, como en un paseo turístico que va mostrando cada ropaje con que se ha vestido la capital. Cada estación del paseo es entonces una etapa urbana. Y cada etapa urbana ha sido recogida con mayor o menor precisión en alguna obra literaria de las seleccionadas para el periplo.

A todo lo dicho, debo añadir que, cuando comencé a leer este libro, no pude evitar la tentación de retrotraerme a mis propios golpes de memoria sobre lo que ha sido el país y su rebullir urbano. Imposible no hacerlo, porque –como expresé antes– lo que aquí se nos muestra tiene precisamente esa virtud de hacernos (re)construir desde su capital las distintas Venezuelas en las que hemos vivido.

Por alguna razón que desconozco, en la medida en que leía, poco a poco fui regresando a mis olvidos hasta llegar a las figuras de algunos personajes emblemáticos que muy bien podrían simbolizar ese fabuloso panorama que aquí nos ofrece Arturo Almandoz. Voy a referirme sólo a tres. Primero, uno que es huésped definitivo de este volumen, Juanbimba. Aquel campesinito trajeado de liquiliqui blanco, con sombrero de cogollo y un bollo de pan en el bolsillo. Los otros dos no se mencionan acá, pero igual he visto sus perfiles agazapados detrás de las palabras del autor. Son Censito Padrón y Juancito Cuchara.

Aunque a veces mal interpretado y peor utilizado por algunos partidos políticos, muchos intuimos lo que significa Juanbimba para lo que somos como cultura. A nuestro humilde juicio, Juanbimba es el habitante que concentra en sus virtudes lo que es el país, su pureza y sus condiciones humanas. Pueblo que se va haciendo y deshaciendo con el vagavagar del progreso. Y si se quiere, los otros dos serían su contracara, su lado B. Parecieran haber desaparecido de la memoria colectiva como si se los hubiera tragado la tierra aquel fatídico día del terremoto, pero siguen en mi archivo mental, no sé si iguales o deformados por mi memoria y por mi tendencia a volver ficción los recuerdos.

La imagen de Censito Padrón fue utilizada como emblema de un censo nacional, creo que el de 1961. Era el simbólico personaje que nos diría cuánto habíamos crecido demográficamente hasta ese momento de reinicio de la democracia venezolana. Pequeño de estatura, con sombrerito y traje, uno lo imaginaba caminando como si fuera contando una a una las personas, a fin de percatarse de cuántos éramos para ese momento.

Juancito Cuchara, por su parte, simbolizaba a las «obras públicas», el sujeto gubernamental encargado de «cuidar» y «(re)construir» los espacios para que se guareciera aquella población censada. En nuestra imaginación, su imagen representaba al siempre emprendedor obrero de la construcción. Vestía lo que mediante el inevitable léxico anglicista llegado con el vendaval de la explotación petrolera llamábamos un *overol* (del inglés *overall*) y creo que en su gorra destacaban las siglas del Ministerio de Obras Públicas (MOP).

Pues bien, aquí andan los tres personajes aludidos, por estas páginas y «por estas calles» literarias que bien ha recreado Arturo Almandoz. Porque de crecimiento poblacional, estadísticas demográficas y migraciones de población tratan algunos de los ensayos y novelas escogidos para hablar del imaginario que aquí se recrea. Igual podría argumentarse de la picota demoledora y actitud (re)constructora emblematizada por Juancito Cuchara. Para resumir el libro en pocas palabras, podría yo decir que, a través de sus páginas, Juanbimba percibe desde la ficción literaria cómo va creciendo y migrando el conglomerado de sus congéneres hacia la urbe, al tiempo que se percata de los procesos de demolición y reajuste que constantemente modifican la fachada citadina. Así, de la misma manera, cada texto literario analizado durante este recorrido contiene la evidencia de algo que ha sido la ciudad y ya no es. La muestra con sus cambios poblacionales y espaciales, mediante la fotografía sociocultural de quienes la habitan.

Finalmente, hay que dejar claro que un trabajo de esta naturaleza, emprendido y ejecutado por un solo autor, no puede abarcar en su completa dimensión el universo sobre el que trabaja. Es ineludible la selección de una muestra representativa. Y esto es lo que ha hecho Almandoz. La totalidad del universo es apenas una ilusión metodológica de algunas ramas de las ciencias sociales, una utopía en la que inevitablemente quedarán fuera algunos integrantes. Pero si la muestra ha sido engranada con suficiente, riguroso y amplio criterio, pues termina representando el universo del que ha sido extraída. Este es el caso. O sea, hay espacios por llenar que a mi juicio seguirán siendo acicate para la investigación futura del autor. Datos adicionales para la continuidad de esta visión de lo urbano en el imaginario literario hay, por ejemplo, en el recorrido de otros géneros como el cuento, la crónica y la poesía. También en la visión particular que de la ciudad hemos reelaborado, desde la fusión de los géneros, las generaciones de escritores venezolanos surgidas a partir de los años ochenta del siglo XX.

No obstante, sin exageraciones de ninguna naturaleza, e igual que los dos volúmenes que lo han precedido, este es un libro positivamente abrumante. Profuso. Amplio. Detallista. Suficiente. Metodológicamente impecable desde los aportes teóricos del urbanismo. Ofrece un amplísimo panorama que vincula buena parte de nuestra literatura con los asentamientos humanos que hemos sido y el paisaje urbanístico en que nos hemos desenvuelto. Si para alguien faltaren datos, no podía haber sido de otra manera. Sin embargo, nadie podrá poner en tela de juicio que representa de modo muy digno, profesional, coherente y responsable, el universo sobre el que se ha volcado la indagación y búsqueda que se propuso su autor. El mejor modo de comprobar esa premisa es entrando en este organizado bosque de buenas ideas, magníficos ejemplos y mejores conclusiones. Adelante, pues.

Luis Barrera Linares
febrero de 2008

I
Introducción

Urbanización y universalismo[*]

> «Une nouvelle relation entre temps et fiction correspond à cette notion du monde du texte. ... Nous n'hésitons à parler ici, en dépit du paradoxe évident de l'expression, d'*expérience fictive du temps*, pour dire les aspects proprement temporels du monde du texte et des manières d'habiter le monde projeté hors de lui-même par le texte»[1].

> PAUL RICOEUR,
> *Temps et récit* (1983-85), II

1. Al acudir al frecuente sincretismo del discurso literario con el especializado, metáforas, temas y etapas de las obras de algunos escritores nuestros han ayudado a deslindar momentos o grandes partes de esta investigación sobre la ciudad en el imaginario venezolano. Más allá de las peculiaridades geográficas del Puerto Cabello natal y de su propio itinerario vital, algo de esa correspondencia entre literatura e historia, por ejemplo, asoma de nuevo en el reflejo que de la urbanización nacional pareció hacer Ramón Díaz Sánchez poco antes de morir, al poner en perspectiva su propia obra.

---

[*] Pasajes de ésta y las siguientes secciones introductorias fueron presentadas dentro de la ponencia «Claves para una revisión urbana de novela y ensayo venezolanos, 1960-1980», I Coloquio Venezolano de la International Association for Dialogue Analysis (IADA), Caracas: IADA, Facultad de Humanidades y Educación, Comisión de Estudios de Postgrado, Universidad Central de Venezuela, IADA, abril 21-23, 2005, la cual será publicada bajo el mismo título en *Letras*, 79, Caracas: Instituto de Investigaciones Literarias «Andrés Bello» (Ivillab), Universidad Pedagógica Experimental Libertador (UPEL). Una versión resumida apareció como A. Almandoz, «Intelectualidad, especialización y establecimiento cultural en la Venezuela de Punto Fijo», Papel Literario, *El Nacional*, Caracas: agosto 4, 2007, pp. 3-5.

[1] «Una nueva relación entre texto y ficción corresponde a esta noción de mundo del texto... No dudamos de hablar aquí, a pesar de la evidente paradoja de la expresión, de la experiencia ficcional del tiempo, para decir los aspectos propiamente temporales del mundo del texto y de las maneras de habitar el mundo proyectadas por el texto fuera de sí mismo».

Tres son las etapas fundamentales en que se divide, hasta este momento, mi experiencia vital y consecuentemente mi actividad de escritor: la primera, incipiente, se desenvuelve en el terruño nativo, en un escenario descolorido, junto al mar pero de espaldas a él, con las pupilas atentas pero obstruidas por un cortejo de sombras indefinidas; la segunda en tierras del Zulia y de preferencia en la región petrolera sacudida, en aquellos momentos, por el espasmo de un redescubrimiento brutal, y la tercera en Caracas, en donde al fin se producen las definitivas revelaciones de una geografía del espíritu que, si bien diseñada por una voluntad nacional, comienza a orientarse hacia soluciones universales...[2].

Esas tres etapas creativas del escritor que casi naciera con el siglo XX registran algo de las fases de la urbanización venezolana, en términos de ocupación territorial, cambios económicos y funcionamiento demográfico[3]. Tal como se trató de bosquejar en el libro inicial de esta investigación, aquella primera fase corresponde al país no trocado todavía por el petróleo, cuya matriz de asentamientos y relaciones económicas venían desde la colonia, y se mantuvieron, *mutatis mutandis*, a través de las variantes regionales de la economía agroexportadora y comercial que nos alimentara hasta las primeras décadas del siglo XX; es el país rural que se intentó recorrer a través ciudades que no podían dejar de ser «pueblerinas», aunque para finales del gomecismo resoplara ya, bajo sus techos rojos, algo de la modernización y masificación seculares[4]. Si bien remontándose al imaginario de los inicios de la

[2] R. Díaz Sánchez, «Presentación» (julio 5, 1967), a *Obras selectas*. Madrid: Edime, 1967, pp. 9-13, p. 9.
[3] Me apoyo para las etapas de la urbanización nacional en Miguel Bolívar, *Población y sociedad en la Venezuela del siglo XX*. Caracas: Fondo Editorial Tropykos, Facultad de Ciencias Económicas y Sociales (Faces), Universidad Central de Venezuela (UCV), 1994, pp. 185, 197; *La población venezolana 10 años después de El Cairo: una revisión selectiva de su dinámica, distribución espacial y movimientos migratorios*. Caracas: Facultad de Ciencias Económicas y Sociales (Faces), Universidad Central de Venezuela (UCV), Fondo de Población de las Naciones Unidas (Unfpa), 2004, p. 54.
[4] Ver A. Almandoz, *La ciudad en el imaginario venezolano. I: Del tiempo de Maricastaña a la masificación de techos rojos*, prólogo de R. Arráiz Lucca. Caracas: Fundación para la Cultura Urbana, 2002.

explotación petrolera en los años 1920, como en el caso de-Mene (1936) y *Casandra* (1957) del mismo Díaz Sánchez, un segundo libro se ocupó del país que sufriera drásticos cambios demográficos y territoriales, como la superación del 50 por ciento de urbanización para mediados del siglo, apenas dos décadas después de que dejáramos de ser una sociedad rural, aunque con fracturas territoriales y de modos de vida tan ingentes, que don Ramón y sus congéneres las acusaran como dos Venezuelas contrapuestas[5]. Y una tercera etapa puede ser asociada con ese país urbano ya desde los cincuenta, dinámico todavía en su transición demográfica hasta la Gran Venezuela de los setenta, desde cuando comenzara a desacelerar su crecimiento[6], como en prefiguración de cambios económicos y políticos que Díaz Sánchez no pudo siquiera barruntar. Aunque obviamente no determinaron estos cambios póstumos la última etapa caraqueña de su obra, tal como fue avizorada por el autor, no deja de ser significativo que éste divisara la tarea creadora desde un escenario urbano, o más propiamente, metropolitano.

2. También está en la obertura de Díaz Sánchez un planteamiento sobre el universalismo de las soluciones estéticas en esa tercera etapa de su obra, marcada por la gran ciudad como crisol forjador de una «geografía del espíritu» nacional, pero abierta al cosmopolitismo y la pluralidad. Ello nos remite, por un lado, al contexto político y cultural de esa tercera fase creativa y urbana, paralela al renacimiento democrático enmarcado en el pacto de Punto Fijo, así como al desarrollo de un rico Estado que se hacía paternalista y hasta represivo, a la vez que buscaba la pacificación. En este sentido, cabe primeramente recordar que la caída del gobierno de Pérez Jiménez en 1958 propició la irrupción en Venezuela de grupos intelectuales que reflejaban las más diversas inquietudes del con-

[5] Ver A. Almandoz, *La ciudad en el imaginario venezolano. II: De 1936 a los pequeños seres*, prólogo de C. Pacheco. Caracas: Fundación para la Cultura Urbana, 2004.
[6] M. Bolívar, *La población venezolana 10 años después de El Cairo...*, pp. 54, 197.

vulsionado mundo de la Guerra Fría y la Revolución cubana. Alguna atención exigen esos grupos, para entender el contexto cultural e ideológico en el que se produjeron los imaginarios de la Venezuela urbana, especialmente en los primeros lustros de la restauración democrática.

Si bien venía reuniéndose desde finales de la dictadura en el café Iruña, de Reducto a Municipal, Sardio emergió como el grupo germinal de la restaurada democracia, el cual dio cabida a diferentes géneros de poesía, narrativa y ensayo; entre sus miembros se contaron escritores y profesores universitarios como Salvador Garmendia, Guillermo Sucre, Adriano González León, Luis García Morales, Rodolfo Izaguirre, Ramón Palomares, Gonzalo Castellanos, Antonio Pasquali, Héctor Malavé Mata, Efraín Hurtado, Francisco Pérez Perdomo, Oswaldo Trejo y Elisa Lerner. Si bien Sardio se proclamaba orientado a «un humanismo político de izquierda», las más jóvenes facciones que él hubo de generar se perfilaron de corte más radical. Integrado por Rafael Cadenas, Jesús Sanoja Hernández y Manuel Caballero, entre esas facciones estuvo Tabla Redonda, la cual exigía «del creador un compromiso personal activo, mas no panfletario, con la realidad del país», que era ya en buena medida la de una sociedad urbanizada[7].

La Revolución cubana había acentuado el carácter crítico, contracultural y disidente de otros grupos que conformaron esa parte de la vanguardia artístico-literaria de los sesenta, conocida como «izquierda cultural venezolana». Ésta estaba presidida por El Techo de la Ballena (1961-1968), promovido por poetas –Ramón Palomares, Caupolicán Ovalles, Luis García Morales, Efraín Hurtado, Dámaso Ogaz y Edmundo Aray– miembros de Sardio –Garmendia, González León e Izaguirre– y artistas plásticos –Carlos Contramaestre, Juan Calzadilla y Diego Barboza, entre otros– que protagonizaron controversiales «homenajes». También estaba el Círculo del Pez Dorado, de los pintores Jacobo Borges, Régulo Pérez y Manuel Espinoza, que se convirtió después en la Nueva Figuración, incluyendo a

---

[7] J. R. Medina, *Noventa años de literatura venezolana (1900-1990)*. Caracas: Monte Ávila Editores, 1993, pp. 261-262; Yolanda Segnini, *Historia de la cultura en Venezuela*. Caracas: Alfadil Ediciones, 1995, p. 68.

Alirio Palacios y Alirio Rodríguez. Búsquedas más rigurosas y experimentales desde el punto de vista formal fueron emprendidas por escritores como Carlos Noguera, José Balza y Luis Alberto Crespo, en las revistas *En Haa* y *LAM*[8].

Si bien hubo mutaciones ideológicas y migraciones de miembros entre esos grupos, puede decirse con Arráiz Lucca que El Techo de la Ballena y Tabla Redonda se orientaron a la izquierda, mientras que en Sardio militaron originalmente los que reconocían más factibilidad en el proyecto democrático venezolano[9]. Después de burlarse del establecimiento político y literario del país –de Betancourt a Gallegos y Andrés Eloy– esos grupos terminarían abandonando el radicalismo de izquierda, una vez que la Revolución cubana dio sus primeras muestras de autoritarismo y represión, asimilándose desde entonces aquélla a la plataforma cultural de un Estado que procuraría la pacificación de la guerrilla. Así ocurrió por ejemplo con Sardio, que después del café Iruña solía reunirse en otros locales de Sabana Grande, adonde acudían también figuras forjadoras de la música moderna en Venezuela, como Inocente Carreño y Antonio Estévez, o escritores nacionales consagrados, como Picón Salas y Liscano; también recibían el estímulo de luminarias de paso por Caracas o residentes en ella, como Octavio Paz, Miguel Ángel Asturias y Alejo Carpentier. En decantada lección de veterano vanguardista, este último les recordaba que los jóvenes suelen tener razón en lo que afirman, pero no en lo que niegan, consejo que «bajó los humos de Sardio», al decir de González León como parte de una historia que es todavía oral en buena medida[10].

[8] J. R. Medina, *Noventa años de literatura venezolana (1900-1990)*, pp. 264, 304; Y. Segnini, *Historia de la cultura en Venezuela*, pp. 71-72.
[9] R. Arráiz Lucca, «Las tareas de la imaginación: la cultura en el siglo XX venezolano», en E. Vitoria Vera (comp.), *Venezuela: balance del siglo XX*. Caracas: Universidad Metropolitana, Decanato de Estudios de Postgrado, 2000, pp. 11-65, p. 45.
[10] Así lo señaló Adriano González León en la Cátedra Permanente de Imágenes Urbanas, Fundación para la Cultura Urbana, Caracas, junio 29, 2004. Ver también J. R. Medina, *Noventa años de literatura venezolana (1900-1990)*, p. 262.

Hombres de letras y especialistas

3. Frente a las estéticas innovadoras y disidentes de la virulenta literatura que siguiera en Venezuela a la caída de Pérez Jiménez, el establecimiento intelectual de la restauración democrática construyó un aparato institucional para la profesionalización de la cultura, el cual terminaría sirviendo también de plataforma a la intelectualidad contestataria. Antes de su temprana muerte en 1965, bajo la égida de Mariano Picón Salas se promovieron la Asociación Pro-Venezuela y el Instituto Nacional de Cultura y Bellas Artes (Inciba, 1964), que logró congregar a mucha de la otrora disidente intelectualidad de la generación del 28, enriquecida ahora con el imaginario de la gesta opositora al perezjimenismo. En el marco del pluralismo político que siguiera al pacto de Punto Fijo, escritores y creadores como Rafael Caldera, Miguel Otero Silva, Luis Beltrán Prieto Figueroa, José Luis Salcedo Bastardo, J. M. Siso Martínez, Pedro Díaz Seijas y Alejandro Otero, entre otros, pasaron a ser parte de ese establecimiento cultural democrático[1]. Este giro formativo, conciliador e institucional fue tempranamente observable, por ejemplo, en el Díaz Seijas que, en *Ideas para una interpretación de la realidad venezolana* (1962), recomendara al intelectual nacional

---

[1] Y. Segnini, *Historia de la cultura en Venezuela*, pp. 69-70.

9

(...) una definición concreta en su actitud frente a nuestros más ingentes problemas de estructuración cultural y política. Una prédica constante, encaminada a delimitar ciertas áreas de nuestra conciencia de pueblo, todavía en formación, sería el más beneficioso aporte del intelectual venezolano, asistido de una desinteresada actitud política. La salvación y reconocimiento de nuestros valores históricos, la validez permanente de la justicia, el perfeccionamiento y respeto de nuestro sistema institucional, podrían ser algunos postulados de extraordinaria vigencia, para una constructiva labor del intelectual venezolano de nuestros días[2].

Volviendo a la genealogía institucional, posteriormente estuvo el Consejo Nacional de la Cultura (Conac), creado por decreto de 1974 a través de comisión presidida por Juan Liscano. Si al incluir las humanidades y las ciencias sociales, especialmente en sus manifestaciones no escolarizadas, el Conac trascendió el concepto de cultura más allá del núcleo de las Bellas Artes en torno del cual el Inciba se había estructurado, persistió cierta exclusión del folclore y de la cultura popular, falla que atravesaría las décadas por venir[3]. Era acaso un reflejo, también en este dominio cultural institucional, de la atropellada búsqueda de modernidad en desmedro de la tradición que debía servirle de sustento, a aquélla al igual que ocurría en otros ámbitos de la vida nacional.

4. En un proceso que no deja de ser paradójico, la institucionalización y profesionalización intelectuales fueron paralelas a la extinción del humanista integral, cuyo saber proteico y cultura erudita se desintegraron ante la especialización cognitiva y discursiva fomentada desde las universidades y otros medios profesionales. Ese reemplazo es también predicable del mundo hispano de la segunda posguerra, donde hombres de letras y polígrafos de las más diversas tendencias, del

[2] P. Díaz Seijas, «El intelectual y la política», en *Ideas para una interpretación de la realidad venezolana*. Caracas: Jaime Villegas, Editor, 1962, pp. 9-20, pp. 19-20.
[3] Me apoyo en Y. Segnini, *Historia de la cultura en Venezuela*, pp. 69-70, 79-89.

arielismo al positivismo, fueran sustituidos por especialistas y académicos durante el segundo tercio del siglo XX. Es un transvase del saber, la cultura y los conocimientos que magistralmente captara Vargas Llosa al retratar al «hombre de letras» que Alfonso Reyes fue.

> Tenemos magníficos creadores, nuestras universidades cuentan con profesores eminentes, sin duda, grandes especialistas en algunas o acaso en todas las disciplinas, y en las revistas y diarios abundan los periodistas que dominan los buenos y malos secretos de su profesión. Pero lo que ha desaparecido es ese personaje-puente que antaño conjugaba la academia con el diario, la sabiduría universitaria con la inteligibilidad del artículo o el ensayo que llega al lector común. Reyes –u Ortega y Gasset, Henríquez Ureña, Azorín, Francisco García Calderón– fueron exactamente eso. Y, por eso, gracias a escritores como ellos la cultura mantuvo una cierta unidad y contaminó a un cierto sector del público profano, ese que hoy ha dado la espalda a las ideas y se ha refugiado en las adormecedoras imágenes[4].

Aunque no sea el protagonista de reflexión aquí, pedimos seguir un momento más de la mano de Reyes, a quien Octavio Paz también viera en *El laberinto de la soledad* (1950), como el «literato» por excelencia: «el minero, el artífice, el peón, el jardinero, el amante y el sacerdote de las palabras. Su obra es historia y poesía, reflexión y creación». Obviamente no todo hombre de letras o intelectual puede parangonar la colosal estatura del mexicano; pero lo que deseo hacer notar es que, además del sentido de integración cultural, genérica y académica que ya le atribuyera Vargas Llosa, el autor de *El laberinto* también predica de aquél un estilo de discurso que refleja una manera de pensar; por eso «leerlo es una lección de claridad y transparencia. Al enseñarnos a decir, nos enseña a pensar». Con ello nos enfatiza Paz la importancia de un *estilo* que en Reyes alcanzara cotas eximias que no pueden ser igualadas por todo intelectual, a pesar de lo cual la posesión de

---

[4] M. Vargas Llosa, «Hombre de letras», *El Nacional*, Caracas: febrero 20, 2005, p. A-11.

un estilo puede verse como indicador del hombre de letras o intelectual en torno del que una investigación como la nuestra sobre la ciudad imaginaria ha querido concentrarse, por más difícil y exquisito que pueda ser visto al tratar de convertirlo en criterio de selección. Por ello creo que podemos acompañar a Paz al formular su ideal estilístico de una manera que, por añadidura, involucra el referente citadino.

> Todo estilo es algo más que una manera de hablar: es una manera de pensar y, por lo tanto, un juicio implícito o explícito sobre la realidad que nos circunda. Entre el lenguaje, ser por naturaleza social, y el escritor, que sólo engendra en la soledad, se establece así una relación muy extraña: gracias al escritor el lenguaje amorfo, horizontal, se yergue e individualiza; gracias al lenguaje, el escritor moderno, rotas las otras vías de comunicación con su pueblo y su tiempo, participa en la vida de la Ciudad[5].

De manera que, apoyándonos en Paz, a través de una obra que contenga un imaginario urbano desplegado con un estilo literario propio, podemos decir que el *escritor* que nos interesa estaría teniendo esa función sacerdotal de comunión con el lenguaje, que le hace habitante señalado de esa ciudad letrada que esta investigación ha tratado de ir recorriendo.

5. Buscando correspondencia con la palestra venezolana, puede decirse que la pasmosa erudición de los doctores del gomecismo, así como las diletantes pero reveladoras inquietudes intelectuales de las generaciones del 18 y 28, cederían terreno a especialistas de las crecientes facultades de la Central y otras universidades nacionales; ello conllevando cambios en la temática, la estructura y el registro del ensayo, que con frecuencia se tornó un discurso más especializado y monográfico. Si a comienzos de los sesenta se contaba todavía con las obras multiformes de escritores como Picón Salas, Gallegos y Díaz Sánchez, después de cuyas desapariciones Uslar

---

[5] O. Paz, *El laberinto de la soledad* (1950). México: Fondo de Cultura Económica, 1980, pp. 146-147.

y Liscano asumieron el rol de argos nacionales hasta finales del siglo XX, todos ellos se vieron acompañados desde finales de la década por miembros de la «generación del 58»: Orlando Araujo, Ludovico Silva, Guillermo Sucre, José Balza, Guillermo Morón, Francisco Rivera, José Manuel Briceño Guerrero, Manuel Caballero, Carlos Rangel, entre otros cuya producción intelectual fue en buena medida generada desde la especialización universitaria[6]. También estuvieron desde entonces los filósofos e historiadores vinculados a la revista *Crítica Contemporánea* (1960-66), tales como Juan Nuño, Germán Carrera Damas, Antonio Pasquali y Federico Riu, entre otros; asimismo aquellos que se dedicaron a la crítica literaria especializada –Oscar Sambrano Urdaneta, Alexis Márquez Rodríguez, Domingo Miliani, Gustavo Luis Carrera[7]– por mencionar campos de gran producción intelectual, aunque no necesariamente intersecados con lo urbano.

De manera que, especialmente después de la restauración democrática de 1958, nos enfrentamos a una etapa muy difícil de registrar en lo que concierne al ensayo urbano, porque se profesionalizó, diversificó y especializó la producción intelectual que antes estaba reunida en la «alta cultura», en el sentido que todavía planteara Picón Salas, a comienzos de los años cuarenta, en tanto ideal único.[8] Como bien lo ha reconocido Rodríguez Ortiz, ya para los sesenta los humanistas venezolanos quedaron en el recuerdo frente a los discursos especializados de los expertos, por lo que «tratar sobre educación, política, el ser en cuanto ser, la explosión demográfica, las injusticias sociales o la locura citadina, pertenecen a territorios particulares y el público confía más en el experto que en el hombre genérico en trance de meditación universalizadora»[9]. En esa misma di-

---

[6] O. Rodríguez Ortiz, *Paisaje del ensayo venezolano*. Maracaibo: Universidad Cecilio Acosta, 1999, pp. 87-88.

[7] R. Arráiz Lucca, «Las tareas de la imaginación: la cultura en el siglo XX venezolano», p. 46; J. R. Medina, *Noventa años de literatura venezolana (1900-1990)*, p. 263. Ver también la institucionalización de la enseñanza e investigación literarias registrada por L. Barrera Linares, *La negación del rostro. Apuntes para una egoteca de la narrativa masculina venezolana*. Caracas: Monte Ávila Editores Latinoamericana, 2005, pp. 31-41, p. 69.

[8] A. Almandoz, *La ciudad en el imaginario venezolano*, t. II, pp. 60-63.

[9] O. Rodríguez Ortiz, *Paisaje del ensayo venezolano*, p. 86.

rección, al preguntarse «Quiénes son los intelectuales», también Arráiz Lucca –exponente de este proceso de profesionalización cultural, alimentado por la cantera creativa– señaló que el renacimiento democrático desde 1958, con su consecuente masificación educativa, estableció en Venezuela una «relación cada vez más estrecha entre el recinto académico y el intelectual», a la manera como ha operado en países anglosajones y germanos desde el siglo XIX[10].

En cierta forma, Arráiz Lucca tiende a reducir el ámbito intelectual al universitario; pero desde este último, Daniel Mato ha recordado una interesante distinción. A diferencia de aquellas sociedades centrales y desarrolladas, donde los *scholars* dedicados a las ciencias sociales y las humanidades pueden desarrollar sus prácticas casi exclusivamente desde las universidades, todavía en América Latina, por razones que van de las coyunturas políticas a las remuneraciones exiguas, la producción y actividad intelectuales trascienden los recintos académicos[11]. Además de no reducir o reemplazar al intelectual por el académico en términos de sus foros o ámbitos de ejercicio, se nos recuerda así que aquél no ha desaparecido en tanto voz autorizada; pero creo que hay otros rasgos que añadir a esta oportuna distinción, por lo que concierne al tipo de discurso y su alcance. La obra del intelectual tiene una divulgación o proyección comunitaria o visibilidad mayor, en el sentido de llegar al gran público, más allá del especializado; y tal impacto le viene, además de por su usual presencia en los medios de comunicación masiva, por estructurarse a través de un discurso creativo, especulativo y/o reflexivo.

De esta manera, si bien debe haber superado el diletantismo del que con frecuencia adolecieron las aproximaciones previas a la especialización universitaria, el valor divulgativo de la obra del ensayista contemporáneo no debería colidir con sino derivarse de un respaldo especializado, cuya expresión

---

[10] R. Arráiz Lucca, «¿Quiénes son los intelectuales?», *El Nacional*, Caracas: septiembre 1, 2003, p. A-6.
[11] D. Mato, «Estudios y otras prácticas intelectuales latinoamericanas en cultura y poder», *Relea. Revista Latinoamericana de Estudios Avanzados*, No. 14, Caracas: Centro de Investigaciones Posdoctorales (Cipost), mayo-agosto 2001, pp. 19-61, pp. 44, 46.

más técnica se reservaría empero a las publicaciones científicas tipo *journal*; de manera análoga, tampoco deberían ser excluyentes los roles del académico o experto, por un lado, y el intelectual, por otro, ya que son posiciones que pueden cambiar según los foros o medios en los que se estén debatiendo las ideas. En este sentido y por fortuna, la cotidianidad e inmediatez de la ciudad siempre han concitado los más diversos registros discursivos a su alrededor, lo que ha hecho que sigan debatiendo en torno de ella las voces del intelectual y el especialista, aunque ambos sean a veces la misma figura.

Estas consideraciones sobre la profesionalización y el crecimiento de la plataforma institucional para la cultura, así como la diversificación del sistema universitario, si bien no son variables a rastrear a lo largo de una investigación como ésta, deben ser advertidas como claves al inicio de esta etapa, ya que conllevan un problema metodológico para la distinción de fuentes primarias y de apoyo en el caso del ensayo, según se ha tratado de mantener hasta ahora en la investigación. Mientras las grandes obras de ensayistas o cronistas que se cruzaron con lo urbano o lo contrastaron con lo rural –Uslar, Liscano, Palacios, Lerner– tienden a hacerse escasas pero deben seguir siendo recogidas aquí, tendremos que considerar más pasajes y ángulos urbanos de las obras de especialistas que actúen como intelectuales en campos diversos, siempre que alcancen un registro imaginario, bien sea creativo, reflexivo o especulativo, en su aproximación a la ciudad y la urbanización, registro que debería acercarlos a la producción literaria más que a la científica. Se trata de rastrear un como vestigio de lo que señala Rodríguez Ortiz a propósito de los cada vez más raros autores de las *sumas*: «la energía de las imágenes sobre los conceptos»[12]. En este sentido, especialmente cuidadosos debemos ser con la selección de los arquitectos, urbanistas, sociólogos y otros profesionales que naturalmente se ocupan de la ciudad y urbanización, la mayor parte de cuya producción especializada permanecerá empero como *corpus* de apoyo, salvo cuando se aproximen a tales objetos con un imaginario propio.

---

[12] O. Rodríguez Ortiz, *Paisaje del ensayo venezolano*, p. 81.

Otras delimitaciones imaginarias

6. Además de estas mínimas consideraciones referidas principalmente al ensayo como resultado del proceso de especialización temática, académica e institucional que lo ha rodeado en las últimas décadas, conviene hacer otras advertencias sobre el tipo de fuente narrativa que se plantea registrar una investigación como ésta, que pretende combinar ensayo y novela. En apariencia y naturalmente esta última no ha experimentado un proceso análogo de especialización discursiva, que pudiera complicar su identificación genérica, al menos no para una búsqueda temáticamente orientada como la que aquí se continúa; reconociendo el carácter predominantemente narrativo de la novela –aunque algunas obras a considerar puedan bordear la crónica– esta investigación se plantea recoger la recreación ficcional de la ciudad coetánea o anterior del período a revisar, por parte de autores que ofrezcan un valor testimonial que convierta sus novelas en fuentes primarias, según un criterio que se ha aplicado en los libros anteriores.

A pesar de que el componente imaginario se haya desdibujado en medio de la avalancha de producción especializada, todavía es posible y conveniente emprender este tipo de búsquedas y distinciones discursivas, ya que pueden contribuir a poner en diálogo y retroalimentar las relaciones explicativas entre novela y ensayo en el marco de las ciencias sociales.

Recordándonos en algo el planteamiento de Henri Lefebvre[1] –nombre que no me canso de repetir como pionero en reconocer el valor del discurso creativo frente a los especialistas de lo urbano de mediados del siglo XX– Orlando Araujo nos dio dos referencias confirmatorias más propias de nuestro contexto, sobre la precedencia de la visión del escritor con respecto a la del analista social. A un nivel si se quiere teórico, el autor de *Narrativa venezolana contemporánea* (1972) reivindicó un valor premonitorio para la novela, cuando señalara a propósito de Balza, que su experimentalismo ha representado «un paso universalmente nuevo en la zona oscura del hombre que la novela, precisamente la novela, y no la ciencia ni la filosofía, alumbra con la intuición de sus relámpagos». Desde una perspectiva más contextual, al hacer una crítica de la estructura demasiado clasificada de *Cuando quiero llorar no lloro* (1970), de Miguel Otero Silva, aquel don anticipatorio del escritor fue establecido por el economista, novelista y crítico literario, con ilustrativos ejemplos del período que nos ocupa.

Sólo que ni Miguel Otero Silva ni el novelista en general buscan o siguen esquemas o diagnósticos de economistas o sociólogos. Es al revés: por intuición poética suelen adelantarse a los caminos que después trillará la razón. Así, por vía de ejemplo, en *El Forastero*, Gallegos, a su pesar, intuye el fracaso de la democracia representativa; en *Rayuela*, Cortázar capta ciertos efectos demostrativos esenciales del subdesarrollo en el Cono Sur que Raúl Prebisch nunca ha sabido ver; ningún científico ha visto mejor que García Márquez el sistema de vida pre-capitalista en Latinoamérica y, para regresar a nuestro país, Adriano González León resuelve en *País Portátil* el conflicto que todavía mantiene en polémica a los economistas acerca de las formas y relaciones entre feudalismo y capitalismo en Venezuela[2].

---

[1] Ver por ejemplo H. Lefebvre, *La révolution urbaine* (1970). Paris: Gallimard, 1979, pp. 139-154; *La revolución urbana*, trad. Mario Nolla. Madrid: Alianza Editorial, 1976, pp. 109-120.

[2] O. Araujo, *Narrativa venezolana contemporánea* (1972). Caracas: Monte Ávila, 1988, pp. 146, 326.

Araujo reivindicó así para la novela latinoamericana un valor premonitorio que sintetiza y anticipa los grandes problemas y cambios estructurales que las ciencias sociales y económicas, como él bien sabía, trataban de explicar y analizar a posteriori. Sobre todo en aquellas décadas de los sesenta y setenta, tan convulsionadas política y culturalmente, pareciera que los sofisticados aparatos conceptuales y metodológicos desarrollados por disciplinas que se debatían entre el funcionalismo y el marxismo, resultaban casi indispensables al escritor para idear y contextualizar un imaginario que, así como en el caso de la novela de MOS que Araujo criticara, eran influidos por los reportes económicos o sociológicos sobre nuestras realidades urbanas.

7. La interacción entre novela, ensayo y ciencias sociales cobra fuerza en tradiciones literarias como la venezolana, donde al valor creativo de las obras se han sumado otros de testimonio y denuncia. En este sentido, al tipificar la orientación social de la cultura en Venezuela, Rafael Caldera señaló que no sólo la novela ha sido en buena medida un «documento social», sino también el ensayo, el cual reconoció el catedrático como género característico de la literatura nacional. Sin tratar de definirlo y excusándose con gran humildad por su supuesta falta de formación literaria, Caldera apuntó sin embargo a un rasgo muy penetrante del género ensayístico: «En el fondo, no es sino el desahogo de una preocupación social expresada en uno u otro tema y, si no soluciona, por lo menos esboza preocupaciones sobre todas las cuestiones que nos rodean...»[3].

Ya para los libros anteriores de esta investigación sobre el imaginario urbano, creo que esa intención de desahogo ha sido evidenciada como fundamental del ensayo venezolano, desde las inquietudes de Gil Fortoul y otros positivistas sobre los requisitos societarios para el arribo de la modernidad industrial, hasta las advertencias de Andrés Eloy o Díaz Sánchez para que las rémoras del gomecismo pudieran superarse

---

[3] R. Caldera, *Aspectos sociológicos de la cultura en Venezuela*. Caracas: Instituto de Filosofía, Facultad de Humanidades y Educación, Universidad Central de Venezuela (UCV), s/f, p. 21.

en términos de cultura municipal o geografía económica. También resonaba ese desahogo en los innumerables llamados de Gallegos y Picón Salas, Briceño Iragorry y Uslar Pietri, sobre las desigualdades económicas y culturales de las dos Venezuelas que se configuraron después de la revolución petrolera; así como en las admoniciones de Briceño, Núñez o Meneses sobre el resquebrajamiento patrimonial de la Caracas que, al trocarse en metrópoli, se modernizara de manera abrupta y espuria[4].

Valga advertir que esa suerte de desahogo testimonial también ha atravesado la novela petrolera, la cual sirviera para vocear tempranos reclamos de la marginalidad en la narrativa venezolana. En este sentido, lo que Miguel Ángel Campos señala a propósito del reporte que aquella novelística hiciera de la transición modernizadora en Venezuela, puede ser predicado del proceso urbanizador en general; porque «la narrativa en cuanto género abierto por excelencia deviene en la modalidad ideal, susceptible de albergar, incluso por inercia, como el *flash* de una fotografía, los reflejos de un intercambio en el que una cultura estancada se resentía (...) y otra entraba a saco...»[5].

Por lo demás, creo que ese vario desahogo de inquietudes en torno a la ciudad y la urbanización, sin excluir las nuevas voces que denuncien el abandono del país rural, debe ser mantenido como criterio de detección y selección ensayística y novelística en este tercer libro que abre con la restauración democrática. Es una etapa, como hemos visto, cuando la especialización discursiva hizo con frecuencia perder de vista el planteamiento de sencillas pero genuinas inquietudes sobre el devenir de nuestra sociedad urbana, en medio de los alambicados diagnósticos que las estadísticas hacían posible, o de los discursos panfletarios que las posturas ideológicas exigían.

[4] A. Almandoz, *La ciudad en el imaginario venezolano*, t. I y t. II
[5] M.A. Campos, «La novela, el tema del petróleo y otros equívocos», en C. Pacheco, L. Barrera Linares, B. González Stephan (coord.), *Nación y literatura. Itinerarios de la palabra escrita en la cultura venezolana*. Caracas: Fundación Bigott, Banesco, Editorial Equinoccio, 2006, pp. 479-491, p. 490.

8. Lo que autores como Araujo y Caldera plantearan para el mundo literario venezolano, desde perspectivas intelectuales y generacionales distintas pero coincidentes, nos remite a una de las búsquedas principales de esta investigación desde sus comienzos, a saber, la contextualización del imaginario y sus posibilidades para ayudar a reconstruir la historia urbana. Es en parte lo que Paul Ricoeur, en su obra cumbre *Temps et récit* (1983-85), señalara a propósito de la narrativa como la aparente paradoja de la «experiencia ficticia del tiempo», que busca desentrañar –tal como se indica en el epígrafe de esta sección– «los aspectos propiamente temporales del mundo del texto y de las maneras de habitar el mundo proyectadas por el texto fuera de sí mismo»[6].

En líneas generales de la narrativa venezolana posterior a 1958, puede decirse que ese mundo textual es protagonizado por un desenfadado sujeto urbano que ha dejado atrás las rémoras provincianas que todavía arrastraran, hasta mediados del siglo XX, los personajes de Guillermo Meneses o Salvador Garmendia, por más que estuvieran ya insertos en los vericuetos metropolitanos. En este sentido, moviéndose con soltura a través de las urbanizaciones y cafés del este caraqueño, el Corcho de *Piedra de mar* (1968) irrumpe como primer exponente generacional de «una novela despreocupada, sin adherencias a otros tiempos, alegremente casual y caraqueña»[7]. Y esta urbanización del sujeto pareciera coincidir con su asunción de la ciudad venezolana como hábitat propio, superando así finalmente el secular dilema entre regionalismo y universalismo, que hiciera que nuestros escritores se preguntaran «si sería más rentable ubicar geográficamente a los personajes

---

[6] P. Ricoeur, *Temps et récit* (1983-85). París : Éditions du Seuil, 1991, 3 ts., t.II, pp. 15-16 : «Une nouvelle relation entre temps et fiction correspond à cette notion du monde du texte. C'est, à nos yeux, la plus décisive. Nous n'hésitons à parler ici, en dépit du paradoxe évident de l'expression, d'expérience fictive du temps, pour dire les aspects proprement temporels du monde du texte et des manières d'habiter le monde projeté hors de lui-même par le texte».

[7] L. López Álvarez, *Caracas*. Barcelona: Ediciones Destino, 1989, p. 161. Quiero con esta breve cita agradecer la inclusión de un libro que supera la inicial orientación de guía de viajes, incluyendo un breve capítulo sobre «Caracas en la literatura», el cual me dio tempranas claves cuando apenas comenzaba en este tema.

en París, Roma o Munich, o si debiéramos permitirles moverse a su antojo en los más recónditos espacios rurales o urbanos del territorio patrio»[8]. Desde el punto de vista contextual, más que literario, podría decirse que tal superación de la disyuntiva entre regionalismo y universalismo tiene mucho que ver, obviamente, con la urbanización del país; sin embargo, esta predominancia no excluye que, en el imaginario de este período, el pasado provinciano asalte todavía al presente de los personajes, tal como ocurre en los clásicos de Garmendia o González León. Como tampoco ese estrepitoso y resquebrajado presente urbano del país impedirá, sino más bien impelerá, el regreso al mundo rural e infantil, como en algunas obras de Araujo, Armas Alfonzo y Trejo.

Pero más allá de reflejar las cambios contextuales de la ciudad y la urbanización, el registro que la novela urbana hace durante el tercer cuarto del siglo XX abarcará, aún más que en libros precedentes de esta investigación, cambios sociales, económicos y políticos de un país rico que comenzó a evidenciar el fracaso de su proyecto desarrollista, de manera aún más dramática que el resto de América Latina. En este sentido, creo que la intención reporteril de la novela y la narrativa en general, que no pueden obviar los diagnósticos de los organismos económicos y de las especializadas ciencias sociales del período, queda corroborada en testimonio de Britto García a propósito de *Abrapalabra* (1979):

Me propuse escribir una novela totalizante de Venezuela, me impulsaba el atractivo de dar una visión total del país. Y también del universo, si se quiere. Al final de cuentas el universo cabe en una gota de agua, en un personaje y en un país. Un proyecto ambicioso, sin duda alguna, pero que creo en algún momento de la vida debía asumir. Creo que así me libraba de cargas y me podía dedicar a particularidades de manera desvergonzada. Pagué mi deuda externa con *Abrapalabra* (Risas)[9].

[8] L. Barrera Linares, *La negación del rostro...*, p. 53.
[9] R. Wisotzki, «Luis Britto García vuelve a abrir la palabra», *El Nacional*, Caracas: marzo 8, 2004, B8.

Jugando así con la noción de deuda, que hiciera perder una década de desarrollo económico a la Latinoamérica del siglo XX, pero que pudiera extenderse a otras endemias como inflación o corrupción, especialmente dramáticas para la Venezuela saudita que confundiera riqueza con desarrollo, Britto García nos refuerza el carácter documental y económico, histórico y social que su reporte novelístico no deja de trasuntar[10]. Y ese subdesarrollo multiforme que la novela refracta, cual caleidoscopio, está estructuralmente vinculado, no olvidemos, a la manera abrupta como se produjo la urbanización en muchos países del hoy llamado Tercer Mundo, especialmente durante las décadas que en este libro de la investigación nos ocupa[11]. Es por ello que, al tratar de registrar el imaginario de la ciudad y la urbanización, será en ocasiones inevitable que se nos cuelen también formas como esas manifestaciones asociadas del subdesarrollo que han aparecido en la novelística venezolana, desde el subempleo hasta la violencia.

9. Pareciera estar presente para este período una variante de otro orden con respecto al imaginario ficcional en Venezuela, cuya ausencia en esta investigación sólo podemos intentar paliar con una advertencia. Y es que, tal como señaló Vargas Llosa en la cita ya reproducida, después de la desintegración de la cultura escrita que todavía era recogida en las obras de los hombres de letras, ese «público profano» que «ha dado la espalda a las ideas y se ha refugiado en las adormecedoras imágenes», lo ha hecho en otro tipo de imaginario no escrito, el cual ha sido provisto por los medios de comunicación masivos como el cine y la televisión, desde comienzos y mediados del siglo XX, respectivamente.

[10] Es ese carácter casi científico de la narrativa de Britto lo que nos ha llevado, dicho sea de paso, a incluir sus cuentos de *Rajatabla* (1970) dentro de este imaginario de la ciudad y urbanización dislocadas, que tan bien reflejan algunos de sus textos.

[11] Muchos autores de la sociología y economía urbanas se han ocupado de esta estrecha relación entre industrialización, urbanización y desarrollo durante los siglos XIX y XX. Por ahora valga mencionar, al igual que en partes previas de esta investigación, el trabajo que, a mi juicio, mejor compendia esta temática: R. Potter y S. Lloyd-Evans, *The City in the Developing World*. Harlow: Longman, 1998.

En otras palabras, más allá de la novela y el ensayo de esa suerte de ciudad letrada que esta investigación ha tratado de registrar desde sus inicios, ya para los sesenta habían sido asimiladas por el gran público no sólo las grandes sinfonías metropolitanas del expresionismo alemán o de Hollywood, seguidas por los manifiestos modernistas o por los críticos reportes del neorrealismo italiano, sino también se proyectaba cotidianamente ante los venezolanos una legión de personajes y situaciones típicamente urbanos, que la televisión introducía en nuestras quintas, apartamentos y ranchos por igual. Más penetrante que la urbanización demográfica y territorial, la gran pantalla sonora había ya liderado desde la segunda posguerra una modernización cultural que ya para la dictadura perezjimenista se consolidara con los palacios de cine en el centro, o en las grandes avenidas de las ciudades venezolanas, así como con modernas salas zonales que, asociadas a las unidades vecinales para la expansiva clase media, sustituyeran el mutismo blanquinegro de los antañones cines de barrio y de parroquia[12].

Pero ahora también la pantalla chica –introducida desde 1952 con la Televisora Nacional, Televisa y Radio Caracas Televisión– se convirtió en *factótum* omnipresente que proveía a la restauración democrática de uno de sus instrumentos más efectivos de masificación. Desde los frívolos *shows* de Renny, cuyo catálogo de estrellas, variedades y anunciantes enseñaban al rico país de urbanización juvenil, cada mediodía y domingo por la noche, la modernización de sus hábitos de consumo y gustos musicales; pasando por las rocambolescas producciones de Venevisión, símil de los proyectos faraónicos

---

[12] Desde el medio venezolano, el acercamiento más directo y sistemático a este imaginario universal ha sido provisto por G. Barrios, *Ciudades de película*. Caracas: Fundación Cinemateca Nacional, Eventus, 1997. La temprana relación de la urbanización venezolana con el imaginario cinematográfico y con el cine como industria fue posteriormente desarrollado por el mismo autor en «Circa 1950. El espacio cinemática en el preámbulo del proyecto moderno en Venezuela». Trabajo de ascenso. Caracas: Facultad de Arquitectura y Urbanismo (FAU), Universidad Central de Venezuela (UCV), 2003. Como culminación de esa línea de investigación está la tesis doctoral del mismo autor: «Tramas cruzadas: el rol de la ciudad en el cine venezolano». Caracas: Doctorado en Arquitectura, Facultad de Arquitectura y Urbanismo (FAU), Universidad Central de Venezuela (UCV), mayo 2006.

de la Venezuela saudita; hasta las telenovelas en las que algunos escritores retrataran una galería de personajes y tramas que, así como pasaron del blanco y negro al color, se fueron desprendiendo del romanticismo folletinesco y provinciano, para adquirir, con Salvador Garmendia y José Ignacio Cabrujas como guionistas, un crudo realismo metropolitano.

Es un imaginario inagotable del que se quiere dejar constancia en tanto fuente primaria para el período que nos ocupa, pero que una investigación como ésta –sobre todo a causa de las limitaciones de su autor– no puede registrar directa y sistemáticamente, sino sólo en la medida en que sea recreado a través del ensayo, la crónica o la novela[13]. Sin embargo, los frecuentes cruces de éstas con la radio, el cine y la televisión quizás permitan, especialmente en la segunda parte de este tercer libro, abrir otra puerta para la lectura que Pasquali ha planteado de la ciudad como «artefacto comunicante», la cual en buena medida se nutre de su representación imaginaria en la literatura[14].

[13] Sin embargo, reintroduciendo el tema del intelectual dentro de este dominio de imaginarios –a la vez que tratando de justificar y consolarnos en parte por la exclusión de la televisión– valga señalar que, desde una posición letrada y purista, si se quiere, Balza ha recordado los riesgos de saltar olímpicamente entre las plataformas genéricas –que no entre los géneros literarios que él ha trasvasado. Por ello fustigó el legado de los intelectuales como Cabrujas, quienes hicieron creer «que el país era la televisión y que los intelectuales podían prestarse sin remordimientos a la televisión». R. Wisotzki y A. Gómez, «A fuego lento con José Balza. 'El escritor venezolano es cobarde'», *El Nacional*, Caracas: octubre 16, 2000.
[14] A. Pasquali, *Bienvenido global village. Comunicación y moral.* Caracas: Monte Ávila Editores Latinoamericana, 1998, pp. 73-97.

Sobre este tercer libro

10. El segundo libro de esta investigación cerró con una imagen de los novelados habitantes de Salvador Garmendia llegando a las afueras de la Caracas metropolitana, donde enfrentaban el contraste entre los superbloques del modernismo perezjimenista y las barriadas de la metrópoli desbordada. Son pequeños seres que, además de epónimos de la novela, fueron vistos, en el último capítulo de ese segundo libro, en tanto postrera mutación del Juanbimba otrora provinciano, que poco a poco fuera adentrándose en las urbes babélicas de la Venezuela petrolera y progresista, al tiempo que desplegaba espacialmente sus alteridades en las novelas del segundo Meneses; hasta que finalmente, en medio de la anodina rutina caraqueña, aquel sentido aventurero que su condición de inmigrantes les impeliera, quedó extraviado y preterido[1].

El vario y crucial significado literario y cultural que *Los pequeños seres* tuviera para la Venezuela en trance de urbanización –comparado por Rodríguez Ortiz al que, *mutatis mutandis*, alcanzara *Doña Bárbara* para el país que dejaba de ser rural[2]– hace que la novela nos remita asimismo al clima

---

[1] A. Almandoz, *La ciudad en el imaginario venezolano*, t. II, pp. 163-202.

[2] O. Rodríguez Ortiz, «El poderoso radar de Salvador», Papel Literario, *El Nacional*, Caracas: mayo 26, 2001, pp. 2-3: «Tampoco hay equivocación en entender que Los pequeños seres, el 59, venía a equivaler literariamente a lo que significó *Doña Bárbara* el 29. En una especie de lógica de las sucesiones,

intelectual de Sardio y otros grupos vanguardistas, cuyo bosquejo ha servido para abrir este tercer libro. Es también el momento político y social inmediatamente posterior a la dictadura perezjimenista, cuya contrastante herencia de progreso y represión, modernismo y tortura, apenas podría comenzar a ser sondeada y voceada en los años siguientes. El registro imaginario de este tercer tomo se inicia entonces con tempranos reportes novelescos sobre las desigualdades urbanas legadas por aquel régimen: por un lado, la entusiasta pero también crítica historia novelada que ofreciera uno de sus colaboradores, Laureano Vallenilla Lanz, hijo, la cual ayuda a poner en perspectiva el supuesto desarrollismo que el Nuevo Ideal Nacional (NIN) emprendiera a rajatabla. Por otro lado, esa flamante modernidad de los cincuenta es refractada a través de las reprimidas ciudades de varios momentos, contextos y estratos distinguibles en dos novelas de la dictadura: *La muerte de Honorio* (1963), de Miguel Otero Silva (MOS), y *Se llamaba SN* (1964), de José Vicente Abreu.

Si bien, al igual que en las partes previas de la investigación, permanece aquí el deseo de poner a dialogar al ensayo con la novela, es inevitable que la ordenación del imaginario a lo largo de una secuencia cronológica termine enfatizando un género en cada uno de los bloques que componen este tercer libro. Así, después de la ya referida apertura novelesca, el primer agregado ensayístico pretende registrar algo del discurso político que asomó un ideario propio de cara a los retos sociales y urbanos que debía asumir la Venezuela de Punto Fijo, cuyas voces más resaltantes fueran Rómulo Betancourt y Rafael Caldera. Algo del imaginario de éstos es acompañado por controversiales cambios estatales, económicos y culturales que sirvieron de contexto nacional e internacional a la restauración democrática, así como a la formulación proyectiva de la Gran Venezuela. Algunos de tales cambios nacionales fueron registrados por intelectuales cuya ensayística expuso vetas imaginarias particulares, como creo ocurriera en los casos de Pedro Díaz Seijas y Juan Liscano; al

un tipo de cultura venía a ser reemplazada por otra guardando cada una sus rasgos propios...».

mismo tiempo, la polarizada atmósfera de la Guerra Fría mundial, con su inherente antinomia entre capitalismo y marxismo, establecimiento burgués y subversión guerrillera, penetró el medio venezolano a través de brillantes expositores, entre los que escogimos a Carlos Rangel y Ludovico Silva, por sus antagónicos abordajes teóricos con resonancias urbanas. Tal antinomia se proyecta hasta la crónica de viajes, que si bien es un género alicaído ya para este tercer libro de la investigación, resalta todavía en las postales soviéticas suscritas por Liscano y Uslar Pietri, apenas dos de los más conspicuos de nuestros trotamundos, a quienes me permito afiliar a José Ignacio Cabrujas por lo que respecta al fracaso de la utopía comunista.

Tal como ya hemos advertido con respecto a la tendencia totalizadora de la novela, para la etapa posterior a 1958 hay que tener presente no sólo la ciudad y la urbanización como temas, a veces no explícitos pero siempre fundamentales, sino también las consecuencias asociadas a los acelerados procesos de cambio; en este sentido, como ha señalado José Ramón Medina, se trata para este período no sólo de registrar la ciudad, «sino el testimonio de los submundos», como el de la violencia y la nocturnidad[3]. Es por ello que estas manifestaciones, con señalada referencia a la guerrilla en la década de los sesenta, atraviesan las dinámicas de expansión espacial, así como segregación funcional y social, que un segundo bloque de este tercer libro trata de registrar a partir de la novelística de Garmendia, José Balza, Ramón Bravo, Francisco Massiani, Adriano González León, Antonieta Madrid, Renato Rodríguez, Eduardo Liendo, Carlos Noguera, Luis Britto García y Miguel Otero Silva, entre otros. Además de plasmarse en la estructura metropolitana, las expresiones de esa urbanización en tanto cambio cultural pueden verse en la relación con los medios de comunicación, la nocturnidad emergente y la conformación de nuevas mitologías de la sociedad de masas, tal como dejan ver en especial, además de los autores ya citados, las novelas de Balza y Liendo, así como la crónica de Elisa Lerner.

Como bien lo comprendiera una vertiente de la sociología urbana del siglo XX, el entendimiento de la ciudad pasa por

---

[3] J. R. Medina, *Noventa años de literatura venezolana (1900-1990)*, p. 316.

establecer cierto contraste con los extremos que suelen oponérsele: lo rural, lo campesino y lo provinciano, entre otras categorías afines. Apoyándome en ese componente sociológico de mi formación como urbanista, así como en la noción de habitar cuaternario del segundo Heidegger, he dedicado una parte de este tercer libro a reconstruir algo del mundo rural y campesino, que en buena medida se corresponde al de la infancia provinciana, en la obra de autores que no suelen, por cierto, ser asociados con la literatura urbana, tales como Armas Alfonzo y Orlando Araujo, el novelista. También está el adulto redescubrimiento de ese mundo comarcal a través del viaje andino de la gran dama urbana que Antonia Palacios fue, o de la entrañable y querenciosa evocación que Oswaldo Trejo hiciera del imaginario de la infancia y mocedad merideñas; o del culto escudriñamiento que siguiera haciendo Liscano de las raíces de la tierra y la tradición. Pero también interesa ver la persistencia de aquel pasado rural en el presente parroquiano de personajes metropolitanos de Garmendia, González León y Balza; aquéllos recrean en cierto modo las alteridades provincianas de éstos, porque todos provienen de la migración secular que explica este vasto paraje rural, resaltante en medio de la literatura de una Venezuela urbanizada abruptamente.

11. Si bien la ciudad violenta, tal como la caracteriza y ubica cronológicamente González Téllez a partir de los años noventa, no protagoniza el recorrido de este tercer libro de nuestra pesquisa, puede decirse que algunos de los procesos que la desencadenarían sí están ya anunciados en el imaginario de las décadas a revisar aquí, los cuales atraviesan y agitan las formas de la «ciudad masificada»; utilizamos así de nuevo la última categoría fundamental de José Luis Romero en *Latinoamérica: las ciudades y las ideas* (1976) en la que González Téllez se apoya, y con respecto al cual la investigación de éste constituye una suerte de actualización y adaptación para el contexto venezolano[4]. Especialmente revelador resulta también el

---

[4] S. González Téllez, *La ciudad venezolana. Una interpretación de su espacio y sentido de la convivencia nacional.* Caracas: Fundación para la Cultura Urbana, 2005, pp. 107-116; J. L. Romero, *Latinoamérica: las ciudades y las ideas* (1976). México: Siglo Veintiuno Editores, 1984.

trabajo de González Téllez por el tipo de conflicto discursivo que capta: «Existe una tensión entre lo que proclamamos ser y lo que somos y hacemos. Se decretan normas, leyes y políticas para personas que no las asumen como se espera. Se define el deber ser sin consistencia con lo que somos y hacemos». Si bien tal posición lleva al autor al arqueo de una serie de discursos políticos que esta pesquisa no trabaja, hay una variante subversiva que compartimos y que debe ser atendida en esta investigación por lo que respecta a lo urbano, en el sentido de «escuchar las voces disidentes de nuestra cultura, que estorban el discurso dominante en nosotros»[5].

Otras peculiaridades y limitaciones deben ser finalmente explicitadas antes de iniciar nuestro recorrido imaginario. De nuevo pidiendo excusas por la excesiva centralización de este tercer libro en la capital –tal como ocurriera con los previos– valga advertir que los sujetos de las novelas van a ser rastreados en su movilidad espacial y social a través de la metrópoli expansiva, remarcando sus odiseas hacia el este caraqueño que emergía como bohemio y cosmopolita, aburguesado y consumista. Además de que la Caracas del este que se abre como un hemisferio relativamente ignoto, a ser conquistado por los urbanizados personajes narrativos de los sesenta y setenta, algo de esa expansión tiene que ver con la localización y composición de los grupos literarios referidos al comienzo, cuyo imaginario pareciera haber quedado marcado al sutituir el centro por Sabana Grande en tanto distrito de la intelectualidad. De allí quizás la señalada presencia del triángulo isósceles de la bohemia caraqueña, articulado por plaza Venezuela, Sabana Grande y Chacaíto, dentro de la geometría de este tercer libro. Por supuesto que ha habido odiseas posteriores de otros sujetos novelescos hacia los suburbios y las urbanizaciones, así como la irrupción del centro comercial como templo; pero quizás no puedan aparecer nítidamente tales movimientos, por representar una historia que, en buena parte, está escribiéndose. Conviene no obstante advertir que –actualizando algo del sentido que el término tuviera entre los ecólogos de Chicago– el registro de la

---

[5] S. González Téllez, *La ciudad venezolana...*, p. xi.

movilidad de ese sujeto narrativo y social no se reduce a su movimiento a través de los distritos y espacios públicos, sino que puede manifestarse también en formas de «sociabilidad» y «civilidad», en el sentido que establece Cartay, «al afectar tanto el universo de relaciones en público como la aptitud de un individuo o de una población a vivir tales relaciones»[6].

Al igual que en los dos primeros libros de esta investigación, el material registrado aquí no pretende dar cuenta de todo el período a través del imaginario, sino tan sólo de algunos momentos de una suerte de historia cultural o de la representación urbana; tal como he tratado de conceptuarla en otro texto, ésta se ha caracterizado, desde finales de los años ochenta, por la diversidad de las fuentes y los discursos utilizados para recrear, generalmente en una aproximación microhistórica y desde perspectivas inusitadas, manifestaciones de actores citadinos preteridos por la historiografía tradicional, apelando para ello con frecuencia a las formas de representación artística o cultural[7]. Valga en este sentido advertir que, aún más que en los libros anteriores, tales episodios microhistóricos y genéricos resultan varios de ellos elaboraciones de presentaciones en eventos y así como de publicaciones previas, cuyos hiatos más profundos se ha tratado de salvar aquí de cara a ofrecer un conjunto algo articulado, pero que no deja de evidenciar vacíos y omisiones. Tal como ya he repetido en otros textos, se trata de un riesgo que siempre corre el trabajo que trata de ir más allá del socorrido caso de estudio, para ofrecer una perspectiva comparativa o, con más riesgo aún, general. Todo un atrevimiento en medio de la casuística y especialización imperantes en los medios

---

[6] R. Cartay, *Fábrica de ciudadanos. La construcción de la sensibilidad urbana (Caracas 1870-1980)*. Caracas: Fundación Bigott, 2003, p. 30. El sentido de *mobility* puede verse por ejemplo en E. Burgess, «The Growth of the City: An Introduction to a Research Project», en R. Park y E. Burgess, *The City. Suggestions for Investigation of Human Behavior in the Urban Environment* (1925). Chicago: The University of Chicago Press, Midway Reprint, 1984, pp. 47-62, pp. 58-62.

[7] A. Almandoz, «Nueva historia y representación urbana. A la búsqueda de un corpus», *Relea. Revista Latinoamericana de Estudios Avanzados*, No. 20, Caracas: Centro de Investigaciones Postdoctorales (Cipost), Facultad de Ciencias Económicas y Sociales (Faces), Universidad Central de Venezuela (UCV), enero-diciembre 2004, pp. 55-92, p. 67.

académicos, sobre todo por tratarse de un urbanista atraído por el estudio de la literatura urbana, dominio al que se espera no obstante hacer una pequeña contribución a través de un ensayo panorámico.

II
Urbanización sin desarrollo

Postal sin cariños*

«Indudablemente, el interrogatorio de Pedro Estrada fue para mí un gran estímulo
para escribir: me sentí tan importante yo,
entonces una mujer muy joven, interro-
gada por la Seguridad Nacional... no me
podía quedar callada. Después de eso comencé a escribir con mayor compromiso».

Elisa Lerner a Milagros Socorro,
«˙Tenemos gente de pocas luces
donde había intelectuales'»,
El Nacional, Caracas: junio 8, 2003

1. Uno de los problemas que puede convertirse en ventaja
de trabajar con el imaginario, al menos de la manera que lo hemos venido haciendo en esta investigación, resulta de la sucesión de estratos temporales para los que la memoria colectiva
de un período termina siendo utilizada, sobre todo cuando se
trata de uno que ha sido especialmente fecundo para la intelectualidad de una sociedad. Ello ocurre en nuestro caso con
la década de los cincuenta, en buena medida asociada en Venezuela al régimen perezjimenista, cuya contrastante realidad
de progresismo y represión, obras públicas y torturas, desen-
cadenó un legado de reportes y fabulaciones entre escritores
de generaciones y tendencias diversas.

Iniciándose con el encendido discurso político que siguiera al 23 de enero de 1958, pero extendiéndose durante varios
lustros a través de la novela y el ensayo que han recreado las
luces y sombras de aquel período controversial, la estela tan
dilatada de tales reportes hizo que su registro como momento
y vertiente del imaginario urbano venezolano escapara, como
tantos otros, del segundo libro de la investigación, donde his-

---

* Versiones preliminares de esta y la siguiente sección fueron incluidas en mi
ponencia «Tempranos reportes del legado urbano perezjimenista», V Congreso
de Investigación y Creación Intelectual, Caracas: Universidad Metropolitana,
mayo 15-18, 2006.

tóricamente le hubiese correspondido estar[1]. Como arquitecto que reconociera la ausencia de una pieza o componente de su proyecto ya concluido, pido excusas por la omisión, sobre todo de la novelística de la dictadura en la arquitectura de ese segundo volumen, así como por tantos olvidos de obras y autores, los cuales creo son excusables en libros de corte panorámico como éste.

Pero me valgo ahora de la dialéctica entre temporalidad y cronología, en el sentido distinguido por Ricoeur en *Temps et récit*, para activar el juego de superposición y desplazamiento que a veces permite el trabajo con el imaginario; porque el solapamiento temporal de éste, a la manera del palimpsesto, escapa de la cronológica linealidad de la investigación histórica[2]. En este sentido, trato de incorporar ahora, como antesala de este tercer libro que se inicia con el renacer democrático de 1958, algo del vario reporte de la dictadura de Pérez Jiménez, a través de una pequeña muestra de discursos y novelas ulteriores. Intentando distinguir las visiones antagónicas del período, y siempre desde la perspectiva de los cambios urbanos, se procede entonces a revisar primero el testimonio que tres novelas ofrecieran del contrastante legado de obras y mutaciones del NIN, para desembocar en el admonitorio discurso del Betancourt que regresara del exilio, anunciando en cierta forma el fariseísmo antiurbano de la democracia reinstaurada.

2. Para mediados del siglo XX, los efectos demográficos y territoriales de la revolución petrolera eran ya evidentes en la urbanización venezolana, una de las más aceleradas del mundo hasta comienzos de los años ochenta. Con una población que se duplicó de 4 a 8 millones de habitantes entre los censos de 1941 y 1961, Venezuela experimentó una suerte de transición invertida, en el sentido de que el crecimiento demográfico se había acelerado como consecuencia del descenso de la mortalidad y del aumento de la fecundidad, efectos estos de la ur-

---

[1] El segundo libro registra, por supuesto, el imaginario de aquel período, pero sobre todo desde el ensayo coetáneo; ver en este sentido la cuarta parte, «Espejismos metropolitanos», de A. Almandoz, *La ciudad en el imaginario venezolano*, t. II, pp. 113-162.
[2] P. Ricoeur, *Temps et récit*, t. I, p. 285.

banización, la inmigración y las mejoras sanitarias evidenciadas desde el censo de 1936, cuando se creara el Ministerio de Sanidad. De manera semejante pero más intensa que en otros países de América Latina y regiones que ya engrosaban el hoy llamado Tercer Mundo, la vitalidad demográfica venezolana resultaba diferente de la transición experimentada por los países industrializados en el siglo XIX, donde la natalidad, mortalidad y crecimiento habían disminuido después de iniciarse la concentración en las ciudades. Aunque algo desacelerada a una tasa de crecimiento de 3,37, una suerte de «inercia demográfica» continuó en Venezuela durante los años sesenta, lo que llevó a una población de más de 11 millones en el censo de 1971, para cuando el país ya alcanzara un 77 por ciento de población urbana[3].

Buscando la modernización a rajatabla de Caracas y otras ciudades, una cúspide urbana de la revolución petrolera iniciada en los años veinte se había alcanzado durante la cruenta pero progresista dictadura de Marcos Pérez Jiménez (1952-1958). Inmigración internacional y provinciana inundó no sólo los centros urbanos vinculados a los circuitos productivos del petróleo –como hubiese sido lo deseable para mantener un equilibrio entre base económica y crecimiento demográfico– sino también la capital y otras ciudades que usufructuaron el excedente del oro negro en obras públicas y expansión burocrática. Pasando de 614.657 a 1.111.975 habitantes, la población caraqueña casi se duplicó entre los censos de 1950 y 1961; parte significativa de ese aumento vino dada por los que se quedaron en la capital de entre los casi 350 mil extranjeros, los más de ellos europeos traídos por programas gubernamentales que buscaban todavía renovar la raza con manidos argumentos positivistas. La concentración urbana fue acrecentada por la creciente inversión en vivienda masiva, penetrantes autopistas y obras públicas en general, orientadas según los lineamientos del modernista Plano Regulador de 1951, elaborados también para otras ciudades del interior por la Comisión Nacional de Urbanismo (CNU). Las torres del Centro Simón Bo-

---

[3] M. Bolívar Chollett, *La población venezolana 10 años después de El Cairo...*, pp. 15-17, 54.

lívar, los 9 mil apartamentos de los superbloques de la urbanización 2 de diciembre, la Ciudad Universitaria, el conjunto cívico de Los Próceres y la autopista Francisco Fajardo son apenas una muestra emblemática de los faraónicos proyectos emprendidos por el régimen perezjimenista. Pero la pretendida modernidad de las metrópolis venezolanas contrastaba con las barriadas populares e incontroladas, no tan periféricas como en otras ciudades latinoamericanas, lo que llevó a un agresivo programa de erradicación de ranchos, los cuales habrían pasado, según el régimen, de 65 a 7 mil en Caracas[4].

Una puesta en perspectiva menos entusiasta del «Pérez Jiménez urbanista» ha sido ofrecida en años recientes por Marco Negrón, quien recuerda que componentes de la «transformación del medio físico» emprendida por el NIN, como el Plan Nacional de Vialidad, el desarrollo industrial de Guayana, la Ciudad Universitaria y la avenida Bolívar en Caracas, venían del trienio democrático, e incluso de 1936. Por lo demás, las prioridades seleccionadas por la megalomanía del régimen, así como la «ostentosa» manera de intervenir en la capital, dejaron huellas que marcaron la estructura y debilidades metropolitanas en las décadas por venir[5]. Es otro balance que interesa tener en cuenta, de cara a entender no sólo la crítica de Negrón con respecto a las políticas urbanas en las décadas siguientes, sino también las equívocas interpretaciones que la democracia venidera haría del legado territorial, urbanístico y

---

[4] A. Almandoz, «Caracas, Venezuela», en M. Ember y C. R. Ember (eds.), *Encyclopedia of Urban Cultures. Cities and Cultures around the World.* Danbury, Connecticut: Grolier, 2002, 4ts., t. I, pp. 495-503; ver también *La ciudad en el imaginario venezolano,* t. II, pp. 119-126.

[5] M. Negrón, «Pérez Jiménez urbanista» (julio 28, 1999), en *La cosa humana por excelencia. Controversias sobre la ciudad.* Caracas: Fundación para la Cultura Urbana, 2004, pp. 321-322; prosigue allí mismo el autor: «Caracas aún carece de vías de circunvalación (tal vez porque esas 'no se ven'), pero fue atravesada por desertizadoras autopistas urbanas o monumentales avenidas incapaces de generar ciudad mientras que no hubo la menor consideración hacia el transporte público; en el casco histórico, más que vías de acceso se las construyó de paso sin consideración alguna por el contexto (todavía se recuerda la demolición del Colegio Chávez para no afectar la perspectiva de la nueva avenida Urdaneta); la 'guerra contra el rancho' dejó los interesantes aunque discutibles superbloques pero no resolvió –ni siquiera en su momento– el problema del rancho».

arquitectónico de la dictadura, así como las reacciones consecuentes.

3. Tal como señalara ya en este siglo Elisa Lerner, penetrante cronista de nuestra urbanización de posguerra, los progresistas años 1950 también supusieron el fin del cariño parroquiano y comunitario en la Venezuela que se trocaba babélica y masificada; por ello en parte se dejó, para la escritora, de concluir las cartas con aquel socorrido pero sentido «Te mando muchos cariños».... Como bien trasuntara Lerner en otra muestra de su minuciosa observación del pequeño gran detalle: «En la década de los cincuenta se termina el cariño porque viene una inmigración masiva y una gran persecución política. De pronto había mucha gente desconocida a quienes no podías decirle 'mucho cariño', y llegó también la desconfianza porque se vivía en el terror y cualquiera podía ser espía del régimen»[6].

El fin del cariño en los cincuenta es significativa clave epistolar que nos da Lerner para vislumbrar la mutación de una sociedad que por entonces había dejado de ser demográficamente rural y culturalmente pueblerina, atravesando con la década el umbral del 50 por ciento de urbanización, hasta desconocerse y reconocerse de nuevo, como los personajes de Meneses o Mariño Palacio, en sus primeras metrópolis millonarias y anónimas[7]. También a través del sinfín de planes y obras públicas del NIN –desde los mostrencos haces de autopistas y viaductos, hasta las magnas obras de Villanueva– era un país que cambiaba de piel, sobre todo en el crisol caraqueño, buscando parangonarse con los baluartes del modernismo latinoamericano[8]. Porque el régimen perezjimenista supo, como otras autocracias progresistas y modernizadoras del período –desde la Persia de los Pahlevi hasta el Estado Nuevo de

[6] M. Socorro, «'Tenemos gente de pocas luces donde había intelectuales'», *El Nacional*, Caracas: junio 8, 2003.
[7] Se remite aquí a la transformación del sujeto en la narrativa, descrita en segunda parte de la investigación; ver A. Almandoz, *La ciudad en el imaginario venezolano*, t. II, pp. 165-192.
[8] Para una puesta en perspectiva internacional del modernismo venezolano del período, ver, por ejemplo, V. Fraser, *Building the New World. Studies in the Modern Architecture of Latin America 1930-1960*. Londres: Verso, 2000.

Vargas– que la obra pública modernista y el equipamiento tecnificado eran los emblemas más conspicuos del desarrollismo a rajatabla de la segunda posguerra[9].

Más bien sin cariños, otra postal del renovado paisaje edilicio y social de la Caracas dictatorial fue suscrita por cosmopolitas personajes de *Fuerzas vivas* (1963), novela de corte biográfico en la que Vallenilla Planchart retratara la voracidad de la expansión urbana que tocaba a las puertas de la otrora hacienda familiar:

Elegancia y Gerónimo regresaron a Venezuela después de cinco largos años de ausencia. Todo había cambiado como por obra de magia. Ambos miraban extasiados las autopistas, los edificios, las avenidas. La ciudad que crecía vertiginosamente. Los rascacielos se acercaban a pocos metros de *Yerbamía*. Apenas si quedaba en pie la placita de Los Dos Caminos, única superviviente de un pasado aldeano y reciente. Caracas había saltado un siglo, como se salta una cerca. El público que circulaba por las calles era otro. El Libertador, la Catedral y la Casa Amarilla observaban sorprendidos a los grupos de europeos que en tan poco tiempo habían sustituido a los graves señores, de sombrero, chaleco y leontina, que al atardecer evocaban los tiempos de Castro y de Gómez, la muerte de Crespo en La Carmelera y la Revolución Libertadora. Revolución era ésta, en verdad[10].

Es una postal que más parece palimpsesto, en el sentido de que bosqueja los cambios de la ciudad modernizada y modernista del NIN, contraponiéndolos a los no muy remotos perfiles y siluetas de la capital pueblerina, que en el primer libro de esta investigación ha sido asociada con la cultura parroquiana y el tiempo de Maricastaña, y que el mismo Vallenilla recreara en *Allá en Caracas* (1948)[11]. Pero también hay

[9]   He intentado hacer un recuento de este desarrollismo continental en A. Almandoz, «Urban planning and historiography in Latin America», *Progress in Planning*, Vol. 65, No. 2, 2006, pp. 81-123, pp. 95-96.
[10]   L. Vallenilla Lanz, hijo, *Fuerzas vivas*. Madrid: Editorial Vaher, 1963, p. 259.
[11]   A. Almandoz, *La ciudad en el imaginario venezolano*, t. I. Ver también L. Vallenilla Lanz, hijo, *Allá en Caracas* (1948). Caracas: Ediciones Garrido, 1954.

algo de palimpsesto en la superposición de lecturas que los mismos personajes recién llegados hacen, en un estrato más profundo, cuando entran en contacto con la realidad local y la interpretación de intelectuales que habían permanecido en el medio; muy al estilo de los Vallenilla, se echa mano entonces de un poco de «sociología criolla», pero de positivismo desengañado ya, para advertir el espejismo de la transformación física acometida por el NIN.

> El progreso material ha sido grande, hija, como habrás observado, mas la educación no se ha desarrollado con la misma velocidad. Existe un desequilibrio. Una locomotora necesita de dos rieles para correr. Si falta uno, se produce una catástrofe. Aquí hemos mejorado físicamente. Vivimos, comemos y vestimos más o menos bien, pero cometemos tantos errores de ortografía como antes. El fenómeno es común a todas las profesiones, a todas las actividades. Comerciantes e industriales han aumentado sus cuentas bancarias, pero no sus conocimientos. La Ciudad Universitaria es bellísima, pero el personal docente deja mucho que desear. Igual cosa sucede en el seno de las Fuerzas Armadas. ... El venezolano, por esa preparación deficiente que señalo, no se halla en condiciones de apreciar la obra cumplida por sus gobernantes y ellos, a su vez, no se molestan en explicar los motivos que los impulsan a la *transformación racional del medio físico*. Entre pueblo y mandatarios existe un malentendido que se convertirá en dramático pleito para beneficio de unos cuantos ambiciosos e irresponsables. Sospecho que el último acto de la pieza será malo, Leticia, malo para todos[12].

Y lo fue, como sabemos, en términos políticos, sociales y territoriales. Voceada por el personaje novelesco pero reflejando con seguridad la asentada autocrítica del otrora ministro, buena parte del desfase entre modernismo material y modernización cultural y educativa es un drama secular que atraviesa la Latinoamérica de mediados del siglo XX[13], agravado a

[12] L. Vallenilla Lanz, hijo, *Fuerzas vivas*, pp. 260-261.
[13] En el sentido que lo plantea, por ejemplo, N. García Canclini, *Culturas híbridas. Estrategias para entrar y salir de la modernidad* (1989). Buenos Aires: Editorial Sudamericana, 1995, p. 19.

la sazón por la incontrolable migración del campo a la ciudad, parece haber sido un error buscar la modernidad y el desarrollo al costo político y social que fuese, desde el nacionalismo populista de Perón en la Argentina, hasta el progresismo extranjerizado de Batista en Cuba. Pero al igual que en este último caso, la represión y la tortura perezjimenistas fueron factores que ensangrentaron las contradicciones y sacrificios de la quimera modernizadora en Venezuela; por ello no puede Lerner olvidar, a propósito de la Ciudad Universitaria, que las grandes obras del período habían nacido con el «pecado original» de la persecución y represión entre los estudiantes y los políticos disidentes[14]. Y al igual que en la leyenda negra que siguiera al gomecismo, ese pecado original, represivo y criminal, ha manchado casi todo el imaginario novelesco sobre el legado urbano del NIN y el desarrollismo perezjimenista.

[14] M. Socorro, «'Tenemos gente de pocas luces donde había intelectuales'».

Vistas a trompicones

«Salen de un cine. Las gentes forman
grupos en la plaza. Hablan de sus cosas y
de la película. Desde los carros gritamos
a coro:
–Nos llevan a Guasina...»

JOSÉ VICENTE ABREU,
Se llamaba SN (1964)

4. De *Doña Bárbara* a *Suma de Venezuela*, sabemos del
prolongado registro que la novela y el ensayo hicieran, a lo largo
del segundo tercio del siglo XX, de la barbarie comarcal y represión citadina del gomecismo; buena parte de esa sombría literatura trasunta un país que, si bien ya sacudido por la bonanza
mercantil y petrolera, apenas se asomaba a la urbanización y
modernización, en las postrimerías del letargo dictatorial[1]. No
era el caso del dinámico y renovado país del NIN, que había
cruzado, como ya sabemos, el 53 por ciento de urbanización
desde el censo de 1950, con proporciones mucho más altas en
las regiones central y zuliana, cuyas tasas de crecimiento superiores al 1,5 anual engrosaban las babélicas metrópolis de
Caracas, Valencia y Maracaibo, animadas por un proceso de
inmigración y consumismo sin precedentes[2]. A pesar de estas
diferencias históricas y demográficas, culturales y territoriales,
al igual que ocurriera con buena parte de las aciagas metáforas
que fustigaran la satrapía gomecista, de José Rafael Pocaterra a
Augusto Mijares, pocos de los vertiginosos cambios de la ciudad
perezjimenista penetraron la novela de la dictadura, dominada

---

[1] Imaginario que traté de bosquejar en A. Almandoz, *La ciudad en el imaginario venezolano*, t. I, pp. 101-123.
[2] M. Bolívar, *Población y sociedad en la Venezuela del siglo XX*, p. 197. Los
cambios urbanos y urbanísticos están resumidos en A. Almandoz, *La ciudad
en el imaginario venezolano*, t. II, pp. 119-162.

más bien, como su contraparte gomecista, por la diatriba contra la persecución política y la tortura.

La analogía con el gomecismo viene en parte dada por el solapamiento de tiempos observable en los tramos históricos de ambas generaciones novelescas. Así por ejemplo, a la base de la compleja estructura de planos temporales de *La muerte de Honorio* (1963), el atraso de la provincia recreada por Otero Silva se corresponde todavía con el desamparo de las comarcas que registraran Pocaterra o Gallegos; las más remotas estampas rurales que éstos nos dieran en *Tierra del sol amada* (1918) o *Canaima* (1935), por ejemplo, se corresponden con el anacronismo pueblerino que dominara hasta el fin de la dictadura gomecista, evocado todavía por el Tenedor de Libros en la novela ulterior:

> Racimos de años anteriores me aburro en mi pueblo natal, cavilando detrás del mostrador de la bodega, o mezclado al griterío dominical de las peleas de gallos, o sumergido en la lectura con retraso de los periódicos de Caracas. Un buen día esos periódicos hablan de libertades democráticas, de políticos recién nacidos, de nuevos horizontes para la historia, y yo decido marcharme de este caserío donde la palabra horizonte suena a sarcasmo[3].

También se observa otra coincidencia de *La muerte de Honorio* con la primera generación novelística. De la misma manera que había un imaginario urbano cosmopolita y colorido que los presos colaban entre los barrotes de la represión gomecista, para trasponer las confinadas rutinas de novelas como *Puros hombres* (1938) o *Fiebre* (1939), hay una especie de ensoñación actualizada por los reos en la cárcel perezjimenista, quienes intercalaban sus relatos con vivencias o fantasías tomadas de ciudades presentes y pasadas. Si París estaba todavía para el Periodista «por encima del resto del universo», el Médico añoraba visitar– quizás como el mismo MOS –la plaza Roja y el Kremlin, mientras que el Capitán fantaseaba con Roma y el Barbero con Estambul; no importaba ya que fueran

---

[3] M. Otero Silva, *La muerte de Honorio* (1963). Caracas: CMR, 1996, p. 14.

ciudades del pasado o de la fábula, como las que este último escuchaba recrear por boca de sus viajados clientes[4]. Así como en los periódicos que les estaban prohibidos, en las ciudades imposibles los presos parecen no sólo buscar vehículos de viaje y libertad, sino también signos de una temporalidad que sigue su curso fuera del limbo carcelario al que están reducidos. «El latido de la historia se había detenido bruscamente para ellos como las manecillas de un reloj sin cuerda cuya ausencia los ha expulsado de la historia», nos dice un narrador casi en los mismos términos en los que Picón Salas y otros escritores habían denunciado la falta de historicidad del tiempo gomecista[5].

Hay otras conexiones con el gomecismo que provienen de la índole historicista y periodística del proyecto literario de Otero Silva. Como otros miembros de la generación del 28, al MOS haber sufrido de los anacronismos de ambas dictaduras, su registro novelesco en algunas páginas de *La muerte de Honorio* se mimetiza con los de *Fiebre* o *Casas muertas* (1955). Introduciendo de nuevo el recurso de la saga en la familia del Médico, cuyo padre hubo de morir poco después de salir de un prolongado encarcelamiento político, MOS entronca la represión y tortura gomecistas que habían azotado a los progenitores, con la de esta nueva generación de la misma familia que ahora sufría los oprobios de la Seguridad Nacional. Es una conexión episódica que también puede establecerse con *Oficina No. 1* (1961), a cuyo final inician su actividad política algunos de los líderes que encontraremos en la cárcel perezjimenista de la novela siguiente[6].

5. Pero hay un tiempo nacional que, a pesar de las rémoras dictatoriales, también avanza en *La muerte de Honorio*, como continuando la saga reporteril que en sus novelas venía

---

[4] *Ibíd.*, pp. 67-68, 87.
[5] *Ibíd.*, p. 110. Con respecto a la falta de historicidad del tiempo gomecista, ver por ejemplo M. Picón Salas, «Antítesis y tesis de nuestra historia» (1939) y «La aventura venezolana» (1963), en *Suma de Venezuela. Biblioteca Mariano Picón Salas*. Caracas: Monte Ávila Editores, 1988, t. II, pp. 3-18, 89-102.
[6] A. Márquez Rodríguez, «Las novelas de MOS», *El Nacional*, Caracas: agosto 30, 1996.

urdiendo MOS, quien por boca de sus presos no sólo recrea los relatos personales de éstos, sino también suministra claves sociológicas de la historia venezolana posterior al gomecismo. En buena parte, ésta era la de un país en trance de urbanización, buscando modernizarse con prisa en un decenio que terminaría siendo soplo democrático entre dictaduras. De allí la importancia de las evocaciones que, según creo, permiten establecer una suerte de analogía entre la relativa libertad política y el hallazgo del primer amor y del primer trabajo que consiguen en Caracas los personajes, significativamente nombrados por sus oficios: tenedor de libros, periodista, médico, capitán, barbero. Predominando todavía los oficios tradicionales sobre las profesiones modernas, sus ocupaciones ejemplifican una especialización insuficiente, como lo era la modernización que pretendían consolidar; pero de oficios dudosos y empleados bisoños se alimentó la migración que salía expulsada de los Ortices de casas muertas y de los preteridos campos venezolanos, cuyo destino y fin terminarían siendo las metrópolis de espejismos[7]. Por eso proclama el Tenedor de Libros, a pesar de su desgracia carcelaria: «Yo me siento trepado a la cumbre de la más alta humana felicidad y bendigo el martes en que se me ocurrió abandonar mi pueblo, saltar al entarimado de un camión de carga y lanzarme a buscar fortuna por las calles de la capital»[8].

El agitado fresco de cambio social de aquel primer ciclo democrático es completado por el novelista con «el partido» que crecía en poblados y campos; correspondiéndose con Acción Democrática (AD), Unión Republicana Democrática (URD) y el Partido Comunista de Venezuela (PCV) en las historias personales del Tenedor de Libros, el Periodista y el Médico, respectivamente, este partido parece actuar como otro agente urbanizador, tal como de hecho ocurría con las masas que migraban en muchos países latinoamericanos. Pero además de que sus canonjías y prebendas no alcanzaban a proveer apoyo para que la clientela de paletos se insertara en la vida urbana productiva, la fortuna que al principio pareciera representar la pertenencia partidis-

---

[7] Ver en este sentido las distorsiones del proceso de urbanización en A. Almandoz, *La ciudad en el imaginario venezolano*, t. II, pp. 127-139.

[8] M. Otero Silva, *La muerte de Honorio*, p. 19.

ta, pronto se trueca en desgracia personal y política para los reos retratados por Otero Silva. En este sentido, a pesar de lo atemporal del calabozo novelesco, hay en *La muerte de Honorio* punzantes referencias históricas a Leopoldo Carnevali, o a la disolución de AD y el PCV en 1948 y 1950, respectivamente[9].

La desgracia política y el aislamiento carcelario imposibilitan por supuesto la ciudad de la que se vino en busca, cuyas fugaces apariciones en la trama tornan aún más dramático el ostracismo con respecto al tiempo y al país progresista que el NIN construía en las calles. Como atropellados bastidores en una trágica pesadilla, ese país desarrollista corta la lobreguez del cautiverio con ráfagas de grandes avenidas patrulladas, aunque sólo sean entrevistas a trompicones desde las ventanillas de los *jeeps* o del YVC-ALI bimotor que se usa para los traslados entre Maturín y la cárcel de Ciudad Bolívar. Las autopistas y los superbloques son acaso divisados desde la parte trasera de la camioneta que lleva a los presos por las inmediaciones del Hipódromo, San Martín y El Junquito, para amedrentarlos con remedos de fusilamientos. El barullo de los estadios y el chauvinismo de las semanas patrias irrumpen de vez en cuando en el radio que escuchan los apostados guardias nacionales, el cual alterna los juegos de béisbol con «los valses pueblerinos, los tambores de negros antillanos, los compases bizarros del himno nacional»[10].

6. Si bien centrada en la capital, al igual que la mayoría

---

[9] M. D. Galve de Martín, *La dictadura de Pérez Jiménez: testimonio y ficción*. Caracas: Consejo de Desarrollo Científico y Humanístico (CDCH), Universidad Central de Venezuela (UCV), 2001, pp. 66, 143.

10 M. Otero Silva, *La muerte de Honorio*, pp. 8, 27, 63. Una confirmación de este desconocimiento de la transformación caraqueña por parte de los reos la ha dado recientemente Luis Miquilena –quien sirviera a MOS como inspiración del Periodista de la novela– en entrevista a C. Marcano, «'La unidad fue la fuerza decisiva'», *El Nacional*, Caracas: enero 23, 2008, p. Nación-4; allí confiesa don Luis sus primeras impresiones de la capital perezjimenista, a la salida de la cárcel de Ciudad Bolívar: «...Cuando me pasaron por la autopista me quedé frío, porque nunca había visto una vía tan grande y tan bonita. Recuerdo que entonces exclamé, por tomarle el pelo a los que venían conmigo: '¿Y este tronco de hombre era al que nosotros queríamos tumbar, coño? ¿Cómo es posible?'». También con respecto a Pérez Jiménez: «Desde el punto de vista económico transformó al país de tal manera que yo no conocía a Caracas cuando regresé...».

de las novelas de la dictadura –que tienen en ella su principal referente, a pesar de los traslados a los presidios del interior– *Se llamaba SN* (1964), de José Vicente Abreu, transcurre entre las sedes de la Seguridad Nacional y la cárcel Modelo de Caracas, y los campos de Guasina y Sacupana[11]. A través de un macabro juego de imágenes entre esos extremos geográficos y sociológicos, el vía crucis de los presos, militantes de la oposición, adecos en el caso de esta novela, permite reconstruir y entrecruzar los contrastes entre lo rural, lo provinciano y lo urbano del país: por un lado, el pueblo del llano y los personajes familiares que pasan por ese filme que parece proyectarse en las manchas de la pared de la celda caraqueña, donde también se siente el «bullicio de la calle»; en el medio está esa Guasina donde permanece el prisionero desde el 3 de noviembre de 1951, donde todavía el intenso tráfico hace recordar «una céntrica calle de Caracas», mitificada también por los guardias que regresan de la pujante capital; y finalmente está esa Sacupana del Remanso, que parece una «ranchería de indios frente a Guasina»[12]. Esos extremos incluso se tocan de manera efímera pero patética en el verbo emocionado que clama fraternidad entre conciudadanos, como en la dramática escena del traslado de los reos a través de la próspera capital perezjimenista, en una de cuyas populosas plazas la gente sale del cine, mientras aquéllos gritan a coro: «Nos llevan a Guasina»[13].

En conjunto con otras novelas de la dictadura, hay también una suerte de jerarquía urbana a través de las cárceles: desde la Modelo que es casi hotel de lujo en comparación con los presidios de El Obispo, Ciudad Bolívar y San Juan de Los Morros, hasta la remota Guasina del Orinoco y la Sacupana del Delta[14]. Pero más allá de las referencias directas de los itinerarios entre presidios, está la vasta geografía nacional recorrida por las madres que peregrinan a las cárceles desde el

[11] M.D. Galve de Martín, *La dictadura de Pérez Jiménez...*, pp. 76-77, 86. Como señala esta autora, la excepción de esta capitalidad predominante es *Archivo de pueblo* (1979), de Ramón Vicente Casanova, que se desarrolla en Mérida con posterioridad a 1945.

[12] J. V. Abreu, *Se llamaba SN* (1964). Caracas: Monte Ávila Editores Latinoamericana, 1998, pp. 81, 117, 140, 182, 207, 236.

[13] *Ibíd.*, pp. 133-134.

[14] M.D. Galve de Martín, *La dictadura de Pérez Jiménez...*, pp. 130-134.

Llano o Margarita, como esa Micaela Vásquez que se instala en Sacupana cerca de su hijo, convirtiéndose en matriarca de todos lo presos. O también el mapa de calvarios que puede rastrearse con las formas de tortura que los reclusos relatan haber sufrido en otras estaciones, desde Barquisimeto y Trujillo hasta Ciudad Bolívar; es una «maquinaria del terror» cuyos engranajes se extienden, a través de los patéticos reportes que se urden en la novela, a través de Anzoátegui, Sucre, Yaracuy, Zulia, y la varia geografía de la república torturada[15].

También se cuelan en las novelescas cárceles tímidas pero significativas pistas de un país que ha pasado por la explosión migratoria de los cuarenta y cincuenta, con sus numerosos contingentes provenientes de Europa y el Medio Oriente. Coincidiendo en parte con otras novelas de la dictadura, donde suelen ser asociados los españoles republicanos con la resistencia, así como los italianos con el pingüe beneficio del gasto público del NIN –aunque Vannini haya reivindicado que estos «pulpos» explotaran muchas veces a sus propios paisanos que fueron también «mártires de la dictadura»[16]– en *La muerte de Honorio* están el rancho o la pasta deleznables preparados por Genaro y Antonio, que los reclusos deben engullir para no morir de inanición. También está en la novela de Abreu el veterinario Rossi, quien es traído cada quince días

---

[15] J. V. Abreu, *Se llamaba SN*, pp. 110, 121-123, 234, 269.
[16] M. Vannini, «Promoción Rómulo Gallegos», en *Arrivederci Caracas*. Caracas: Fundarte, 1998, pp. 261-267. Allí la profesora Vannini, arribada con su familia a Caracas en 1948, establece la siguiente distinción con respecto a la supuesta actitud acomodaticia de todos sus paisanos: «Los verdaderos inmigrantes italianos, albañiles, obreros, fueron mártires de la dictadura, trabajaban duramente, explotados por empresarios de la misma nacionalidad, sin ninguna protección y ni siquiera precaución. Eran estos últimos los llamados 'pulpos' que reunieron colosales fortunas pagando a sus propios paisanos sueldos miserables, pues adheridos como sanguijuelas al gobierno perezjimenista del cual lograban prebendas y concesiones de terrenos, podían aprovecharse impunemente de los trabajadores. No había día que no registrara la caída de algunos de ellos en las edificaciones. Las cifras de víctimas en aquellas monumentales obras fue enorme, los italianos han realmente teñido con sangre el gran auge de la construcción durante la dictadura». Con respecto a la leyenda negra de la participación de constructores italianos en la dictadura, ver M. A. Rodríguez, *Tres décadas caraqueñas. 1935-1966*. Caracas: Editorial Fuentes, 2004, pp. 168-169; también M.D. Galve de Martín, *La dictadura de Pérez Jiménez...*, pp. 198-200.

a las barracas de Guasina, sólo a clasificar los presos que no pueden trabajar, pero sin siquiera curarlos[17].

La más dramática confirmación de historicidad en esas novelas de la dictadura quizás venga dada por la imagen misma que da título a la obra de MOS, ese Honorio niño que surge del relato familiar del Barbero, logrando cautivar en su crecimiento, como los pollos de la gallina clueca que deambula por la cárcel, la expoliada paternidad de los reclusos. Porque cuando el presunto padre confiesa la inexistencia del hijo, el narrador toma la palabra para confirmar que esa alegoría del tiempo transcurrido en medio del delirio, no puede ser negada, porque «Honorio era un ser real, tiernamente nacido y amado entre las sombras de una cárcel»[18]; como lo era ese oscuro tiempo dictatorial que había concluido poco antes de la escritura de la obra. Tiempo que había privado de todas las formas de paternidad, inventiva y fecundidad a muchos venezolanos que lo padecieron, más no de su capacidad de recrearlo en una novelística y ensayística ulteriores.

---

[17] M. Otero Silva, *La muerte de Honorio*, p. 26; J. V. Abreu, *Se llamaba SN*, p. 194.
[18] M. Otero Silva, *La muerte de Honorio*, p. 123.

Contra la ciudad vitrina[*]

> «...Tenemos una hermosa ciudad capital, ciudad vitrina comparable a un pumpá de siete reflejos para un hombre que tuviera los pies descalzos...»
>
> RÓMULO BETANCOURT,
> *Posición y doctrina* (1958)

7. En buena medida a causa de las desigualdades urbanas y territoriales que evidenciaba con respecto a su capital, el progreso y desarrollo aparentes del perezjimenismo fueron atacados por los oponentes políticos de la dictadura, especialmente por Rómulo Betancourt, incluso desde antes de regresar del exilio. Como haciéndose eco de las tesis uslarianas sobre el contrastante territorio de espejismos, que fueran desplegadas en obras como *De una a otra Venezuela* (1949) –las cuales nos guiaran, en el segundo libro de la investigación, al interpretar las desigualdades del país petrolero en trance de urbanización[1]– ya en 1957, en visita a Nueva York durante su exilio en Puerto Rico, el líder de AD se refería, ante una audiencia en el Carnegie Hall, a las «dos Venezuelas» de Pérez Jiménez,

(...) la de exportación, presentada como modelo a imitar por los propagandistas de la dictadura, y por ciertos cruzados de la *li-*

---

[*] Una primera versión de esta y la siguiente sección fueron presentadas, bajo el título de «Paisaje urbano de la Venezuela de Punto Fijo», Simposio El Paisaje: inclusiones y exclusiones. Su vinculación con la crisis de la modernidad en Venezuela (1811-1960). Mérida: Grupo de Investigaciones en Arte Latinoamericano (GIAL), Consejo de Desarrollo Científico, Humanístico y Tecnológico (Cdcht), Universidad de Los Andes (ULA), octubre 19-21, 2005.

[1] Ver en este sentido A. Almandoz, *La ciudad en el imaginario venezolano*, t. II, pp. 127-139. Aquí también pueden verse posiciones de otros miembros de la oposición, tales como Rómulo Gallegos y Mariano Picón Salas.

bre empresa, que en la presunta prosperidad extraordinaria de mi país señalan demostración objetiva de cómo avanzan las naciones cuando las actividades económicas privadas se realizan al margen de la vigilancia y preocupación gubernamentales; y la Venezuela real. En ella, en la real, hay centenares de secuestrados políticos, algunos con hasta siete años de reclusión, ninguno habiendo sido juzgado o sentenciado por jueces; millares de exiliados; prácticas de torturas físicas en las cárceles, idénticas a las que aplicaron en sus tiempos las policías políticas de Hitler y de Stalin; impedimento para la organización por los trabajadores de sus organismos de defensa gremial; anulación radical de todos los partidos políticos; censura rígida sobre la prensa nacional y sobre las agencias internacionales de noticias, que ha venido denunciando sistemáticamente la Sociedad Interamericana de Prensa[2].

El natural grafismo del discurso betancuriano, aguzado por la percepción del país desde la distancia del tercer exilio, logró así poner en perspectiva histórica las contradicciones económicas y políticas, así como los atropellos judiciales y carcelarios de un régimen cuyo progresismo probablemente fascinaba, no obstante sus flagrantes crímenes, a más de uno de los asistentes al Carnegie Hall. Seguramente Betancourt también sabía que el embrujo del dictador persistiría sobre las masas impresionadas por las faraónicas obras del NIN, especialmente en la renovada capital venezolana, donde para erradicar el perezjimenismo había que apelar a reivindicaciones políticas más que materiales. Quizás por ello, como buscando recobrar el apoyo capitalino que podía haber sido socavado por el magnificente despliegue de obras públicas, en mitin pronunciado en la plaza Diego Ibarra a su regreso al país después de diez años exiliado, Betancourt afirmó que «estaba viva la pasión de la libertad» en el pueblo caraqueño que se había unido, «desde el millonario hasta el limpiabotas, desde el hombre de La Charneca hasta el del Country Club, desde el sacerdote hasta

[2] R. Betancourt, «Discurso pronunciado por el señor Rómulo Beatancourt en la comida en su honor realizada en el Carnegie International Center, de Nueva York, el 12 de enero de 1957», en *Posición y doctrina*. Caracas: Editorial Cordillera, 1958, pp. 9-24, p. 17.

el seglar, desde la monja hasta la lavandera, para realizar esa gloriosa epopeya de la reconquista de la libertad»[3].

8. Una suerte de antinomia entre primacía urbana y atraso rural es motivo recurrente en el mapa que el líder adeco hiciera de la Venezuela encontrada a su regreso. Por contraste con la «ciudad vitrina, para regodeo de los ojos transeúntes del turista», Betancourt señalaba, como muestra del atraso agroindustrial, por ejemplo, al millón de kilómetros cuadrados que apenas era atravesado por «algunas excelentes vías de comunicación troncales, pero sin carreteras de penetración»; así como los escasos caminos vecinales, «a través de los cuales el campesino lleva sus productos a los mercados y centros de consumo, totalmente abandonados»[4]. Fustigando la «megalomanía del dictador» que había pretendido presentarnos como el primer país de América Latina y uno de los primeros del mundo –no en vano Pérez Jiménez acarició el sueño, recordemos, de organizar en Caracas la exposición internacional de 1960 y las olimpíadas de 1964– el líder adeco arremetió en sus discursos contra el crecimiento aparente y el atraso fundamental de la contrastante Venezuela que salía de la dictadura:

> Nuestro país ha crecido en una forma distorsionada. Tenemos una hermosa ciudad capital, ciudad vitrina comparable a un pumpá de siete reflejos para un hombre que tuviera los pies descalzos. Porque la Venezuela de Los Andes, de Oriente, de los Llanos, es la misma Venezuela atrasada, la misma Venezuela deprimida y la misma Venezuela paupérrima que existía antes. Hay dos Venezuelas: esta Venezuela de la danza del bolívar, la de Caracas y el Litoral y de algunas zonas del centro del país; la

---

[3]   R. Betancourt, «Palabras pronunciadas por el señor Rómulo Betancourt el día 9 de febrero de 1958, en la Plaza 'Diego Ibarra', a su llegada a Caracas después de diez años de exilio», en *Posición y doctrina*, pp. 107-115, pp. 107-108.
[4]   R. Betancourt, «Visión general de los problemas económicos y sociales de Venezuela» (junio 5, 1958), en *Posición y doctrina*, 1958, pp. 33-59, 37.

Caracas del '5 y 6' y los rascacielos de 35 pisos. Y la otra Venezuela en la que el hambre es una realidad patética»[5].

Continuando con el reporte antitético de las dos Venezuelas urbana y rural –tema recurrente de la ensayística nacional, sobre todo después de 1945[6]– las desigualdades legadas por la dictadura en términos políticos y económicos, evidenciaban también para Betancourt distorsiones dentro de la misma región central. Poco después de retornar, en conferencia pronunciada en Valencia, centro de la política de sustitución de importaciones que se había adoptado en el país[7], el líder de AD denunció la gravedad de la millonaria hipertrofia de Caracas –que concentraba un quinto de la población de Venezuela en mucho menos del uno por ciento de su territorio– sobre todo por su falta de base económica sólida, a diferencia por ejemplo del São Paulo industrial:

Un país con una capital macrocefálica, la ciudad de Caracas, donde está concentrado en el 0,21 por ciento del área territorial del país un quinto de su población. Ya más de un millón e personas viven en la capital de la república. Y con la circunstancia de que este crecimiento demográfico violento de Caracas

[5] R. Betancourt, «Palabras pronunciadas por el señor Rómulo Betancourt el día 9 de febrero de 1958, en la Plaza 'Diego Ibarra', a su llegada a Caracas después de diez años de exilio», en *Posición y doctrina*, pp. 111-112.
[6] A. Almandoz, *La ciudad en el imaginario venezolano*, t. II, pp. 127-139.
[7] Adoptada en las mayores economías de América Latina después de la Segunda Guerra Mundial, la política buscaba reducir la dependencia foránea mediante el desarrollo de líneas locales de producción, comenzando por la sustitución de bienes de consumo, para después profundizar hacia intermedios y de capital. Esto implicaba una serie de costosas medidas complementarias por parte del Estado que son bien resumidas por E. Williamson, *The Penguin History of Latin America*. Londres: Penguin Books, 1992, p. 334: «Import substituting industrialization (ISI) required the intervention of the state in the economy on many fronts. To begin with, the state placed high import tariffs on those foreign manufactures it planned to replace by local products. The protected home industries were then boosted with credits from state banks and by guaranteed prices. Demand for those expensively produced industrial goods was stimulated by controlling wage and price levels and by manipulating tax and exchange rates. The state also had to invest heavily in setting up an infrastructure in transport and energy. ISI meant, therefore, an enormous expansion of the state's commitments, and a corresponding increase in its spending».

no ha coincidido con un crecimiento industrial coetáneo, como sucedió en São Paulo, en el Brasil, porque es bien sabido que por carencia de terreno suficiente y de agua suficiente, Caracas no puede llegar a ser nunca una ciudad industrial. En realidad Caracas ha crecido en esa forma desproporcionada por dos circunstancias: porque allí se concentraron la mayor parte de las inversiones de obras públicas, muchas de ellas en obras suntuarias como teleféricos, Hoteles Humboldts y Avenidas espectaculares, y porque la población provinciana, especialmente la población campesina, fue impulsada por el hambre a una especie de éxodo, de diáspora, de la periferia al centro[8].

Además del secular atraso de las regiones de base agraria, Betancourt denunció la hipertrofia caraqueña como debida a obras públicas suntuarias a través de las cuales la dictadura había concentrado el excedente petrolero en ciudades no productivas, efecto perverso que también se acentuó a través del crecimiento administrativo[9]. Aunque esta «sobreurbanización», «inflación urbana» y «terciarización» de las grandes ciudades era problema común en América Latina y otras regiones del Tercer Mundo, del Brasil de Kubitschek al Egipto de Nasser[10], Betancourt pareció endilgarlo exclusivamente al caso venezolano, con cierta miopía que mostraran asimismo intelectuales de entonces –Uslar, Briceño Iragorry, Picón Salas– no exenta de retaliaciones políticas a la dictadura.

9. Como otro ejemplo del privilegiado contraste de la capital con el resto del país, a su regreso Betancourt hizo referencia al hecho de que, en 1954, una comisión técnica de la Organización de Estados Americanos (OEA) de visita en Ca-

---

[8] R. Betancourt, «Visión general de los problemas económicos y sociales de Venezuela», en *Posición y doctrina*, pp. 35-36.
[9] Tal como lo señala R. Briceño-León, *El futuro de las ciudades venezolanas*. Caracas: Cuadernos Lagovén, 1986, pp. 24-26.
[10] Términos tomados de D. Drakakis-Smith, *The Third World City* (1987).Londres: Routledge, 1990, pp. 8-10; R. Potter y S. Lloyd-Evans, *The City in the Developing World*, pp. 14-15. Ejemplos contemporáneos de rápida urbanización en el Tercer Mundo pueden verse en K. Davis, «La urbanización de la población mundial», en *La ciudad* (1965), trad. Guillermo Gayá Nicolau. Madrid: Scientific American, Alianza Editorial, 1982, pp. 11-36, pp. 23-24.

racas, había determinado que en la periferia de «esa ciudad con tantos rascacielos y tanto despliegue de nuevorriquismo arquitectónico, unas 300.000 personas –el 38 por ciento de la población de entonces– vivían amontonadas en lugares que tienen nombres muy significativos: 'Ciudad Chamizas', 'Ciudad Tablitas', 'Ciudad Cartón'». El líder adeco fustigó que en los superbloques modernistas sólo «pudieron ser hacinadas 30.000 personas», mientras que la población de los cerros llegaba a 300 mil[11]. No sólo ello contradice las aseveraciones del propio Pérez Jiménez –quien reivindicara entre sus logros la «extirpación» de más de 58 mil ranchos caraqueños, dejando sólo 7 mil para el final de su régimen[12]– sino que también desconocía las innovaciones de una política de vivienda masiva que, a pesar de sus apresuramientos, llegó a ser referencia para otros países latinoamericanos por su experimentación arquitectónica y urbanística[13].

Es por ello que el futuro presidente ofreció dar respuesta al problema de vivienda construyendo a un ritmo de cuarenta mil unidades por año durante su gobierno –antes de las cien mil que ofreciera Rafael Caldera, otro presidente de la venidera democracia (1969-1974), cuyo incumplimiento daría motivo, por el resto del siglo, a la chanza popular de las «cien mil casitas por año...». Tales promesas, incumplidas finalmente en la cuarta república que se iniciaba –así como en la quinta en lo que va de siglo XXI– buscaban acabar con la «vergüenza nacional del rancho» y los «inadecuados y deficientes servicios públicos», que Betancourt consideraba «los más deplorables» del continente[14]. Además de lo insostenible de este dictamen con respecto a los servicios nuestros en el contexto de Amé-

[11] R. Betancourt, «Visión general de los problemas del país», en *Posición y doctrina*, pp. 36, 41-42.

[12] O. Tenreiro, «Conversación con el General (R) Marcos Pérez Jiménez, en su residencia en Madrid, el día 5 de febrero de 1995», *Ciudad*, No. 1, Caracas: Dirección de Gestión Urbana, Alcaldía de Caracas, 1995, pp. 7-33, 23.

[13] Tal como ya ha sido señalado en A. Almandoz, *La ciudad en el imaginario venezolano*, t. II, pp. 119-126. En este sentido, ver también M. López Villa, «Gestión urbanística, revolución democrática y dictadura militar en Venezuela (1945-1958)», *Urbana*, No.14-15, Caracas: Instituto de Urbanismo, Universidad Central de Venezuela (UCV), 1994, pp. 103-119.

[14] R. Betancourt, «Visión general de los problemas del país», en *Posición y doctrina*, pp. 36-42.

rica Latina –donde Venezuela era clasificada como uno de los países con mejor desarrollo de infraestructura– hay antecedentes que avalan la existencia de una política habitacional y de expansión urbana durante la dictadura, al menos en la región metropolitana de Caracas. Tal como lo recuerda Víctor Fossi, el Banco Obrero (BO) no sólo había sido principal productor de vivienda pública durante más de tres décadas desde su fundación en 1928, sino que también, por recomendación de una comisión de vivienda creada en 1945, había venido adquiriendo tierra urbanizable como reserva para la expansión capitalina, programa que fue después extendido a las principales ciudades del país. Si bien la compra precavida de terrenos fue continuada durante los cincuenta por el Centro Simón Bolívar (CSB), fue precisamente en la década siguiente cuando sería descuidada, a pesar de que en 1959 fuera decretado el desarrollo de las ciudades Losada y Fajardo como satélites de industria y vivienda obrera para Caracas. La adquisión de terrenos para esta desconcentración sólo se retomaría tardíamente a comienzos de los setenta, cuando la urbanización de los valles del Tuy y de Guarenas-Guatire «ya había avanzado en forma espontánea y parcialmente anárquica y los precios de la tierra habían sido afectados severamente por expectativas de especulación»[15].

Es tan sólo un caso que ilustra cómo la discontinuidad en la inversión pública de la democracia que se instauraba, víctima con frecuencia del resentimiento político, tendría consecuencias nefastas para el desarrollo urbano y la inversión y producción en ciudad, que eran ya obligaciones ineludibles para el Estado venezolano de mediados del siglo XX. En este

---

[15] V. Fossi, «Desarrollo urbano y vivienda: la desordenada evolución hacia un país de metrópolis», en M. Naím y R. Piñango (eds.), *El caso Venezuela: una ilusión de armonía*. Caracas: Ediciones Instituto de Estudios Superiores de Administración (IESA), 1989, pp. 473-498, p. 483. Prosigue el maestro Fossi con los efectos seculares de esta demora, que además ocurrió en otras áreas metropolitanas del país (pp. 483-484): «El resultado fue por una parte, la elevación sustancial de los costos de urbanización. Pero más grave ha sido la reducción significativa de la capacidad del Estado para influir decisivamente en la creación de núcleos urbanos eficientes y atractivos que pudieran cumplir el propósito reordenador que se les había asignado. Lamentablemente, lo ocurrido en Caracas en este caso no consituye un episodio excepcional...».

sentido, si bien comprensible en lo que respecta al excesivo gasto en el ingente programa edilicio del NIN, la temprana reacción de Betancourt contra la ciudad vitrina, que era asimismo una posición frente al hecho metropolitano asociado con la dictadura, se torna en pieza clave para explicar cierto fariseísmo urbano que mostraría la democracia posterior a 1958.

Fariseísmo metropolitano de Punto Fijo

10. La crítica contra la ciudad vitrina de Pérez Jiménez puede ser enmarcada en la evolución ideológica de Betancourt y la nueva agenda de la socialdemocracia venezolana. En este sentido, el «atraso cultural», el analfabetismo y la desnutrición, cúmulo de «vergüenza para los venezolanos» que el líder proclamaba haberse encontrado a su regreso, eran endemias que se remontaban a la provincia decimonónica[1]. Eran rémoras seculares que otras voces socialdemócratas con más eco literario –de Andrés Eloy Blanco a Augusto Mijares– habían contrastado al supuesto progresismo gomecista, siguiendo un nefasto parentesco que la novelística de ambas dictaduras había logrado poblar, en sus respectivas oleadas, con un imaginario de ficción[2]. En última instancia, era también una sempiterna «herencia de desesperación» que se remontaba a la aurora republicana, para utilizar la expresión del autor de «El último venezolano» (1964), quien no obstante reconociera, por aquellos mismos años de renovación democrática, los empujes

---

[1] R. Betancourt, «Visión general de los problemas del país», en *Posición y doctrina*, pp. 39-40.
[2] Además de la visión de la novelística de la dictadura contenida en la sección «Vistas a trompicones» de este volumen, la crítica al atraso gomecista en la novela y el ensayo puede verse en A. Almandoz, *La ciudad en el imaginario venezolano*, t. I, pp. 101-123; t. II, pp. 37-50.

pluralistas y modernizadores que habían representado los gobiernos de López Contreras y Medina Angarita[3].

Ya aquel atrasado paisaje social de la Venezuela de los años 1920, poblado de una masa preterida por los beneficios de la industrialización, y de la revolución petrolera en nuestro caso, había hecho que el joven Rómulo exiliado en Costa Rica en las postrimerías del gomecismo, se desmarcara del «socialismo proletario» de corte soviético, para virar hacia la «democracia liberal» que podía dar respuesta a las menos industrializadas economías de América Latina[4]. Aquel giro de Betancourt parecía acentuarse aún más en este nuevo regreso de 1958, cuando la antinomia entre la ciudad vitrina y el atraso del país rural, ahora enmarcada en una demografía irreversiblemente urbanizada, imponía la entrada de Venezuela a una nueva forma de Estado secular.

Sometida a las presiones modernizadoras ejercidas por las Américas anglosajona y latina, así como a los flujos migratorios provenientes de la Europa de la segunda posguerra; jalonada al mismo tiempo por los campesinos que migraban a las emergentes metrópolis del país declaradamente petrolero, después de Pérez Jiménez se va a producir en Venezuela lo que Germán Carrera Damas ha denominado la «tardía institucionalización del Estado liberal democrático». Porque al deslastrarse del férreo andamiaje de la dictadura progresista, uno de los países de mayor ingreso de Latinoamérica no podía seguir avanzando por el sendero del liberalismo puramente económico, cuando significativas demandas políticas y sociales de la masificación continuaban desatendidas

> A fines de la década del 50 la sociedad venezolana aparece conformada como lo que podría llamar, aunque esto suene a contradicción, una pequeña sociedad de masas. Parece un juego de palabras, pero en rigor no lo es, aunque quizá sea más adecua-

---

[3] A. Mijares, «El útimo venezolano» (1964) y «Treinta años» (1966), en *El último venezolano y otros ensayos*. Caracas: Monte Ávila Editores, 1991, pp. 33-36, pp. 90-95.

[4] Tal como lo ha hecho notar A. Stambouli, «Rómulo Betancourt en 1932: del socialismo ortodoxo a la democracia», Papel Literario, *El Nacional*, Caracas: junio 11, 2005, p. 3.

do decir una sociedad con problemas masivos. Ya no se trata de aquella que he denominado universo de peones con un pequeño club de terratenientes manipulando las aspiraciones socioindividuales, sino de una sociedad donde el proceso de movilización de grandes masas, el de urbanización, el proceso de desarrollo capitalista en el campo, el inicio de la industrialización, etc., han generado toda una nueva problemática de carácter social y económico[5].

Esos problemas masivos no eran ya, obviamente, los legados por el nepotismo gomecista, que podían ser superados por una permeabilidad política y una movilidad social alcanzables por vía de la especialización profesional; trascendían por mucho las demandas por el sufragio universal, que habían catalizado el quiebre democrático de 1945, y que se habían finalmente incorporado en la constitución de 1947. Se trataba más bien del desengaño frente al «espejismo liberal» por parte de una sociedad no todo lo emprendedora que ese liberalismo requería en términos económicos, a la vez que sus avances políticos y constitucionales eran puestos en duda por un pueblo acuciado por rémoras seculares: desempleo, hambre y atraso. Se requería entonces, en aquella señalada hora política de 1958, acelerar el paso del Estado benefactor y prestador de servicios que habíamos comenzado a ser desde 1936, soportado después con el énfasis constructivo del NIN, hacia un Estado democrático social y de derecho[6].

11. En el plano propiamente político, es sabido que la plataforma para superar la crisis de gobernabilidad de la Venezuela posdictatorial fue provista por el pacto de Punto Fijo, así llamado por la quinta caraqueña de los Caldera, donde fue suscrito el 30 de septiembre de 1958 por Rómulo Betancourt, Raúl Leoni y Gonzalo Barrios, de Acción Democrática (AD); por Rafael Caldera, Pedro del Corral y Lorenzo Fernán-

---

[5] G. Carrera Damas, *Una nación llamada Venezuela. Proceso sociohistórico (1810-1974)* (1984). Caracas: Monte Ávila Editores, 1988, pp. 177-178.

6 *Ibíd.*, p. 178; A.R. Brewer-Carías, *Cambio político y reforma del Estado en Venezuela. Contribución al estudio del Estado democrático, social y de derecho.* Madrid: Editorial Tecnos, 1975, p. 167.

dez, del demócrata-cristiano Comité de Organización Política Electoral Independiente (Copei); y por Jóvito Villalba, Ignacio Luis Arcaya y Manuel López Rivas, de Unión Republicana Democrática (URD). El pacto buscaba prevenir las hostilidades entre partidos, tal como había ocurrido entre 1945 y 1948, apelando en cambio a «una campaña positiva de afirmación de sus candidatos y programas dentro del espíritu de la unidad, evitando planteamientos y discusiones que pueden precipitar la pugna interpartidista, la desviación personalista del debate y divisiones profundas que luego pudieran comprometer la formación del Gobierno de Unidad Nacional»[7]. A pesar de estas comprensibles intenciones políticas, desde la oposición se le vería como una maniobra partidista para repartirse el poder entre las «fuerzas vivas» del «cesarismo plutocrático», cuya venidera dispensa de cargos públicos sería satirizada por Vallenilla Planchart como «único Punto Fijo del pacto celebrado»[8].

El 21 de octubre de 1958, diez días antes de firmarse el pacto, en cadena transmitida por Radio Caracas Televisión, al proponer un «gobierno de unidad en caso de no lograrse una candidatura de unidad», y como parte de la agenda para un nuevo modelo de desarrollo, Betancourt planteó una política de «descentralización de la acción administrativa», cuya piedra angular era la desconcentración de las actividades, inversiones y población de la capital. Como para no desaprovechar la oportunidad electoral ante la masa de telespectadores, el explícito viraje con respecto al NIN fue enfatizado en términos de objetivos territoriales antitéticos: «Modificación de la política de hipertrofia de lo urbano y de lo metropolitano, en detrimento de la Nación, que siguió la dictadura. Venezuela es una nación, con vasta y desasistida periferia provinciana, y no un país-ciudad. Equilibrar y distribuir equitativamente los gastos públicos en la Capital de la República con los reclamados por la Provincia.», dictaminó entonces el candidato que resultaría ganador[9].

---

[7] M. A. Rodríguez, *Tres décadas caraqueñas...*, pp. 177-178; A. Stambouli, *La política extraviada...*, pp. 131-132.

[8] L. Vallenilla Lanz, hijo, *Fuerzas vivas*, pp. 275-278.

[9] R. Betancourt, «Exposición hecha por el señor Rómulo Betancourt, el día 21

Significativamente, las ciudades centrales, que eran los grandes escenarios de la sociedad de masas venezolana, no apostarían en las elecciones de 1959 por el candidato adeco, quien retomaba la socorrida imagen del juambimba provinciano, que aunque avecindado en las metrópolis desde las postrimerías del gomecismo, tenía mucho de forastero y anacrónico para el país urbano; como reivindicando su importante participación en las jornadas libertadoras del año anterior, la ciudad masificada «rechazaba el orden adeco con su énfasis modernizador de la provincia y el agro, proclamando su temperamento volátil»[10]. Sin embargo, se impuso aquel farisaico desiderátum territorial para el plan del primer gobierno democrático, el cual anticipaba una supuesta política de desconcentración, para contrarrestar la brecha entre el país rural que reclamaba comunicaciones, obras de infraestructura y reforma agraria, y la aparente modernidad de la Caracas maquillada por la dictadura, ensombrecida a su vez por las deficiencias habitacionales y de servicios para los sectores populares. Proclamada desde las flamantes pantallas de televisores que a partir de los años 1950 habían comenzado a introducirse en los hogares venezolanos, poblándolos de la animada iconografía del consumismo y la masificación, aquella nueva agenda política y territorial no podía dejar de desconcertar a una audiencia que veía así estigmatizado lo urbano por parte de la democracia restaurada, cuyos líderes gustarían de abjurar, por razones electorales o populistas, del hecho metropolitano caraqueño. Era una suerte de fariseísmo contra la metrópoli que, en el caso de AD, partido dominante del venidero ciclo político hasta los años ochenta, llevaría a asociar, de manera algo paradójica para Tulio Hernández, «democratización y modernización con cultura nacional popular»[11].

Y cabe distinguir otra faceta de fariseísmo metropolitano resultante del discurso dual: porque Betancourt habría sido,

de octubre de 1958, por Radio Caracas Televisión, en cadena con otras emisoras del país», en *Posición y doctrina*, pp. 162-184, 181.

[10] Resultado electoral que bien recuerda S. González Téllez, *La ciudad venezolana...*, pp. 102-103.

[11] F. Ramírez Barreto, «Caracas es una metáfora de las grandes patologías venezolanas», Papel Literario, *El Nacional*, Caracas: septiembre 18, 2004, p. 2.

además de padre de la democracia secular, un médium del país en trance de modernización. Poblado de neologismos de la sociedad masificada y palabras criollas a la vez, su «estilo de comunicación entre rural y urbano» configuró un imaginario híbrido que caló en el populacho, porque coloreaba y animaba un discurso político en el que podía reconocerse y urbanizarse el juambimba de ascendencia rural del que AD se había apropiado[12]. Pero ese discurso acentuaría un drama que, como sabemos, no resolvería nuestra historia política a lo largo del siglo XX: juambimba se urbanizó demográficamente, pero sin adquirir verdaderas ciudadanía ni cultura urbana. La primera parte de este drama había sido ya advertida por pensadores como Uslar, al alertar sobre la desatención estatal hacia el «tercer habitante» surgido de las mejoras sanitarias en la provincia venezolana, que fueran ya evidenciadas desde el censo de 1950[13]. Pero si esa masa de criaturas resultante de la transición demográfica y de la migración rural-urbana en Venezuela era ya un hecho con el que se encontrara el Betancourt de Punto Fijo, su discurso desembocó en otro nivel de contradicción, porque llevó, como ha señalado Pino Iturrieta, «a uniformar grandes masas vestidas de blanco, que lo convierten a él en un tótem», pero en las que éste no pareció alentar «la posibilidad de autonomía de pensamiento»[14].

12. Los tempranos discursos de Betancourt no sólo sirvieron para demostrar las desigualdades y los desequilibrios territoriales y sociales legados por la dictadura, sino también para esbozar la agenda para un «Estado moderno», con visos socialdemócratas y de bienestar, corporativos y desarrollistas a la vez. Abjurando del hecho metropolitano, tal Estado se ali-

---

[12] N. Rivera, «Conversación con Jesús Sanoja Hernández y Elías Pino Iturrieta. Del padre fundador al padre ausente», Papel Literario, El Nacional, Caracas: marzo 5, 2005, p. B-19. La apropiación que hiciera AD del Juanbimba puede verse, por ejemplo, en M.S. Pérez Schael, Petróleo, cultura y poder en Venezuela. Caracas: Monte Ávila Editores Latinoamericana, 1993, pp. 156-158.
[13] A. Uslar Pietri, «El tercer habitante» (junio 9, 1951), en Pizarrón. Caracas: Edime, 1955, pp. 123-126. Ver en este sentido A. Almandoz, La ciudad en el imaginario venezolano, t. II, pp. 19-26.
[14] Tal como señalara E. Pino a N. Rivera, «Conversación con Jesús Sanoja Hernández y Elías Pino Iturrieta...».

neaba en la tendencia hacia una mayor participación del sector público, desde las actividades extractivas hasta la reforma agraria, según las recomendaciones por entonces en boga de la Comisión Económica para América Latina (Cepal)[15]. Sin tratar de hacer un registro ni continuo ni exhaustivo de ese Estado a lo largo del ciclo político de Punto Fijo, sólo se intentan esbozar a continuación algunos programas de impacto territorial que informaron aquella agenda inicial de Betancourt, así como atisbar razones urbanas y territoriales por las que no condujeran al desarrollo, tal como todo parecía indicar en aquel momento.

Betancourt abogó por una mayor participación de Venezuela en los programas de la industria y los márgenes de ganancia petrolera, que eran establecidos por el cartel internacional o los *big seven* del oro negro. En conferencia pronunciada en la Cámara de Comercio de Maracaibo, en septiembre 15 de 1958, el líder adeco recordó que en 1947 el congreso legítimo de entonces había decidido no otorgar más concesiones, en el marco de un «nuevo trato» con las compañías petroleras que estableciera, desde 1945, el *fifty-fifty* o reparto equitativo de las regalías entre la nación y las compañías[16]. Criticando el otorgamiento de concesiones durante la dictadura, Betancourt arremetió sobre todo contra las «bisuterías costosas» en las que se había malgastado la ingente renta petrolera, incluyendo los hoteles de Macuto, los hipódromos y las ruletas hípicas, los teleféricos, avenidas y demás muestras de esa «economía adventicia y transitoria» extraída del oro negro. Comparando el auge económico de la Venezuela petrolera con la efímera pompa de la Manaos que había prosperado durante la bonanza del caucho hasta la primera posguerra, el futuro

---

[15] Creada en 1948 con base en Santiago de Chile y la guía de Raúl Prebisch –antiguo director del Banco Central de Argentina– la Cepal se convirtió en piedra angular del desarrollismo latinoamericano de posguerra, el cual había iniciado la industrialización por sustitución de importaciones y otras políticas económicas llamadas a consolidar el «Estado corporativo» hasta mediados de los años 1960, cuando la sustitución de importacions comenzaría a evidenciar su agotamiento. Ver en este sentido E. Williamson, *The Penguin History of Latin America*, pp. 333-334, 338-339.

[16] R. Betancourt, «El petróleo en la economía venezolana» (septiembre 15, 1958), en *Posición y doctrina*, pp. 80-115, 88, 92.

presidente advirtió que, en los veinte años venideros, el país debía librar una «dramática batalla contra reloj» de cara a la «creación de una producción permanente nacional»; en este sentido, se proponía la creación de una Empresa Nacional de Petróleo, apoyada por una Compañía Venezolana de Navegación. Sin embargo, no estaba de acuerdo Betancourt con la nacionalización del petróleo, la cual habría sido un «salto al vacío» en aquel momento, considerando que el 98 por ciento de las divisas que ingresaban al país provenían del crudo; resultaba así el venezolano diferente del caso de México, que lo había nacionalizado «por razones de soberanía nacional y luego porque el petróleo era apenas un factor más dentro de un complejo económico»[17].

Aunque Betancourt no lo reconociera en sus discursos como parte de la agenda territorial del nuevo Estado corporativo, también estaba la complementación del programa de sustitución de importaciones –ya iniciado por el NIN– con la industria básica del núcleo siderúrgico al sur del Orinoco, el cuadrante históricamente más despoblado del territorio venezolano. Consecuente con la teoría de polos de desarrollo que inspiraba a esta industrialización básica, el proyecto se apoyó en la creación de la Corporación Venezolana de Guayana (CVG) en 1960, así como en el diseño de Ciudad Guayana, según preceptos modernistas de los equipos locales y de la Universidad de Harvard y del Massachusetts Institute of Technology (MIT)[18] . A pesar de las críticas adecas a las deficiencias legadas por la dictadura, eran innegables las ventajas de la Venezuela de entonces para acometer tal empresa, comparables a las que supusiera la Brasilia de Kubitschek: «un ingreso per cápita relativamente alto, una población reducida pero en rápida expansión, una infraestructura territorial más que aceptable en términos comparativos, importantes reservas de recursos minerales, una élite profesional no muy numerosa pero competente y un gobierno democrático que contaba con

---

[17] Ibíd., pp. 86-87, 91, 94-95.
[18] Con respecto al significado internacional de este proyecto en el contexto de la planificación regional y urbana de entonces, ver por ejemplo L. Rodwin, «Ciudad Guayana, una ciudad nueva», en La ciudad (1965), trad. G. Gayá Nicolau. Madrid: Scientific American, Alianza Editorial, 1982, pp. 113-133.

una sólida base de apoyo interno y considerable prestigio internacional», como bien recuerda Negrón[19].

13. Acogiéndose inicialmente al interés fomentado por las Naciones Unidas en esta materia –acentuado después de la revolución cubana por la Alianza para el Progreso promovida por el presidente Kennedy[20]– otra piedra angular de la agenda de Betancourt era la reforma agraria, «por razones de desarrollo económico y por razones de tranquilidad colectiva», porque había una «peligrosa ebullición en el campo venezolano»; tal como lo advertía el líder: «Imaginemos lo que piensa un campesino de la Sierra de Carabobo que vaya a visitar el litoral guayreño, que es un alarde de cemento armado como no se ve en Miami o Varadero, donde el caraqueño con bienes de fortuna va a pasar sus fines de semana»[21]. Al igual que su copartidario Rómulo Gallegos lo viera en el programa de gobierno de 1947, Betancourt pensaba que uno de los mayores dramas de Venezuela eran los «hombres sin tierra» y las «tierras sin hombre»; como para alejar cualquier resonancia revolucionaria que el proceso pudiera tener entre las audiencias de empresarios y hombres de negocio ante quienes habló desde su regreso a Venezuela, daba el ejemplo de la reforma agraria que había tenido lugar en Japón durante la posguerra, bajo la conducción del general MacArthur, «una persona que de todo puede ser calificado menos de revolucionario». Parte de esta reforma se apoyaba, naturalmente, en programas de regadío, porque no era posible que apenas se dispusiera de unas 250 mil hectáreas de irrigación permanente, mientras que el resto del país siguiera dependiendo de «las alternativas de las esta-

---

[19] M. Negrón, «Ciudad Guayana» (enero 16, 2001), en *La cosa humana por excelencia...*, pp.261-262, 261.

[20] Promovida por la administración Kennedy desde 1961, la Alianza para el Progreso fue un programa de ayuda económica para reformas políticas y sociales dirigidas a prevenir otras revoluciones al estilo cubano en América Latina. Además del de Betancourt, otros gobiernos beneficiados incluyeron el de Jânio Quadros en Brasil (1961); el de Arturo Frondizi (1958-62) en Argentina; el de Fernado Belaúnde Terry (1963-68) en Perú; el de Eduardo Frei (1964-70) en Chile; y el de Alberto Lleras Camargo (1958-1962) y Carlos Lleras Restrepo (1966-70) en Colombia.

[21] R. Betancourt, «Visión general de los problemas económicos y sociales en Venezuela», en *Posición y doctrina*, pp. 55-56.

ciones como el Egipto de la antigüedad estaba expuesto a los caprichos del Nilo».[22]

Aunque Betancourt pusiera el ejecútese a la ley de Reforma Agraria en el Campo de Carabobo en 1960, no produjo mayor impacto en frenar el atraso rural ni en detener el éxodo hacia las ciudades. Con respecto al primero, el desarraigo campesino se mantendría en las décadas por venir, atribuible en buena medida a la burocracia partidista y sin aliento del Instituto Agrario Nacional (IAN), así como a la falta de programas de educación rural por parte del Ministerio de Educación[23]. Como en otros países del Tercer Mundo que sufrían del efecto *push* o de expulsión desde los medios agrarios obsolescentes, el éxodo hacia las ciudades era en parte una inexorable consecuencia del anquilosamiento rural, agravado por la incipiente modernización que se lograra, que en cualquier caso liberaría mano de obra que buscaba siempre emigrar. De hecho, en los sesenta se desplazaron más de medio millón de venezolanos del campo a la ciudad, lo que duplicó con creces los 246.800 de los cincuenta y los 153.400 de la década anterior[24]. A pesar de toda esta contradicción más que evidente, el supuesto equilibrio territorial resultante de la reforma agraria siguió siendo una falacia de prolongada repercusión en el medio político y académico nacional, donde sería mantenida por interpretaciones guiadas por la teoría marxista de la Dependencia y ligadas a la visión de la Cepal, principalmente elaboradas desde el Centro de Estudios del Desarrollo (Cendes), tal como recuerda Negrón, quien trabajara en el *think tank* de la planificación regional en Venezuela[25].

[22] *Ibíd.*, pp. 53, 57-58. Las referencias de Gallegos pueden verse, por ejemplo, en «Yo quería ser el presidente de la concordia nacional» (septiembre 12, 1947), en *Una posición en la vida.* Caracas: Ediciones Centauro, 1977, 2ts., t. I, pp. 256-294, 277. También son comentadas en A. Almandoz, *La ciudad en el imaginario venezolano,* t. II, pp. 127-128.

[23] P. F. Ledezma, «Los últimos treinta años», en AA. VV., *Historia mínima de Venezuela* (1992). Caracas: Fundación de los Trabajadores de Lagovén, 1993, pp. 185-202, 202.

[24] R. M. Estaba e I. Alvarado, *Geografía de los paisajes urbanos e industriales de Venezuela.* Caracas: Editorial Ariel-Seix Barral Venezolana, 1985, p. 192. Con respecto al efecto *push* desde el campo, ver R. Potter y S. Lloyd-Evans, *The City in the Developing World,* pp. 12-13.

[25] F. Ramírez Barreto, «Entrevista a Marco Negrón. Las ciudades se erigen so-

14. El comienzo de la democracia de Punto Fijo puede asimismo verse como inicio de la «obsesión contra la gran ciudad», que Negrón ha señalado como característica de las cuatro décadas democráticas posteriores a 1958[26]. La percepción apresurada y faisaica sobre el desmedido progreso de las grandes ciudades durante el NIN está a la base de la reorientación y disminución de las inversiones públicas urbanas en la era democrática que se inauguraba; sería una actitud miope y costosa porque, como bien ha resumido el autor de *La cosa humana por excelencia*, «...con el pretexto de que las grandes ciudades y en especial Caracas habrían sido injustamente favorecidas durante los diez años de dictadura, causando supuestamente el atraso de la provincia, se frenan bruscamente las inversiones hacia ellas, suponiendo erróneamente que así se contendrían las migraciones internas y se controlaría la concentración demográfica»[27].

Coincidente con la posición de Betancourt contra la ciudad vitrina, aquella obsesión fue alimentada por la crítica urbana latinoamericana de los sesenta y setenta, liderada por los teóricos de la Dependencia, según la cual había que frenar la inmigración desde el campo, aunque ésta fuera ya proceso irreversible. En un país en el que 87,5 por ciento de la población vivía, ya para 1971, en asentamientos mayores de 20 mil

bre la calidad de sus ciudadanos», Papel Literario, *El Nacional*, Caracas: agosto 28, 2004, pp. 2-3, 3. Con respecto a la escuela de la Dependencia, ver G. Palma, «Dependency: a Formal Theory of Underdevelopment or a Methodology for the Analysis of Concrete Situations of Underdevelopment», *World Development*, 7/8, julio-agosto 1978, pp. 881-920. La así llamada escuela de la Dependencia reinterpretó la antinomia centro/periferia como escollo estructural e histórico de América Latina, el cual sólo podría ser superado sobre la base de mayor intervención estatal. Si bien el enfoque *dependentista* no se oponía al *desarrollismo* de la Cepal, incluyendo la promoción que ésta hiciera de la sustitución de importaciones, en la medida en que ésta probó estar agotada hacia los años 1960, el dependentismo devino una respuesta básicamente marxista al desarrollismo capitalista. En este sentido me apoyo en A. Almandoz, «Urban planning and historiography in Latin America», pp. 104-105.

[26] R. Wisotzki, «Marco Negrón insiste: 'Caracas no es ingobernable, es desgobernada'. Uno escribe para que alguien conteste pero en Venezuela nadie contesta», *El Nacional*, Caracas: mayo 10, 2004, p. B6.

[27] M. Negrón, «Una infraestructura urbana deficitaria» (julio 14, 2002), en *La cosa humana por excelencia...*, pp. 195-196, 196.

habitantes[28], los efectos de la admonición contra la metrópoli fueron más que contradictorios y contraproducentes. El fariseísmo se evidenció en el doble discurso de negar la irreversibilidad del éxodo campesino así como la necesidad de invertir en ciudad, a la vez que se hacían gastos erráticos o demorados que tendían a la concentración. Por un lado, tal como ya ha sido mencionado, la desactivación de los programas de inversión pública para el desarrollo urbano se dio sobre todo en frentes tan importantes como la adquisición anticipada de suelo urbanizable y la producción de viviendas de interés social, que son los que desatarían las deficiencias más flagrantes de la ciudad venezolana del último tercio del siglo XX[29]. Sin embargo, por otro lado, con el lema de «así construye la democracia», el gobierno de Betancourt trató de demostrar que podía mantenerse el nivel de obras públicas del NIN, facilitado por la fortaleza de un bolívar que apenas pasó de 3,35 a 4,5 por dólar[30]. En este sentido, es justo recordar que el MOP amplió la red carretera de 21 a 36 mil kilómetros entre 1958 y 1967, bajo la emprendedora gestión de Leopoldo Sucre Figarella, así como también se construyeron los puentes sobre el lago de Maracaibo y los ríos Orinoco, Arauca y Caroní, la autopista Tejerías-Valencia, Valencia-Puerto Cabello y Ciudad Bolívar-Puerto Ordaz..., entre otras grandes obras públicas[31]. Sin embargo, a pesar del escaso efecto multiplicador de la industria en la región central, varias de esas obras acentuaban el proceso de dependencia económica del territorio con respec-

[28] Tal como lo recuerdan R. M. Estaba e I. Alvarado, *Geografía de los paisajes urbanos e industriales de Venezuela*, p. 200. Con respecto a las tesis de la escuela de la Dependencia, además de varios artículos de Negrón en *La cosa humana por excelencia...*, ver por ejemplo A. Almandoz, «Urban planning and historiography in Latin America», pp. 104-108.

[29] V. Fossi, «Desarrollo urbano y vivienda: la desordenada evolución hacia un país de metrópolis», p. 483.

[30] Así lo hacen notar J. Sanoja Hernández, «De Betancourt II a CAP II: el drama adeco», *El Nacional*, Caracas: febrero 6, 2004, p. A8; A. Stambouli, *La política extraviada...*, p. 135.

[31] Ver «Leopoldo Sucre Figarella» del Diccionario de Historia de Venezuela (1989). Caracas. Fundación Polar, 1997, 4ts., t. III, p. 1204; también me apoyo en la semblanza elaborada por A. Rivera, «Perfil del 'zar' de Guayana. Sucre Figarella concibió el tren a los Valles del Tuy», *El Nacional*, Caracas: octubre 22, 2006, D4

to a aquélla; en este sentido, puede decirse con Estaba y Alvarado que «el impuso dado al complejo automotriz-carretero, más que a la estructuración de espacios regionales, obedece a la necesidad de ampliar el mercado para los bienes producidos en el centro»[32].

Lo más triste del drama demográfico y territorial es, para Negrón, que los problemas urbanos de las ciudades no serían consecuencia, a la postre, ni de su tamaño ni de su crecimiento, sino de las malas políticas que impidieron «producir ciudad»; y la «resistencia» a producirla sólo empeoró el hecho de que «la población de todos modos migró, localizándose donde pudo, es decir en los terrenos sin valor de mercado por sus nulas o precarias posibilidades de urbanización».[33] Y esa falta de producción urbana como gran error de la democracia de Punto Fijo, pareció en última instancia generarse en la crítica de Betancourt contra la ciudad vitrina, así como propalarse en un fariseísmo metropolitano reactivo contra el legado de ocupación territorial y obra pública perezjimenistas, los cuales han tendido a ser evaluados de manera sombría, mezquina y equívoca.

---

[32] R. M. Estaba e I. Alvarado, *Geografía de los paisajes urbanos e industriales de Venezuela*, p. 193.

[33] M. Negrón, «Las ciudades son la verdadera urgencia» (enero 4, 2000), en *La cosa humana por excelencia...*, pp. 13-14, 14. Quizás conviene reproducir la cita completa del autor: «Ellos tienen que ver más bien con un crecimiento en gran medida anárquico, originado en las erráticas políticas adoptadas en el pasado. Estas en efecto, desde inicios de los 60, se centraron en la idea de frenar las migraciones campo-ciudad y el crecimiento de las ciudades grandes, lo que entre otras cosas se tradujo en la resistencia a producir ciudad y en consecuencia a la habilitación de tierras. El resultado fue que la población de todos modos migró, localizándose donde pudo, es decir en los terrenos sin valor de mercado por sus nulas o precarias posibilidades de urbanización».

Despegue sin madurez

«'Venezuela ya despega como avión veloz hacia el desarrollo', decía, hace pocos días, al terminar un ciclo de conferencias, el eminente profesor Rostow».

MARIANO PICÓN SALAS,
«El Rómulo de aquí» (1964)

15. Con el ímpetu desarrollista del gobierno de Betancourt, encuadrable en buena medida con la agenda de la Alianza para el Progreso y las tempranas recetas de la Cepal; sustentadas las reformas y proyectos por la ingente renta petrolera y la fortaleza del bolívar, la imagen que ofreciera Venezuela a mediados de los años sesenta era la de un país por despegar hacia el desarrollo. Así lo captó Picón Salas en 1964, en un formidable fresco progresista que acaso se llevó consigo a la muerte, cuando ésta lo sorprendiera al apenas iniciarse el año siguiente.

> La estrella de Betancourt, su talento y energía y, sobre todo, su obra de gobernante que, a pesar de la ofensiva adversaria, no retardó el progreso social permiten decir que no se ha frustrado la esperanza democrática. Haber cambiado una política de caudillos por una política de partidos, de grandes masas y de sindicatos representados en la vida nacional; haber llevado al pueblo toda la protección del Estado, ha sido su mayor desvelo de gobernante. La reforma agraria, los doce mil kilómetros de carreteras asfaltadas que conducen de Paria hasta el Táchira, la Siderúrgica de Guayana, la imponente industrialización del país y la política educativa en los más variados niveles indican que se ha administrado bien. 'Venezuela ya despega como avión

veloz hacia el desarrollo', decía, hace pocos días, al terminar un ciclo de conferencias, el eminenente profesor Rostow[1].

Aparecía quizás realzada la entusiasta visión nacional de don Mariano por el idealizado retrato histórico que planteara como necesario hacer de su viejo amigo y copartidario Rómulo, quien estaba ya por concluir su presidencia. Pero ciertamente la Venezuela de mediados de los sesenta era vista por Walt Whitman Rostow y otros economistas como ejemplo del país latinoamericano que había iniciado el *take-off* o despegue al desarrollo. Tomando como indicador de éste el 24 por ciento del Producto Nacional Bruto destinado a inversión, ya Venezuela se había enrumbado en esta afortunada pista desde el frenesí progresista del NIN, aventajando a Brasil, Colombia, Chile y Filipinas, países que le seguían en orden decreciente; si ya México y Argentina habían arrancado en la década anterior, el profesor norteamericano ciertamente señalaba a Venezuela y Brasil como los aviones de los sesenta[2].

16. Pero el desarrollo no venía dado sólo por un irreversible momento de despegue, sino que requería todo un largo y profundo proceso de cambios económicos, sociales y políticos, articulados en las fases recogidas por Rostow en *The Stages of Economic Growth* (1960), entre otros títulos de gran éxito a mediados de siglo XX. Combinando elementos de historia económica y política con caracterizaciones sociológicas, el profesor del MIT y otras universidades anglosajonas estudió y agrupó los casos de las «sociedades tradicionales» que, desde la Inglaterra de finales del siglo XVIII, habían tecnificado sus aparatos agrarios e industriales, entre otras condiciones, incrementando posteriormente el gasto en inversión requerido por el *take-off*, para posteriormente alcanzar una madurez económica que debía mantenerse por al menos dos generacio-

[1] M. Picón Salas, «El Rómulo de aquí», en J.M. Siso Martínez y J. Oropesa, *Mariano Picón Salas. Apostilla prologal de Rómulo Betancourt. Correspondencia cruzada entre Rómulo Betancourt y Mariano Picón Salas, 1931-1965* (1977). Caracas: Ediciones de la Fundación Diego Cisneros, 1978, pp. 156-162, 161.
[2] W.W. Rostow, *The Stages of Economic Growth. A Non-communist Manifesto* (1960). Cambridge: Cambridge University Press, 1971, pp. 44, 127.

nes de sostenido bienestar, antes de encontrar su vía hacia el desarrollo permanente. A partir de la gran diversidad de despegues a lo largo de los siglos XIX y XX –Francia y Estados Unidos en los años 1860, seguidos de Alemania en los setenta, Japón en el 1900, Rusia y Canadá en la primera posguerra, entre los más espectaculares– el mismo Rostow resumió las fases en el siguiente fresco:

> Aquí, entonces, de una manera impresionista más que analítica, están los estadios de desarrollo que pueden ser distinguidos una vez que una sociedad tradicional comienza su modernización: el período transicional cuando las precondiciones para el despegue son creadas, generalmente en respuesta a la intrusión de un poder extranjero, convergiendo con ciertas fuerzas internas que contribuyen a la modernización; el despegue mismo; el empuje hacia la madurez, que generalmente abarca las vidas de dos generaciones más; y entonces, finalmente, si la elevación del ingreso ha igualado la difusión de virtuosismo tecnológico (...) la desviación de la economía completamente madura hacia la provisión de bienes de consumo duraderos y servicios (así como el Estado de bienestar) para su población crecientemente urbana, y después suburbana[3].

De manera que, entre otras condiciones de estabilidad política y modernización social, durante cerca de cincuenta años después de despegar, los países ya referidos habían tenido que transitar un camino a la madurez o *drive to maturity*, caracterizada por dominio tecnológico en aquellos rubros con cuya industrialización habían decidido esas naciones ampliar

---

[3] *Ibíd.*, p. 12. Mi traducción de: «Here then, in an impressionistic rather than an analytic way, are the stages-of-growth which can be distinguished once a traditional society begins its modernization: the transitional period when the preconditions for take-off are created generally in response to the intrusion of a foreign power, converging with certain domestic forces making for modernization; the take-off itself; the sweep into maturity generally taking up the lives of about two further generations; and then, finally, if the rise of income has matched the spread of technological virtuosity (...) the diversion of the fully mature economy to the provision of durable consumers' goods and services (as well as the welfare state) for its increasingly urban –and then suburban– population.».

la base económica de cara a asegurar el desarrollo; especialmente en los casos de pequeños territorios con limitados recursos naturales, como Suecia y Suiza, el país obviamente no tenía que autoabastecerse industrialmente, sino mostrar que disponía de «las habilidades técnicas y empresariales para producir no de todo, sino cualquier cosa que elige producir». Hasta que esa madurez no se completara, lo cual se evidenciaba en la consolidación de una sociedad de consumo masivo y un Estado de bienestar, los países que habían despegado seguían siendo considerados en desarrollo o *developing countries,* categoría que tenía mucha resonancia entonces para diferentes contextos, desde Taiwán y Corea del Sur hasta India y Turquía[4].

17. Dentro del lote de países en desarrollo, en Latinoamérica destacaban, además de Venezuela, los ya mencionados ejemplos de Brasil, Chile y Colombia; si bien ya para los años sesenta los casos de Argentina y México habían despegado para Rostow, la madurez no había sido alcanzada, y de hecho no lo sería por el resto del siglo. Resulta muy complejo explicar por qué no se obtuvo tal madurez en los países latinoamericanos, transcurridas varias décadas del supuesto despegue. Tal como bien señalara el mismo autor, después del *take-off* había muchas decisiones que tomar y disyuntivas que sortear por parte de los países con respecto a las prioridades de desarrollo –difusión de la tecnología moderna y aumento de la tasa de crecimiento frente al incremento del consumo per cápita y bienestar social, por ejemplo– que influían en sus peculiares recorridos hacia la madurez, además de las coyunturas políticas y sociales que debían enfrentar[5]. Esta inestablidad política puede argüirse para países latinoamericanos como Argentina, que ya para los años cincuenta estaba endeudada por el excesivo gasto social del populismo peronista y se adentraba, en vez de en la madurez, en la turbulencia de

[4] *Ibíd.*, p. 10. Mi traducción de «the technological and entrepreneurial skills to produce not everything, but anything that it choses to produce». Para los ejemplos de países en desarrollo, me apoyo también en K. Davis, «La urbanización de la población mundial», en *La ciudad.*

[5] W.W. Rostow, *The Stages of Economic Growth...,* pp. 14-16.

las dictaduras subsiguientes, por lo que comenzaba a ser vista como el primer despegue frustrado del siglo XX.

También pesó en América Latina el agotamiento de la sustitución de importaciones y otros programas económicos. Ya para finales de los años sesenta era evidente que la industrialización no se había ni diversificado ni consolidado, especialmente en términos de bienes de consumo duraderos y de capital. La debilidad y duplicidad de rubros de la integración regional, la pequeña escala de algunos mercados nacionales, así como la desventaja de las manufacturas latinoamericanas para competir en circuitos internacionales –ya inundados con productos *made in* Hong Kong, Taiwán y otros países del Lejano Oriente– son algunos de los factores señalados para explicar las restricciones estructurales y contextuales de la sustitución de importaciones. Antes de su eventual colapso, la «profundización» de ésta desde los bienes de consumo hacia los intermedios y la maquinaria básica, que en algunos casos se intentó en los sesenta, agravó las distorsiones de lo que ya era aceptado como subdesarrollo latinoamericano; porque tal profundización implicaba una tecnificación de la producción que, al liberar mano de obra, incrementó el desempleo en los medios rural y urbano[6].

De manera que ya a comienzos de los setenta era obvio que, más allá de la burguesía industrial y las clases medias, el desarrollismo «modernizador» de las décadas previas no había diseminado sus ventajas a otros estratos poblacionales, especialmente a la masa de pobres urbanos que había sido desplazada a las grandes ciudades y centros industriales[7]. Los efectos económicos y urbanos del agotamiento de aquel esta-

[6] Bien lo resume E. Williamson, *The Penguin History of Latin America*, pp. 339-340. «For deepening involved a qualitative change in production from the 'easy' phase of ISI, involving labour-intensive, low-skilled, low-technology manufacturing to the 'hard' phase of capital intensive, high-skilled, high-technology industries. The result was that the rising tide of fugitives from the crisis in the countryside could not be absorbed by industry in the cities, so that during the 1960s urban unemployment began to soar».

[7] Ver en este sentido N. Clichevsky, *Construcción y administración de la ciudad latinoamericana*. Buenos Aires: Instituto Internacional de Medio Ambiente y Desarrollo (IIED)-América Latina, Grupo Editor Latinoamericano (GEL), 1990, pp. 25-26. Para una visión histórica de más alcance de los desequilibrios de los procesos de urbanización y ocupación territorial, ver B. Roberts,

dio «fácil» de la sustitución de importaciones fueron resumidos por teóricos venezolanos de la Dependencia en los siguientes términos:

> Esta primera fase del proceso de sustitución, llamada 'fácil', porque arrojó rápidos y visibles ritmos de crecimiento industrial, condujo a la formación de una base manufacturera liviana y, en consecuencia, al surgimiento de una burguesía industrial y de un proletariado de cierta consideración que se concentró principalmente en los centros urbanos. El sistema, no obstante el rápido crecmiento, se vio incapacitado de absorber la población excedente que procedía de las áreas rurales y era generada por la penetración en la agricultura de relaciones capitalistas de producción con la consecuente destrucción de los sectores productivos no capitalistas. El resultado fue la concentración en las ciudades de una masa que ha sido descrita empíricamente como «marginal»[8].

Además de tal contexto regional, en el caso de Venezuela hay razones económicas y sociales que exceden lo que se ha señalado aquí, aunque parte de ésta y las secciones siguientes puedan dar pistas para entender por qué no se alcanzaría la madurez del desarrollo. Tratemos por lo pronto de proporcionar algunos argumentos relativos al proceso de urbanización y ocupación territorial, cuya relación con la industrialización ha condicionado el inicio del despegue económico y la eventual consecución del desarrollo, al menos según la visión economicista de la sociología urbana[9]. Después de la cuantiosa inversión del régimen de Pérez Jiménez, el gobierno de Betancourt ciertamente dio pasos para virar del Estado benefactor pero liberal, hacia el planificador y empresarial a la

---

Cities of Peasants. The Political Economy of Urbanization in the Third World. Londres: Edward Arnold, 1978.

[8] H. Malavé Mata, H. Silva Michelena y H.R. Sonntag, «El contenido conflictivo del actual proceso económico-social de América Latina» (1976), en AA. VV., *Ensayos venezolanos.* Caracas: Ateneo de Caracas, 1979, pp. 92-105, p. 93.

[9] Visión clásica del proceso representada como K. Davis, «La urbanización de la población mundial», en *La ciudad*; actualizada por R. Potter y S. Lloyd-Evans, *The City in the Developing World.*

vez[10], si bien buena parte de este viraje se apoyó en la sustitución de importaciones y otros programas de industrialización que venían en curso. Sin embargo, ésta tuvo en general pobres resultados en términos laborales: en la década censal 1961-71, el empleo industrial apenas subió de 156.938 a 242.396, lo cual representó un incremento anual de 8.546 trabajadores, cifra no muy superior a los 6 mil de la década anterior. En parte como consecuencia del proceso de «extranjerización y monopolización de la economía» que se vivió durante el resto de la década, tal industrialización generó «éxodo rural, desempleo, abierto y disfrazado, e incremento en ocupaciones urbanas improductivas, pasando a absorber el sector terciario en 1971 algo más de la mitad de la población ocupada (50,9%), cuando en 1961 concentraba el 44,5%»[11]. Estos indicadores de «sobre-terciarización» confirman el caso de Venezuela como otra de las distorsionadas urbanizaciones del siglo XX que desbordaron la capacidad de absorción de la industria y de otros sectores productivos, impidiendo la consolidación del bienestar económico y social generalizados que requería el desarrollo. A diferencia de otros casos latinoamericanos y del Tercer Mundo, quizás eso no se evidenció tempranamente en el venezolano, donde la riqueza monetarista abultada por el petróleo «creó la ilusión de una de una democracia de base consumista»[12]. Así, a pesar de su estabilidad política y de su bienestar petrolero, más allá del espectacular paisaje progresista que atrajo los vaticinios de Rostow y Picón Salas a mediados de los sesenta, Venezuela probaría ser otro caso de despegue sin madurez.

[10] En el sentido distinguido por A.R. Brewer-Carías, *Cambio político y reforma del Estado en Venezuela*, p.167.

[11] R.M. Estaba e I. Alvarado, *Geografía de los paisajes urbanos e industriales de Venezuela*, pp. 186-187.

[12] Tal como bien lo ha resumido M.A. Campos, «La novela, el tema del petróleo y otros equívocos», en C. Pacheco, L. Barrera Linares, B. González Stephan (coord.), *Nación y literatura...*, p. 486.

Tradición y modernidad, consumismo y frivolidad*

«No es posible que se pueda vivir, parece ser la conclusión de muchos, sin coches últimos modelos, sin el whiskey escocés, sin el cigarrillo rubio importado, sin los perfumes y prendas que hacían el deleite y la admiración de los atónitos desheredados de la fortuna».

PEDRO DÍAZ SEIJAS,
*Ideas para una interpretación
de la realidad venezolana* (1962)

18. Además de los obstáctulos políticos y sociales que las naciones confrontaban en su *drive to maturity*, también debatían las teorías del desarrollo y la sociología funcionalista de mediados del siglo XX sobre la manera de asimilar la modernización social y cultural, en tanto tercer componente de los procesos de industrialización y urbanización[1]. De hecho, la teoría de Rostow planteaba, tal como ha sido ya mencionado, una etapa de «alto consumo masivo» después de la madurez, en la cual la sociedad en desarrollo tendía a mostrar patrones generales como la disminución de la tasa de natalidad, por ejemplo, pero tenía que elegir, con el insoslayable riesgo de toda elección, pautas propias que reflejaran valoraciones y apuestas entre factores varios. Así por ejemplo, había de manterse una suerte de balance entre la difusión de la modernización tecnológica y el incremento de la tasa de crecimiento, por un lado, y el deseo de mejorar el bienestar colectivo y el consumo

---

* Una primera versión de esta sección fueron presentadas, bajo el título de «Paisaje urbano de la Venezuela de Punto Fijo», Simposio El Paisaje: inclusiones y exclusiones. Su vinculación con la crisis de la modernidad en Venezuela (1811-1960). Mérida: Grupo de Investigaciones en Arte Latinoamericano (GIAL), Consejo de Desarrollo Científico, Humanístico y Tecnológico (Cdcht), Universidad de Los Andes (ULA), octubre 19-21, 2005.
[1] Un ejemplo sociológico puede verse en L. Reissman, *The Urban Process. Cities in Industrial Societies* (1964). Nueva York: The Free Press, 1970.

privado, por otro[2]. Todos estos factores complejizaban y dificultaban aún más el proceso de modernización, que pasaba así por la ecuación nacional entre tradición, cultura, Estado de bienestar, y consumo. En el caso de un país como Venezuela, beneficiario pero sujeto a la vez a una ingente renta petrolera, tal ecuación parecía tornarse más complicada e inquietante, con variables que conviene revisar desde inicios del ciclo de masificación urbana. Quizás así podamos ayudar a entender, ahora desde una perspectiva social y cultural, por qué el venezolano terminó siendo un caso de despegue sin madurez.

Desde sus mismos antecedentes en el ciclo político que siguiera al gomecismo, la estirpe adeca había ya adoptado la asociación de la emergente democracia con la cultura popular de la Venezuela provinciana; no olvidemos en este sentido que había hecho suya la alfabetización y ciudadanía del Juan Bimba de ascendencia rural, caricaturizado inicialmente por humoristas y escritores populares, incluyendo al poeta Andrés Eloy Blanco. Las demandas urbanas de ese sujeto en trance de masificación fueron después perfiladas por intelectuales socialdemócratas como Mariano Picón Salas y Ramón Díaz Sánchez[3]. Sería quizás de lo más significativo en esta genealogía la contribución de Juan Liscano para, más que urbanizar al juambimba, confrontar la sociedad de masas venezolana con sus recientes pero preteridos orígenes rurales y tradicionales.

En ese sentido, la organización de la famosa «Fiesta de la tradición», que tuviera lugar en el Nuevo Circo de Caracas el 17 de febrero de 1948, en ocasión de la toma de posesión de Rómulo Gallegos como presidente, había sido para Liscano oportunidad apoteósica para hacer que la pintoresca y profunda riqueza de la Venezuela rural y provincial, cuya postergación y olvido eran denunciadas por sus congéneres en la ensayística de mediados del siglo XX, reapareciera de manera deslumbrante aunque efímera frente a la masa capitalina de novedosa urbanización.

---

[2] W.W. Rostow, *The Stages of Economic Growth...*, p. 16: «Once growth is under way, with the take-off, to what extent should the requirements of diffusing modern technology and maximizing the rate of growth be moderated by the desire to increase consumption *per capita* and to increase welfare?».

[3] A. Almandoz, *La ciudad en el imaginario venezolano*, t. II, pp. 165-169.

Toda una Venezuela secular se irguió esa noche, viviente, cantadora, danzante, ante el asombro de los millares de espectadores que por primera vez tomaban conciencia de la fuerza de la tradición patria, de la plenitud de su cultura. Sobre la civilizada urbe mecánica, cerebral, despojada de luz y de gracia naturales, se cernió la memoria florida de la tierra. Y como nunca se afirmó la siempre viva belleza de toda obra humana que nace de un estrecho abrazo con la Naturaleza[4].

Aunque fuera sólo durante una semana, ya que el festival se transformó en show entre las noches del 17 y el 21 de febrero, ese éxito de taquilla en el Nuevo Circo había representado para Liscano «el triunfo momentáneo de su Provincia sobre la envidiada Caracas». Animando la coloreada pero estática carta geográfica que del país solemos tener sus coterráneos, trocándola en «mapa de figuras danzantes», aquella fiesta no sólo fue para su anfitrión, como para la mayoría de los venezolanos que la presenciaron, «una experiencia ontológica», sino que también devendría el «logro total» de la vida del intelectual, tal como confesaría a Alfredo Chacón al conmemorarla cincuenta años más tarde[5]. Con todo y ello, si bien Erminy ha señalado que «Venezuela vino a descubrirse a sí misma artísticamente en aquel festival», haciéndonos ver que «espiritualmente éramos mucho más ricos de lo que suponíamos», creo más bien que la feria fue otra oportunidad secular para actualizar el vario acervo regional y provincial que sustenta la nacionalidad, comparable en este sentido a la exposición con que Guzmán Blanco celebrara el centenario del natalicio del Libertador en 1883[6]. Si ésta había sido una «fiesta de progreso y civilización»

[4] J. Liscano, *Folklore y cultura*. Caracas: Editorial Ávila Gráfica, 1950, p. 171.
[5] *Ibíd.*, p. 173. A. Chacón, «Padre e hijo de la madre de las fiestas», Papel Literario, *El Nacional*, Caracas: noviembre 1, 1998, p. 2. Allí continúa Liscano: «Yo lo que viví fue una aventura, para mí el festival fue una realización propia, hasta el punto de que el festival ha sido el único logro en mi vida, con eso te digo todo. Los demás no son sino pequeños ruidos parciales, pero ese fue un logro total».
[6] P. Erminy, «Un cambio de identidad», Papel Literario, *El Nacional*, Caracas: noviembre 1, 1998, p. 3: «En lo espiritual lo único que unía al país era su

en medio de una Venezuela rural y atrasada, la de 1948 constituyó más bien una epifanía de la tierra y la tradición en el país en trance de urbanización; en este sentido, bien resumió Luis Alberto Crespo, heredero del regionalismo galleguiano de Liscano, al ponerla en cincuentenaria perspectiva territorial y cultural:

> El interior profundo dejó de ser una abstracción de la carta geográfica, un concepto sociológico, un argumento y un personaje del criollismo vernáculo, una ficha electoral o un suministrador del lomo de la res y la fanega del maíz, el frijol y la hortaliza en los mercados populares caraqueños. Esa noche –y las que fueron menester prolongar– Venezuela exhibió su imaginación antigua, su historia mágico-religiosa, su entendimiento con los dioses del equinoccio, actores de los mitos y los ritos fundacionales de las culturas sobre las que se asientan las civilizaciones[7].

19. Pero más que organizar los famosos «Cantos y danzas de Venezuela», Liscano desarrolló un planteamiento teórico sobre la relación entre *Folklore y cultura* (1950), resultante de su pasaje por el Servicio de Investigaciones Folklóricas, dependiente de la dirección de Cultura del Ministerio de Educación Nacional. En ese libro abogaba por que el folclor no fuera visto ni como una manifestación propia de «grupos sociales populares *no educados*» en su tránsito hacia la modernización y la civilización, ni tampoco como curiosidad antropológica o arqueológica en curso de extinción. Por el contrario, el intelectual adeco reivindicaba una equiparación del «conocimiento por comunión» que logra el «hombre-pueblo» a través del hacer

historia bolivariana. Venezuela vino a descubrirse a sí misma artísticamente en aquel festival de Liscano, que nos cambió la imagen que teníamos del país. Supimos de pronto que espiritualmente éramos mucho más ricos de lo que suponíamos». Inspirada en la exposición Nacional de 1883, la imagen de «fiesta de progreso y civilización» como metáfora de la renovación guzmancista ha sido desarrollada en A. Almandoz, *Urbanismo europeo en Caracas (1870-1940)*. Caracas: Equinoccio, Fundación para la Cultura Urbana, 2006, pp. 73-88.
[7] L. A. Crespo, «Historia de una fiesta interrumpida» (1998), en *El país ausente*. Caracas: Fondo Editorial del Caribe, 2004, pp. 554-555, p. 554.

cultural del folclor, con el «conocimiento por distinción» que pretende la educación tradicional. Las reivindicaciones en este sentido fueron resumidas por el mismo Liscano en los siguientes términos:

El Folklore es un sistema cultural propio, sui generis, que siempre ha existido. Es una forma de conocimiento por comunión, en contraposición a una forma de conocimiento por distinción, propia de eruditos. Es un cuerpo de sabiduría tan respetable como las técnicas contemporáneas. Y en los campos de lo anímico colectivo, alcanza una plenitud a la que no llega, con frecuencia, la erudición libresca. Cumple una función necesaria dentro de las colectividades y expresa, mejor que la obra erudita, llamada impropiamente «culta», el tono y el acento de lo nacional en relación al paisaje, clima y naturaleza. La Cultura no es sino el esfuerzo hecho por el hombre para tornar habitable y comprender el mundo donde se encuentra. Es, según la expresión magnífica de Frobenius: «La tierra que el hombre hace orgánica»[8].

Más allá de la noción de tierra del etnólogo alemán, puede decirse que aquel conocimiento intuitivo era el *lore* que informa a la palabra inglesa, o la sabiduría con la que connotamos al hombre popular de latitudes no urbanas; por eso sus exponentes más conspicuos eran negros, indios y campesinos, como lo ha hecho notar Rodríguez Ortiz para ilustrar la recreación antropológica que del buen salvaje americano hiciera don Juan, «almas que no estaban contaminadas por el 'progreso', mentalidades mágicas y religiosas no dominadas por la razón»[9]. Cuando esta matriz conceptual es interceptada por el eje de modernización establecido por la urbanización, al menos según la interpretación sociológica funcionalista tan en boga a mediados del siglo XX, no es difícil deducir el receloso posicionamiento de Liscano frente a la desarraigada cultura urbana resultante, en el sentido tradicional:

[8] J. Liscano, *Folklore y cultura*, pp. 15, 168.
[9] O. Rodríguez Ortiz, «Desesperado por la trascendencia», Papel Literario, *El Nacional*, Caracas: marzo 3, 2001, p. 4.

Los grupos urbanos pierden, por lo general, el sentido de la tierra. Su actividad cultural deriva hacia el perfeccionamiento de las técnicas. La contienda creadora alcanza un límite estático. El proletariado industrializado de las urbes no es, generalmente, hacedor de cultura como no lo es tampoco el investigador de ésta. Más culto, desde el punto de vista de creador de cultura, es el hombre Folk, por ejemplo, que el folklorista. Porque es el hombre Folk el que hace, deshace o rehace el Folklore[10].

Desde el punto de vista teórico, apoyándose en la antropología cultural que en Venezuela preconizaba Miguel Acosta Saignes, Liscano apelaba así a una visión contraria a la de la sociología funcionalista en su interpretación de la urbe como polo de modernización; era una dirección coincidente también con la de la alternativa antropológica que para mediados de siglo era explorada por Robert Redfield a través de la reivindicación de la cultura *folk*[11]. Estudiando las comunidades tradicionales de Yucatán y otras regiones incontaminadas por la industrialización y la urbanización, los medios de comunicación de masas y el turismo, el autor de *El mundo primitivo y sus transformaciones* (1953) había abogado en cierta forma por el buen salvaje americano, coincidencia de la que acaso Liscano no estuvo consciente. Pero también, en términos políticos, el humanista venezolano ayudaba a perfilar, quizás de manera inadvertida, el rostro popular del juambimba que la nueva democracia asociaría con el partido de la masa venezolana en transición.

Si bien estas búsquedas folcloristas como las de Liscano no habían resultado tan paradójicas en otros contextos de la modernización en América Latina –pensar por ejemplo en

[10] J. Liscano, J., *Folklore y cultura*, pp. 15-16.
[11] R. Redfield, *El mundo primitivo y sus transformaciones* (1953). México: Fondo de Cultura Económica (FCE), 1973. Ver también R. Redfield, «The Folk Society» (1947), en R. Sennett (ed.), *Classic Essays on the Culture of Cities*. Nueva York: Appleton-Century-Crofts, Meredith Corporation, 1969, pp. 180-205; R. Redfield y M. Singer, «The Cultural Role of Cities», en R. Sennett (ed.), *Classic Essays on the Culture of Cities*. Nueva York: Appleton-Century-Crofts, Meredith Corporation, 1969, pp. 206-233. La referencia a Miguel Acosta Saignes está en la entrevista con A. Chacón, «Padre e hijo de la madre de las fiestas».

el muralismo mexicano promovido por Vasconcelos, así como en el modernismo brasileño, en tanto expresiones vernáculas de estados posrevolucionarios o «nuevos» en trance de urbanización– lo eran quizás más con respecto a los procesos de modernización vividos por Norteamérica y Europa occidental. Lamentablemente ese genuino folclorismo telúrico, nutriente del nacionalismo que en Venezuela floreció en varios campos artísticos en los cincuenta, daría paso asimismo a los desfiles perezjimenistas y los acartonados bailes de las televisoras, entre otras manifestaciones que corromperían el sentido y la resonancia originales del término folclórico en las décadas por venir[12].

20. Acorde con la imagen elitista que la democracia cristiana y el partido Copei tuvieran en los inicios de la regeneración democrática de 1958, Rafael Caldera manifestó, comprensiblemente, una actitud más abierta y liberal hacia los cambios derivados de la urbanización de la masa venezolana, sin olvidar empero los fundamentales atributos de la tradición. En su ponencia *Aspectos sociológicos de la cultura en Venezuela*, uno de los rasgos más peculiares resaltados por el catedrático estribaba en que la nuestra era «una cultura *móvil*, propensa a la aceptación del cambio», haciendo así uso de un polivalente sentido de movilidad que había sido elaborado por los ecólogos urbanos de Chicago, entre otras escuelas sociológicas[13]. Desde una perspectiva histórica, ello era en parte

[12] A propósito de la «cultura inmemorial» que Liscano rescatara, ha señalado L. A. Crespo, «Historia de una fiesta interrumpida», en *El país ausente*, p. 555: «Sólo que luego ésta sería vendida como estilizada pacatería perezjimenista, como barullo de Sábado Sensacional y mercancía publicitaria, empatucando al joropo con jarabe tapatío y al pasaje y al golpe llanero con telenovela cantada, a la danza y al baile campesinos con ballet de Gudelia y compañía, en tanto que el vocablo folklórico tomaba la acepción de la chercha, la saña y la vergüenza nacional por culpa de los mismos intelectuales que en los días de Liscano menospreciaron la dimensión universal de las voces de la tierra». A esa cadena de degeneración folclórica, habría que añadir la más reciente imposición del imaginario «popular», especialmente llanero, por parte de la sedicente revolución bolivariana de comienzos del siglo XXI.
[13] R. Caldera, *Aspectos sociológicos de la cultura en Venezuela*, p. 15. Con respecto a la movilidad, ver por ejemplo R. Park, «Suggestions for the Investigation of Human Behavior in the Urban Environment» (1916), en R. Park y

resultado de la transición social que se produjo del orden colonial al republicano, así como de la guerra de Independencia a la guerra Federal, proceso que el estadista viera trasuntado en *La interpretación pesimista de la sociología hispanoamericana* (1938) de Augusto Mijares; y aunque quizás no lo mencionara el autor por razones políticas, puede explicarse asimismo en términos de las cambiantes solidaridades grupales a las que Vallenilla Lanz apelara en su *Cesarismo democrático* (1919)[14]. También lo ilustró Caldera a través del dinamismo nuestro en el lenguaje, detectado por Ángel Rosenblat en su ingente obra filológica, en la que revelara cómo el castellano castizo coexiste en Hispanoamérica con la propensión a neologismos, los cuales toman en Venezuela y el Caribe las formas anglicistas y específicamente norteamericanas[15]. En términos más contemporáneos y urbanos, el catedrático completó aquella movilidad con el cambio del país agrícola al petrolero e industrial:

> Pasamos del potrero donde las reses andan sueltas por las sabanas y donde es imposible pensar en la cerca, a la economía superindustrializada del petróleo, que representa la expresión más alta del capitalismo moderno. Pero ¡cómo nos adaptamos! ¡Cómo, al sacar a un hombre humilde de Cumarebo o de Valle de la Pascua, o a un montañés en cualquier lugar de los Andes y llevarlo a un pozo petrolero, se convierte en un perforador espléndido, con un rendimiento superior a norteamericanos que han tenido una gran experiencia en la vida industrial!
>
> ¿Cuál es la proveniencia de nuestros conductores de automóviles, por ejemplo? ¿Cómo aprenden? ¿Cómo manejan? Se dice que son magníficos nuestros choferes. Sí; salen del campo y cambian de vida; y se adaptan de una manera maravillosa[16].

E. Burgess, *The City. Suggestions for Investigation of Human Behavior in the Urban Environment* (1925). Chicago: The University of Chicago Press, Midway Reprint, 1984, pp. 1-46.

[14] Algunas de estas obras son comentadas en la sección «Saludo a la modernidad industrial», en A. Almandoz, *La ciudad en el imaginario venezolano*, t. I, pp. 55-72.

[15] A. Rosenblat, «Lengua y cultura de Hispanoamérica: Tendencias actuales» (1933), en *La primera visión de América y otros estudios* (1965). Caracas: Ministerio de Educación, 1969, pp. 103-128, p. 121.

[16] R. Caldera, *Aspectos sociológicos de la cultura en Venezuela*, p. 16.

Muy perceptiva resulta la observación de Caldera sobre la condición móvil de nuestra cultura en general, puesta secularmente a prueba por los atropellados procesos de explotación petrolera y de urbanización, y ciertamente evidenciada por la adaptación de los campesinos a las máquinas y a la circulación. Parece cuestionable empero la asunción de que nuestra economía petrolera fuera producto de una alta fase de industrialización y una expresión del capitalismo más avanzado; precisamente por no haberlo sido es que la movilidad nuestra no condujo a la modernización y al desarrollo, como sí ocurrió con las sociedades industrializadas desde el siglo XIX, una de cuyas características fue la movilidad social que tuvo por escenario las grandes ciudades[17]. Era una confusión sobre el capitalismo avanzado, análoga a la que nos hizo creer que la riqueza petrolera que posibilitaba la inversión y el despegue para mediados de los sesenta, eran ya garantías de que el desarrollo económico estaba asegurado.

Pero bien apuntaba Caldera al moderno sentido sociológico de movilidad por especialización y capacitación, cuando señalaba que los campesinos que engrosaban las metrópolis venezolanas venían principalmente a educar a sus hijos. Aquí se encontraban con un espectro de clases entre las que cabía distinguir, por un lado, el empresario nacional del capitalista foráneo, así como la clase gerencial que representaba a aquellos empresarios; por el otro, el empleado, el obrero calificado y el no calificado. Era la «preocupación cultural» por incorporarse a ese establecimiento clasista la que hacía que los campesinos analfabetos migraran a las metrópolis buscando educar su prole, señaló el catedrático en una dirección que parecía coincidente con la modernización preconizada por la sociología funcionalista de marras. Pero al mismo tiempo, había habido entre los que pretendían apurar aquella modernización, «una confusión demasiado acentuada entre índice de analfabetismo e índice de culturización. La cultura no se mide por el número de personas que sepan leer»[18], advirtió el polí-

[17] Tal como lo conceptúa G. Sjoberg, «Origen y evolución de las cudades», en *La ciudad* (1965), trad. G. Gayá Nicolau. Madrid: Scientific American, Alianza Editorial, 1982, pp. 37-54.
[18] R. Caldera, *Aspectos sociológicos de la cultura en Venezuela*, pp. 25-26.

tico que había trajinado el medio rural venezolano, sembrado de sabidos juambimbas. La ruptura de esa correlación sería confirmada a través de la experiencia del futuro presidente, para quien el analfabetismo no debía ser tomado por el «grado cero de cultura», ya que «es innegable la existencia de muchos analfabetos cultos»[19], según una posición que parece así reivindicar la dimensión folclorista, en el sentido preconizado por Liscano, sin desmedro del abierto modernismo del estadista demócrata-cristiano.

21. La reivindicación de la tradición en medio de la bonanza económica de la nueva democracia se dio también a través de la crítica al consumismo y la frivolidad. Desde una posición cercana a las admoniciones de Briceño Iragorry, Núñez y otros detractores del modernismo pitiyanqui del NIN[20], Pedro Díaz Seijas advirtió sobre la novelería que desdecía del tradicionalismo en la era de Punto Fijo. Al saludar la creación de la asociación Pro-Venezuela a comienzos de los años 1960, el autor de *Ideas para una interpretación de la realidad venezolana* (1962) planteó que para muchos compatriotas era «preferible vivir en ciudades exóticas, donde toda nostalgia por el pasado, no sea más que mera zalamería sentimental»; la derrota de nuestros valores espirituales había radicado hasta entonces «en la falta de una tradición nacional, fortalecida honradamente a lo largo de nuestra historia cultural, económica y política». Recordando con cierto pasmo, no exento de idealización del tiempo de Maricastaña, la transformación de «aquella Venezuela pastoril, de huertas y rebaños, de sana alegría dominguera», en esta sociedad urbana, cosmopolita y consumista, el antiguo miembro del grupo Contrapunto alertó, en una suerte de nuevo mensaje sin destino, que no era necesario «cerrar el paso a la civilización, a una incontrolable cultura industrial, para comulgar con nuestra cultura de pueblo...»[21], con lo que pre-

[19] R. Caldera, *Reflexiones de La Rábida. Política y ciencia social ante la realidad latinoamericana.* Barcelona: Seix Barral, 1976, pp. 34, 47.

[20] A. Almandoz, *La ciudad en el imaginario venezolano,* t. II, pp. 153-162.

[21] P. Díaz Seijas, «La reconquista de la tradición», en *Ideas para una interpretación de la realidad venezolana.* Caracas: Jaime Villegas, Editor, 1962, pp. 85-87.

conizaba una secular reconciliación entre modernidad y tradición. Esta última se plasmaba en instituciones que había que rescatar y reivindicar frente a las desenfrenadas actitudes de la urbanización: «Al afán de nuevorriquismo, a la superestimación de las habilidades mercantiles; a la frivolidad y al lujo, hay que oponerles en el hogar y en la escuela, la permanencia de nuestros valores nacionales, como el más preciado tesoro con que cuenta nuestro pueblo libre y civilizado»[22].

En otro planteamiento que recordaba las admoniciones de Uslar Pietri sobre la Venezuela fingida y las de Briceño Iragorry sobre las ferias de vana alegría, Díaz Seijas también advirtió que ese consumismo de fruslerías, de «baratijas» e «inútiles objetos» que se desplegaba en las «calles de nuestras ciudades más importantes», era a la vez muestrario de la «línea más corta» que quería seguir la mayoría hacia la riqueza fácil. Estas poblaciones de mercaderes ambulantes y mercachifles pasaban a llevar una «vida de parásitos» en la que malgastaban sus fuerzas, oponiéndose a los verdaderos valores de la tierra. Ese facilismo era comparable, entre las clases dirigentes, a la herencia de «rastacuerismo» y «derroche» dejada por la dictadura, frente a la que el profesor del Pedagógico preconizaba el rescate de los valores de tierra y trabajo[23]. Recordando en mucho la crítica eglógica del petróleo que viniera en la ensayística de Adriani, Picón y Uslar, contrapunto de la demonización del oro negro en la novela petrolera, ese idealismo de la tierra en el país que se aprestaba a emprender la reforma agraria era una manera de actualizar las sempiternas antinomias de lo rural y lo urbano, el atraso y el progreso de las dos Venezuelas; pero asociaba ahora Díaz Seijas los antivalores de consumismo y frivolidad al modo de vida perezjimenista, frente al que la nueva democracia representaba una suerte de *back to basics* en los órdenes económico y moral a la vez.

Nada ha hecho peores males en la estructura espiritual venezolana de los últimos años, que el querer ser frívolo. Por eso

[22] P. Díaz Seijas, «Nuestra crisis social», en *Ideas para una interpretación de la realidad venezolana*, pp. 101-103, 103.
[23] P. Díaz Seijas, «El rastacuerismo criollo», en *Ideas para una interpretación de la realidad venezolana*, pp. 123-125.

cuando el Gobierno Constitucional ha emprendido su cruzada contra el derroche, contra el rastacuerismo, ha cundido la alarma. No es posible que se pueda vivir, parece ser la conclusión de muchos, sin coches últimos modelos, sin el whiskey escocés, sin el cigarrillo rubio importado, sin los perfumes y prendas que hacían el deleite y la admiración de los atónitos desheredados de la fortuna. Sin embargo, el final de la frivolidad ha llegado. No puede un país seguir derrochando sus riquezas, cuando no hay agua suficiente para las poblaciones, cuando no hay escuelas suficientes para los niños analfabetos, cuando no hay hospitales suficientes para enfermos menesterosos, cuando por lo menos el setenta y cinco por ciento de la población nacional está crucificada de problemas. El balance es dramático. El reajuste espiritual y material se impone[24]...

Esbozaba y actualizaba así Díaz Seijas el contraste y desafío de las dos Venezuelas legadas por el Nuevo Ideal Nacional de cara a la democracia de Punto Fijo; pero, más allá de ser reducibles a ciclos y partidos políticos, ese consumismo y frivolidad, así como la falta de valoración de lo que Briceño Iragorry había denominado las antiguallas de la tradición[25], estaban lejos de concluir, como quería creer el autor de las *Ideas...*; por el contrario, eran endemias que mutarían hacia otras formas de nuevorriquismo y corrupción en la Gran Venezuela y la Venezuela saudita, anulando los posibles logros modernizadores que la revolución petrolera, la industrialización y la urbanización hubiesen permitido. Así, en medio de una móvil modernización cultural que ponía en riesgo los valores tradicionales de la masa de juambimbas, los espejismos del consumo fatuo y la riqueza ostensible parecen haber reemplazado la diseminación del bienestar colectivo, en el sentido planteado en las fases teóricas de Rostow; se erraba el camino que habría permitido eventualmente alcanzar en Venezuela la madurez social, después del despegue económico de los sesenta.

---

[24] P. Díaz Seijas, «Manguareo y frivolidad», en *Ideas para una interpretación de la realidad venezolana*, pp. 127-130.
[25] Ver en este sentido A. Almandoz, *La ciudad en el imaginario venezolano*, t. II, pp. 154-155.

Burgueses, revolucionarios y salvajes*

> «Por causa del mito del buen salvaje, Occidente sufre de un absurdo complejo de culpa, íntimamente convencido de haber corrompido con su civilización a los demás pueblos de la tierra, agrupados genéricamente bajo el calificativo de 'Tercer Mundo'...»
>
> Carlos Rangel,
> *Del buen salvaje al buen revolucionario*
> (1976)

22. Pero había por aquellos años la necesidad de buscar otras respuestas menos economicistas y sociológicas, cargadas más bien de contenidos políticos e ideológicos, para tratar de entender los desfases y contradicciones que impedían acceder al desarrollo y la modernización, no sólo en Venezuela, sino también en América Latina. Tales respuestas tenían que provenir de los hemisferios de derecha e izquierda, que tanto polarizaran el clima político e intelectual de la región en la segunda posguerra, cuando la alineación con los Estados Unidos o la Unión Soviética devino cuestión vital para los contrastantes bloques mundiales. Es por ello que el análisis social se torna con frecuencia geopolítico, incluso en la pujante Venezuela que parecía iniciar su despegue en los sesenta, pero que adolecía de desajustes económicos, sociales y culturales que vienen de ser señalados, a los que se aunaba el resentimiento de los grupos de izquierda que habían sido excluidos del pacto de Punto Fijo.

Quizás convenga iniciar la revisión de la relación entre la izquierda y derecha venezolanas en la víspera del pacto de

---

* Una versión resumida de esta sección y las dos siguientes fue presentada como ponencia libre: A. Almandoz, «Utopismo marxista y crítica liberal en el pensamiento urbano venezolano (1960-1980)», V Congreso Europeo Ceisal de Latinoamericanistas, Bruselas: Cercal, Universidad Libre de Bruselas, abril 11-14, 2007. http://www.ulb.ac.be/cercal.

Punto Fijo, a partir del reajuste y giro que, respecto de los Estados Unidos y el comunismo, hiciera Betancourt. Durante su exilio de la Venezuela perezjimenista, Nueva York había sido, recordemos, escenario en el que habían coincidido líderes de la venidera democracia: Jóvito Villalba, Rafael Caldera y Betancourt mismo. Este último también había podido conocer, en la metrópoli yanqui, a Eleazar López Contreras, quien en 1937 lo había expulsado del país por sus tendencias socialistas; sin embargo, el líder adeco vio ahora al ex presidente como «un hombre profundamente interesado» en que se afirmara en Venezuela «la democracia definitivamente»[1]. En discurso pronunciado en la comida ofrecida en su honor en el Carnegie International Center, el 12 de enero de 1957, Betancourt agradeció a los «mejores voceros» del pueblo estadounidense, quienes,

> contradiciendo muchas veces los rumbos equivocados de sus gobernantes en política exterior, coinciden con nosotros, sinceramente, en dos cuestiones básicas: la del derecho de nuestras naciones a la autodeterminación y al adecuado disfrute de nuestras riquezas naturales; y la de la necesidad de que en ellas haya gobiernos libremente elegidos, respetuosos de los derechos humanos e impartidores de justicia social[2].

Si bien criticando el «odio estratégico» que las «minorías comunistas» exhibían contra «todo lo norteamericano», Betancourt fustigaba a la vez la indulgente y equívoca política de Washington frente a las dictaduras como las de Batista en Cuba, Trujillo en República Dominicana, y Pérez Jiménez en Venezuela, parte de cuya fortaleza venía dada por su complacencia con los intereses económicos gringos, así como por su adhesión a doctrinas promovidas en la región desde el Pentágono, tales como las de seguridad nacional. «No se concibe en América Latina que se llame a los pueblos a respaldar luchas

---

[1] R. Betancourt, «Palabras pronunciadas por el señor Rómulo Betancourt el día 9 de febrero de 1958, en la Plaza 'Diego Ibarra'...», en *Posición y doctrina*, p. 109.
[2] R. Betancourt, «Discurso pronunciado por el señor Rómulo Betancourt en la comida en su honor realizada en el Carnegie International Center, de Nueva York, el 12 de enero de 1957», en *Posición y doctrina*, p. 12.

por la libertad en Corea y se condecore aquí a dictadores», señaló don Rómulo, invocando el ejemplo de Franklin Delano Roosevelt, quien había intuido que «otros debían ser los rumbos de la política interamericana y que ellos debían insertarse sobre el reconocimiento expreso de la profunda vocación democrática de nuestros pueblos»[3].

En la segunda posguerra, la política norteamericana hacia América Latina había sido ciertamente errática, con consecuencias nefastas. Mientras se habían invertido más de 45 millardos de dólares en el plan Marshall y otras ayudas a Europa occidental, nuestra región apenas había obtenido menos de ocho. Sobre todo por las simpatías izquierdistas del régimen de Jacobo Arbenz en Guatemala, era la amenaza comunista lo que parecía obsesionar a Estados Unidos; a tal punto que en la X Conferencia Interamericana, reunida en la flamante Aula Magna estrenada por Pérez Jiménez en Caracas en 1954, se trató de eliminar el principio de no intervención en asuntos internos de las naciones, que había sido refrendado en 1948 en la conferencia de Bogotá e incorporado en la carta de la OEA. La aversión hacia los gringos había alcanzado punto culminante ya en la víspera de la Revolución cubana, cuando el vicepresidente Nixon fue escupido en su visita a varios países latinoamericanos, incluyendo Venezuela[4].

23. A pesar de esos desaciertos en la política exterior de Washington, Betancourt había reconocido también que estaba abierta «la posibilidad de diálogo esclarecedor entre quienes hablan inglés y quienes hablan español, pero cuando unos y otros piensan y sienten democráticamente»; por ello seguía creyendo que existían «vías posibles para que América, toda América, llegue a ser realmente el continente de la libertad, de la justicia social a nadie regateada, de la cultura a todos discernida», tal como había afirmado antes de regresar a Venezuela[5]. Al año siguiente, en cadena transmitida en octubre de 1958 desde Radio Caracas Televisión, el entonces candidato

---

[3] Ibíd., p. 21.
[4] C. Rangel, Del buen salvaje al buen revolucionario. Mitos y realidades de América Latina (1976). Caracas: Criteria, 2005, pp. 77-78.
[5] R. Betancourt, «Discurso pronunciado por el señor Rómulo Betancourt en

de AD a las elecciones de diciembre del mismo año, se mostraba más enfático sobre la conveniencia de estrechar los vínculos continentales con la nación «de mayor potencialidad» en el continente: «Nuestras relaciones con el país del Norte deben mantenerse sobre bases amistosas, que excluyan por igual la sumisión colonialista y la pugnacidad provocadora»[6].

Prefiguraba en esa fórmula el próximo presidente lo que sería el tono firme pero conciliatorio de su política con respecto a las administraciones de Kennedy y Johnson, que saludarían con sendas visitas de jefes de Estado los cambios en el país que salía de la dictadura, para convertirse en una de las más duraderas democracias de América Latina. Tal como ya ha sido señalado, del programa de Alianza para el Progreso –promovido por la administración Kennedy desde 1961 bajo los principios de Cepal– la Venezuela de Betancourt y la Colombia de Lleras Camargo serían de las principales beneficiarias[7]. Además de los intereses petroleros siempre presentes en la agenda binacional, la relación sería avivada por la lucha contra el comunismo en la región, que tuvo que cobrar fuerza después del triunfo de la Revolución cubana en enero de 1959. Desde la temprana desavenencia que surgiera cuando el joven Castro visitara al Betancourt maduro por aquellos días en que ambos se aprestaban a asumir sus respectivos gobiernos, la oposición al bastión comunista se convirtió en pieza clave de la política exterior venezolana, cuya ayuda a las intentonas contrarrevolucionarias patrocinadas desde Washington y Miami, llevarían a la suspensión diplomática entre Caracas y La Habana. En términos de relaciones interiores, la nueva socialdemocracia venezolana excluyó y combatió definitivamente a los comunistas, quienes ya habían quedado fuera del pacto de Punto de Fijo, uno de los factores determinantes de las guerrillas urbana y rural que marcarían los años por venir[8].

Cornegie International Center, de Nueva York, el 12 de enero de 1957», *en Posición y doctrina*, pp. 22-23.

[6] R. Betancourt, «Exposición hecha por el señor Rómulo Betancourt, el día 21 de octubre de 1958...», en *Posición y doctrina*, 183.

[7] C. Rangel, *Del buen salvaje al buen revolucionario...*, pp. 80-83.

[8] Así lo plantea P. F. Ledezma, «Los últimos treinta años», en AA. VV., *Historia mínima de Venezuela*, pp. 186-187.

Además de los comunistas excluidos del pacto, la nueva disidencia subversiva estaría engrosada por el buró juvenil de AD, «que se había fogueado en la lucha clandestina contra la dictadura, mientras la 'vieja guardia' estaba en el exilio», lo cual explicaría la primera división del partido oficial para dar lugar al Movimiento de Izquierda Revolucionaria (MIR), con Domingo Alberto Rangel y Simón Sáez Mérida a la cabeza. También estaban los oficiales disidentes del ejército que desde 1962 constituyeron las Fuerzas Armadas de Liberación Nacional (FALN), coordinadora del movimiento guerrillero[9]. Entre los dirigentes del MIR, Sáez Mérida le recriminaría a Betancourt que, por contraste con el proyecto político forjado durante el renacimiento democrático de 1958 –inserto todavía en los marcos doctrinarios e institucionales de la socialdemocracia, así como representativo del febril imaginario de masas que acababan de salir de la lucha clandestina y social– la administración de aquél diera rienda suelta a un proyecto forjado de manera personalista, marcado por la polarización de la Guerra Fría; «un proyecto de democracia autoritaria, anticomunista, beligerante y subordinada a la estrategia de seguridad y defensa de los Estados Unidos»[10]. A partir de aquella exclusión de la izquierda del pacto de Punto Fijo, Venezuela enfrentaría, al igual que otros países latinoamericanos, tanto los focos guerrilleros anidados en las montañas, a la manera del «foquismo» cubano en Sierra Maestra, como el terrorismo urbano al estilo de los grandes movimientos subversivos sureños, como los tupamaros de Uruguay y los montoneros de Argentina[11].

24. En estrecha asociación con el capital norteamericano o extranjero en más de un sector de la economía –desde la Creole Petroleum Corporation y otras grandes petroleras que patrocinaban refinerías, campamentos y noticieros de televisión, hasta los innovadores supermercados CADA que los Rockefeller introdujeran en el abastecimiento de víveres, americanizando aún más el *way of life* de la familia urbana–

[9] Y. Segnini, *Historia de la cultura en Venezuela*, p. 70.
[10] S. Sáez Mérida, «Betancourt, otra opinión», Papel Literario, *El Nacional*, Caracas: marzo 5, 2005, p. B-20.
[11] D. A. Rangel, *Del buen salvaje al buen revolucionario...*, pp. 156-157.

la Venezuela de Betancourt pronto estuvo liderada por una emprendedora burguesía que medraba en diferentes campos de la actividad productiva, financiera y de servicios. Pero no todas las externalidades del oro negro iban a la modernización burguesa: además de los ya señalados avances en materia de industrialización y reforma agraria, otro de los tempranos logros de la democracia de Punto Fijo fue la masificación de la educación básica y universitaria, lo cual ayudó a la ampliación de una clase media con capacitaciones diferentes de las decimonónicas profesiones liberales que habían predominado hasta mediados del siglo XX[12].

Es por ello que, apoyándose en *La ciudad libre*, de Walter Lipmann, el mismo Díaz Seijas reivindicó las conquistas logradas para esa masa por parte de la democracia representativa, argumentando así contra la amenaza de la insurgencia popular de izquierda, cuya violencia guerrillera era para don Pedro una recreación de la barbarie: «Los campesinos y los obreros organizados, sobre cuyos hombros descansa el peso de las conquistas ciudadanas logradas por la democracia, han de ser los primeros en salirle al paso a este mitológico fantasma, nacido de la demagogia, que algunos han dado ya en denominar como dictadura popular»[13]. Sobre la base del *Diagnóstico de nuestro tiempo* de Karl Mannheim –defensa de la «democracia militante» como tercera opción frente a la «democracia romántica» del *laissez faire*, por un lado, así como frente a los totalitarismos fascista y comunista, por otro– a lo largo del tercer camino de esa democracia militante, abogaba Díaz Seijas por una «planificación para la libertad»[14], pensando seguramente en los nuevos modelos del Estado corporativo que Betancourt aplicara en Venezuela, así como otros gobiernos latinoamericanos que seguían las recomendaciones de Cepal y la Alianza para el Progreso. En vista del «crecimiento vertiginoso» de la población venezolana que desde los años cuarenta había producido una

---

[12] P. F. Ledezma, «Los últimos treinta años», en AA. VV. *Historia mínima de Venezuela*, p. 200.
[13] P. Díaz Seijas, «Un reto a la democracia», en *Ideas para una interpretación de la realidad venezolana*, pp. 45-48, 48.
[14] P. Díaz Seijas, «Planificación para la libertad», en *Ideas para una interpretación de la realidad venezolana*, pp. 57-59.

«aguda crisis social», catalizada además por los «desafueros de la dictadura», Díaz Seijas argumentaba que la superación de tal crisis implicaba «una planificación rigurosamente científica, inspirada en los supremos principios de la democracia», apoyándose para ello en la visión de Mannheim[15]. Era una como justificación ideológica del nuevo aparato de planificación de la Venezuela socialdemócrata, encabezado desde 1958 por la Oficina Central de Planificación y Coordinación (Cordiplán), así como apoyado por corporaciones regionales de desarrollo, entre otros organismos de las administraciones central y autónoma.

La insurgencia guerrillera o militar como opción violenta actualizaba la sempiterna cuestión revolucionaria heredera de la barbarie. «El mito de la revolución en América, sigue moviendo nuestro subconsciente de pueblos primitivos», fustigó Díaz Seijas a pesar de su propio pasado como intelectual contestatario frente a las dictaduras, captando tempranamente las implicaciones y aristas del fenómeno actual e histórico a la vez, con el que todavía nos enfrentamos en el siglo XXI. La vacuidad y banalización del término, especialmente entre la juventud que quería rápida figuración y notoriedad, fue denunciada por el intelectual ya veterano, sin dejar de advertir empero la «magia» que para esa juventud envolvía el «gesto revolucionario»[16]; era un alerta a jóvenes que se proclamaban «irreflexivamente revolucionarios», porque parecían no darse cuenta de que atentaban en el fondo contra los principios de civilización humana[17]. De manera análoga, la «revolucionariedad hispanoamericana» se manifestaba para don Pedro a través de la «discontinuidad» militarista e «inconformidad» marxista, las cuales habían atentado contra la institucionalidad republicana en Latinoamérica, tal como ocurría en la todavía endeble democracia venezolana[18], así como con el peronismo

[15] P. Díaz Seijas, «Nuestra crisis social», en *Ideas para una interpretación de la realidad venezolana*, p. 101.
[16] P. Díaz Seijas, «Revolución y mito», en *Ideas para una interpretación de la realidad venezolana*, pp. 65-69.
[17] P. Díaz Seijas, «Juventud y crisis», en *Ideas para una interpretación de la realidad venezolana*, pp. 93-96.
[18] P. Díaz Seijas, «La discontinuidad institucional», en *Ideas para una interpretación de la realidad venezolana*, pp. 235-238.

montonero en la Argentina o los paramilitares y guerrillas en Colombia y otros países.

25. De manera muy penetrante, el autor de *Ideas para una interpretación de la realidad venezolana* advirtió sobre el creciente sentimiento antiburgués entre grupos políticos e intelectuales del país que despertaba a la democracia, cuya filiación marxista le resultaba ya para entonces sumisa y obsoleta:

> Se ha creado una zona de prevención contra todo lo que se presuma tiene características burguesas. Y los que fingen de revolucionarios, se sienten incómodos si en algún instante alguien quiere clasificarlos como burgueses. Pudiera decirse que se ha creado un estado de conciencia anti-burguesa. Pero en nuestro concepto el fenómeno, no es más que una estrategia política, por una parte y por otra incondicional sumisión a las teorías sociales importadas sin la necesaria revisión[19].

Aunque no lo mencionara el autor explícitamente, su valiente reivindicación de la burguesía recordaba la fundamental importancia histórica que esta clase había alcanzado desde su genuina revolución económica frente al orden feudal en la Baja Edad Media, pasando por su restitución política frente el *ancien regime*, hasta su liderazgo de la modernización industrial y financiera en la Europa y Norteamérica decimonónicas; eran secularizadas proezas que habían sido analizadas con gran erudición a comienzos del siglo XX por Henri Pirenne y Max Weber, entre otros historiadores que don Pedro seguramente leyera en su mocedad[20]. Además de advertir contra la casi esnobista copia del marxismo entre la intelectualidad

---

[19] P. Díaz Seijas, «La clase media y la intelligentsia en Venezuela», en *Ideas para una interpretación de la realidad venezolana*, pp. 105-108, 105.

[20] En obras como H. Pirenne, *Las ciudades de la Edad Media* (1925), trad. F. Calvo. Madrid: Alianza Editorial, 1981, pp. 87-109; *Historia económica y social de la Edad Media* (1933), trad. S. Echavarría. México: Fondo de Cultura Económica, 1975, pp. 36-48; M. Weber, *Economía y sociedad. Esbozo de sociología comprensiva* (1922), trad. J. Winckelmann. Bogotá: Fondo de Cultura Económica, 1977, 2ts., t. II, pp. 998-1046; *The City*, ed. y trad. D. Martindale y G. Neuwirth. Nueva York: The Free Press, 1958, pp. 121-230.

venezolana y latinoamericana en general, Díaz Seijas bien distinguió que esta supuesta condición «burguesa» que en aquellos años revolucionarios parecía endilgarse a la clase media, era equívoca desde la misma concepción marxista, que correspondía originalmente al reducido grupo propietario de los medios de producción industrial[21]. Por contraposición, lo que muchas veces se calificaba de «burguesía» en Venezuela, así como en otros países de Latinoamérica, era una heterogénea clase media que se venía constituyendo desde la urbanización de comienzos del siglo XX:

> Es una clase media que no responde a la estructura y objetivos asignados por el marxismo a la burguesía. Esta clase media que en Venezuela es muy fácil de aislar para su estudio, es simplemente una clase productiva. Su composición es compleja. Tiene origen y fines distintos a los de la burguesía tradicional. A grandes rasgos pudiera decirse que está formada por industriales comerciales, técnicos, directivos de empresas, que no son otra cosa que burócratas tecnificados, y luego la gama menor que va nutriendo gradualmente a la capa superior, compuesta por los obreros especializados, por los artesanos con aspiraciones técnicas, los propietarios agrícolas medianos, los pequeños comerciantes e industriales del medio provinciano. A la composición esencial de esta clase media, hay que añadir lo que para algunos sociólogos constituye la intelligentsia: los profesionales liberales generalmente desposeídos de fortuna y que en cierta forma constituyen la tambaleante clase intelectual[22]...

Es una cita larga que hemos querido reproducir como una suerte de fresco de la clase media venezolana que se urbanizaba y modernizaba en la nueva etapa democrática; es un gran boceto que en parte se deriva de lo que José Luis Romero había reconocido como la masa latinoamericana en formación

---

[21] Concepción marxista de la burguesía que reconocía además su rol renovador desde la Edad Media hasta la Revolución francesa; ver por ejemplo K. Marx, *La ideología alemana* (1846). La Habana: Pueblo y Educación, 1982, pp. 49-53.

[22] P. Díaz Seijas, «La clase media y la intelligentsia en Venezuela», en *Ideas para una interpretación de la realidad venezolana*, pp. 106-107.

desde los años veinte, pero que adquiere aquí matices más actuales y técnicos, desdibujando los perfiles rurales que muchos actores de aquella masa incipiente mostraban todavía en las postrimerías del gomecismo y el ciclo democrático siguiente[23]. Si bien tildada de burguesa y esclerótica por los sedicentes revolucionarios, la composición de esa masa correspondía en gran parte a la de una vasta y vigorosa clase media, como las que habían dinamizado y diseminado el desarrollo en los países industrializados en la visión clásica de Rostow, así como llamada a liderar el camino a la madurez en los *developing countries*, entre los que se encontraba Venezuela por aquellos años. Sin embargo, lamentablemente, no se engrosaría esa clase media como principal estrato de la pirámide social en el caso venezolano, así como tampoco mantendría la égida como agente de progreso y modernización, extraviándose a la postre en el consumismo y la dependencia del Estado rentista.

26. Con amplias resonancias marxistas, las contraposiciones entre revolución y democracia, burguesía y proletariado no se debían sólo a contradicciones de la sociedad venezolana sino latinoamericana en general; de hecho el problema tendía a ser visto en esa escala continental por las ciencias sociales del período, tal como ocurrió con la así llamada escuela de la Dependencia. Después de que comenzara a evidenciarse el fracaso del desarrollismo y la primera fase «fácil» de la sustitución de importaciones promovida por Cepal desde la segunda posguerra, el agotamiento de la industrialización creó un malestar continental en el que cuajó la obra de los más famosos exponentes de la Dependencia, tales como Fernando Cardoso y Enzo Faletto[24]. Una familia de sociólogos y planificadores vinculados a la escuela intentó desarrollar las explica-

---

[23] Ver J. L. Romero, *Latinoamérica: las ciudades y las ideas*, pp. 319-389. Sobre la base de Romero, he tratado de ilustrar el proceso de masificación del sujeto narrativo en A. Almandoz, *La ciudad en el imaginario venezolano*, t. I, pp. 125-134; *La ciudad en el imaginario venezolano*, t. II, pp. 165-192.

[24] F. H. Cardoso y E. Faletto, *Dependencia y desarrollo en América Latina*. México: Siglo XXI, 1969. Además de planteamientos sobre la escuela mencionados en secciones anteriores, ver G. Palma, «Dependency: a Formal Theory of Underdevelopment or a Methodology for the Analysis of Concrete Situations of Underdevelopment».

ciones concernientes a la insuficiencia de la industrialización para absorber la creciente urbanización latinoamericana del segundo tercio del siglo XX[25], tratando de elaborar además una matriz histórica que explicaba el fracaso en términos dependentistas, remontándose hasta las primeras fases de la explotación colonial[26]. Y en todos esos intentos aparecían los Estados Unidos como secular exponente de ominosas fuerzas capitalistas, colonialistas e imperialistas que habían expoliado a Latinoamérica de sus riquezas y posibilidades de desarrollo autónomo.

Dentro del rígido y adoctrinado marco de esta matriz estructuralista de ciencias sociales dominante en el mundo académico, en medio del volátil clima antiyanqui y procomunista que siguiera a la Revolución cubana, no era frecuente que los intelectuales se atrevieran a emprender análisis de corte liberal o críticos del marxismo, en los que se reconociera el valor de la democracia o el capitalismo norteamericanos. En el caso venezolano, había habido voces como las de César Zumeta y Jesús Semprún, quienes a inicios del siglo XX hicieran ya un balance negativo del primer centenario de vida republicana en Latinoamérica, por contraposición al prodigioso ejemplo de los Estados Unidos[27]. Si bien las ponderadas ensayísticas de Picón Salas, Gallegos, Uslar Pietri y Núñez, entre otros, habían reconocido en la segunda posguerra el predominio técnico y cultural de los Estados Unidos frente a los vecinos sureños[28], en la Venezuela enguerrillada y violenta de los sesenta resultaba más riesgoso tratar de rescatar el ejemplo de una Norteamérica «reaccionaria» para mostrar que su supuesta culpa en el fracaso de la Latinoamérica «revolucionaria» era

---

[25] M. Castells (ed.), *Imperialismo y urbanización en América Latina.* Barcelona: Gustavo Gili, 1973; A. Quijano, *Dependencia, urbanización y cambio social en América Latina.* Lima: Mosca Azul, 1977.

[26] A. B. Rofman, *Dependencia, estructura de poder y formación regional en América Latina* (1974). México: Siglo Veintiuno Editores, 1977. He tratado de revisar algunas de estas obras en A. Almandoz, «Urban planning and historiograophy in Latin America».

[27] He considerado estos casos en A. Almandoz, *Urbanismo europeo en Caracas (1870-1940),* pp. 147-155.

[28] Ver en este sentido el capítulo «Regreso de Nueva York», en A. Almandoz, *La ciudad en el imaginario venezolano,* t. II, pp. 77-112.

parte de una «leyenda negra». Sin embargo, como una contribución para la necesaria «labor de desmitologización» –según lo expresó el mismo autor en comunicación a Jean-François Revel, prologuista de la primera edición del libro– apareció en Caracas con gran impacto *Del buen salvaje al buen revolucionario* (1976), de Carlos Rangel[29].

La «base mítica» del Nuevo Mundo y su poblador autóctono fue rastreada por el autor hasta la Atlántida y otras imágenes grecolatinas; pasando por El Dorado renacentista y la americanizada versión del buen salvaje que habitara en una prístina América de la Edad de Oro, que Colón y los descubridores habrían propalado en sus crónicas[30]; se desembocaba, por supuesto, en los atributos morales que Montaigne y Rousseau le añadieran al *bon sauvage*, a lo largo de la antinomia ilustrada entre naturaleza y civilización, que, según Rangel, terminaría estigmatizando a esta última como racional, dominante y corruptora, frente a la que la irrupción revolucionaria quedaría más que justificada. «Por causa del mito del buen salvaje, Occidente sufre de un absurdo complejo de culpa, íntimamente convencido de haber corrompido con su civilización a los demás pueblos de la tierra, agrupados genéricamente bajo el calificativo de 'Tercer Mundo'...», estableció Rangel en uno de los atrevidos silogismos históricos jalonados en su libro. Una de las grandes encarnaciones de ese mito sería, por antonomasia, el barbudo Fidel revolucionario, salido de Sierra Maestra para enfrentar no sólo a la Cuba de Batista, sino a todo el imperialismo yanqui[31]. Sin dejar de reconocer lo desafiante y novedoso que resultaba, para el momento de publicación del libro, rastrear los reductos del utopismo en la todavía reciente conceptuación del Tercer Mundo, así como la parentela establecida entre salvaje y revolucionario, hay en aquella conclusión un peligroso salto discursivo, del imaginario historicista a las categorías coetáneas de las ciencias sociales; es una suerte de jalonamiento que marca el discurso de Rangel,

---

[29]   J. F. Revel «Prólogo», (1976) a C. Rangel, *Del buen salvaje al buen revolucionario. Mitos y realidades de América Latina* (1976). Caracas: Criteria, 2005, pp. 21-27, pp. 22-23.

[30]   C. Rangel, *Del buen salvaje al buen revolucionario...*, pp. 35-38.

[31]   *Ibíd.*, pp. 41, 152.

que por más erudición que evidencie en muchos pasajes, confirma que *Del buen salvaje al buen revolucionario* está a caballo entre el libro de historia y de periodismo científico.

27. Con respecto al arquetipo del buen salvaje que Rangel retomara, es interesante tener en cuenta que, por aquellos mismos años, aunque desde una perspectiva intelectual más propia del humanista que del pensador político, Uslar Pietri también nos señalaba un aspecto de la genealogía del mito, que ayuda a la vez a explicar su conflictividad en las propias tierras americanas que le vieron nacer. Estableciendo que el pensamiento revolucionario en Occidente había arrancado con la Utopía de Moro, el autor de «América y la revolución» recordaba que la imagen que esta obra tomara del buen salvaje procedía, ultimadamente, de las tempranas impresiones del descubrimiento reportadas por Colón y Vespucci, entre otros. Siendo una suerte de «elaboración intelectual» de las impresiones colombinas del paraíso americano, el reino de Utopía recreado por el canciller inglés estaría, para el humanista venezolano, asociado a la génesis de la «idea revolucionaria» en Occidente[32].

Dirigida en gran parte contra la Inglaterra intolerante y ociosa de Enrique VIII, la crítica al inicuo establecimiento que la burguesía medieval y el capitalismo mercantil habían instaurado en los reinos y repúblicas de la Europa renacentista ciertamente atraviesa de principio a fin la *Utopía* (1516) de Moro: desde la declarada intención inicial de relatar lo que de justo y encomiable había visto Rafael Hitlodeo entre «las costumbres e instituciones de los Utópicos», hasta la sentenciosa conclusión del reformista con respecto a las enmascaradas desigualdades del sedicente republicanismo occidental[33].

---

[32] A. Uslar Pietri, «América y la revolución», en AA. VV., *Ensayos venezolanos*. Caracas: Editorial Ateneo de Caracas, 1979, pp. 135-154, p. 146.

[33] Las similitudes de la Utopía de Moro con la Inglaterra de Enrique VIII están ilustradas en J. Servier, *La utopía* (1979). México: Fondo de Cultura Económica, 1982, pp. 41-46. Las críticas extensivas a la Europa del Renacimiento pueden verse en G. Lapouge, *Utopie et civilisations*. París: Flammarion, 1978, pp. 156-159, donde el autor señala: «La Renaissance n'est pas belle comme ses images. L'art des peintres, la témérité des savants camouflent des gouffres, Le génie des poètes fait oublier que cet âge fut injuste, cruel, grotesque

Por todo esto, cuando traigo a mi memoria la imagen de tantas naciones hoy florecientes, no puedo considerarlas –y que Dios me perdone– sino como un conglomerado de gentes ricas que a la sombra y en nombre de la República, sólo se ocupan de su propio bienestar, discurriendo toda clase de procedimientos y argucias, tanto para seguir, sin temor a perderlo, en posesión de lo que adquirieron por malas artes, como para beneficiarse, al menor costo posible, del trabajo y esfuerzo de los pobres y abusar de ellos. Y así que consiguen que sus maquinaciones se manden observar en nombre de todos y, por tanto, en el de los pobres también, ya las ven convertidas en leyes[34].

Con una antigüedad que frisaba con los mitos platónicos, la arcádica utopía americana de una «sociedad natural mucho más justa» puede entonces verse como la fuente más primaria de la que abrevara el temprano humanismo moderno, desde Erasmo, Montaigne y Bacon, hasta Rousseau y los enciclopedistas franceses. Claro que para Uslar ese socialismo primitivo, heredero de la utopía renacentista y originario del Nuevo Mundo, tiene todavía una resonancia y resemblanza humanísticas, anteriores a la reductora y científica interpretación marxista; porque aquel temprano «mito revolucionario» dice, «muy sencillamente, que los hombres pueden ser felices no porque alguien lo haya imaginado, sino porque así ocurre y está ocurriendo en el momento en que lo están escribiendo, está ocurriendo en alguna parte del mundo. Y si en Europa no existe esto es porque Europa ha degenerado, es porque Europa erró el camino, es porque Europa se corrompió y se desvió...»[35].

Siendo ambos los sujetos de esa suerte de socialismo primitivo en su temprana modernidad, uno de cuyos principios parece ser la propiedad pública de la tierra asentada en

et scandaleux. L'Europe est un pourrissoir. La condition du peuple a empiré. La misère est générale...».

[34] T. Moro, *Utopía* (1516), en T. Moro, T. Campanella y F. Bacon, *Utopías del Renacimiento* (1941). México: Fondo de Cultura Económica, 1984, pp. 37-140, p. 136.

[35] A. Uslar Pietri, «América y la revolución», en AA. VV., *Ensayos venezolanos*, pp. 147, 149.

Utopía, es iluminador entonces el parentesco establecido por Uslar entre el buen salvaje colombino y su descendiente rousseauniano. Sólo cabe añadir que este último no necesariamente permanece, como acaso idealizaban todavía las guerrillas rurales de la Latinoamérica de la segunda posguerra, en agreste y conflictiva oposición a la sociedad corruptora y al Estado degenerado. El *homme heureux et bon* del pensador suizo estuvo siempre llamado a suscribir, como este mismo estableciera, un pacto social mediante el cual «pone a disposición su persona y todo su poder bajo la dirección suprema de la voluntad general», mientras cada miembro recibe y se siente como una «parte indivisible del todo». Y esta persona pública que se forma por la unión de todos los buenos salvajes no es otra que la Ciudad, a pesar de los que hayan querido exacerbar una bucólica y anárquica interpretación del autor de *Du contrat social* (1762)[36], lo cual conviene recordar para reforzar y aclarar la desideologización del mito iniciada por Rangel y Uslar.

28. Podía entonces decirse que, después del Enciclopedismo, aquel mito americano había insuflado de manera indirecta el naturalismo e igualitarismo de la Revolución francesa, así como la propiedad comunitaria del socialismo decimonónico, tanto en la vertiente utópica de Saint-Simon y Proudhon, de Cabet y Fourier, como en la científica de Marx y Engels. Pero a pesar de que España era la nación europea más llamada a conocer y asimilar el mito del buen salvaje, la propia conflictividad del proceso de conquista y colonización –que más bien ensombreció el retrato hispano del indígena con los improperios sobre su bestialidad, contra los que se alzarían las voces de Las Casas y Vitoria– terminó haciendo que el mito llegara a la España borbónica tardíamente, a través de la Ilustración francesa que vino con las reformas de Carlos III. Bien advirtió el autor de *Fantasmas de dos mundos* (1979) sobre la paradoja

[36]   J. J. Rousseau, *Du contrat social* (1762). París: Le Livre de Poche, 1982, p. 180. Mi traducción entresacada de: «Chacun de nous met en commun sa personne et toute sa puissance sous la suprême direction de la volonté générale; et nous recevons en corps chaque membre comme partie indivisible du tout».

histórica que nos ayuda a entender parte de la conflictividad del buen salvaje en su propia tierra nativa:

> Podríase, con alguna simplificación pero sin gran desacato a la verdad, decir que la concepción utópica, de la que nace el pensamiento revolucionario moderno y que es una consecuencia de la visión del «buen salvaje», no surge en España sino que llega tardíamente como afrancesamiento, porque los españoles tenían del indio una experiencia secular que no les daba base para una concepción utópica y literaria[37].

Así, el mito utópico de sustrato americano había tomado, para Uslar, rumbos diferentes en la Europa nórdica, más dada a la idealización de la originaria arcadia indígena, por contraste con la meridional, cuyas metrópolis tuvieron que rechazar, por razones principalmente militares, la prístina concepción sobre la bondad natural del indio, aunque eventualmente transigieran frente al reclamo eclesiástico sobre su humanidad. Por ello concluyó don Arturo que el mito del buen salvaje «prospera en los pueblos que más tardíamente llegaron a un conocimiento directo de la realidad americana, y se mantiene en ellos, y es en ellos donde surge el pensamiento revolucionario. En España no surge»[38]. Se apuntaba así a un raro desencuentro geográfico, histórico e ideológico que daría pábulo a una suerte de resentimiento en las otrora colonias: el arribo tardío del mito del buen salvaje y su mundo comunitario al orbe hispanoamericano produciría, a la postre, un rescate anacrónico y mediatizado en la Latinoamérica del siglo XX, a través de una alambicada genealogía revolucionaria destilada en la Europa nórdica, de Moro a Marx.

Aunque ha sido observado que la República Utópica no era propiamente revolucionaria sino más bien igualitaria, descansando de hecho sobre una base centralizada –no en vano fue modelada también a la manera de la República platónica– está claro que la idealizada visión de sus habitantes y sus es-

---

[37] A. Uslar Pietri, «Somos hispanoamericanos», en *Fantasmas de dos mundos*. Barcelona: Seix Barral, 1979, pp. 235-254, p. 243.
[38] A. Uslar Pietri, «América y la revolución», en AA. VV., *Ensayos venezolanos*, p. 150.

tructuras sociales se inspiraba en los reportes que Moro conociera de las comunidades del Nuevo Mundo. Es aceptado también que el antecedente común de los bondadosos habitantes de Utopía y otras ciudades ideales del Renacimiento, era el buen salvaje americano, el cual conjugaba para los europeos, como lo ha resumido Servier, la belleza física de los indios con una buena naturaleza, así como una especie de «pureza primitiva cercana a la inocencia infantil»[39]. Posteriormente, ese buen salvaje americano inspira también al Emilio de Rousseau y del Enciclopedismo, con la salvedad de que este sujeto se torna más cívico y se desenvuelve en contextos más seculares; asimismo ocurrirá, *mutatis mutandis*, con el obrero del socialismo utópico y el proletario del marxismo, los cuales devienen progresivamente urbanos y hasta metropolitanos. Frente a esta genealogía, quizás precisamente por no haberse urbanizado el buen salvaje en el mundo cultural hispano durante la modernidad, como lo advirtiera Uslar Pietri a propósito del mito revolucionario, el guerrillero latinoamericano parece haber sido un salto atrás en términos cívicos y seculares. De allí que el significativo título y recorrido del libro de Rangel, aunque atrevido y discutible, resulte revelador de la extemporánea mutación del mito entre las izquierdas del Nuevo Mundo.

---

[39] J. Servier, *La utopía*, pp. 38, 48-49.

Calibanes, tarzanes y cuellos blancos

«...Otro supuesto: el sistema capitalista es el ideal. Otro supuesto: patente en Tarzán y El Fantasma: la raza blanca occidental es la 'mejor', la buena, la civilizadora...».

LUDOVICO SILVA,
Teoría y práctica de la ideología (1971)

29. Entre las principales tesis liberales que el discurso de Rangel se atrevió a vocear estaba el desmontaje de la supuesta culpabilidad del imperialismo estadounidense por los males económicos, políticos y sociales de Latinoamérica. En este sentido, resulta interesante la analogía detectada por el autor entre la «mezcla de razas» como factor explicativo del fracaso republicano, del que ya comenzara a hacer uso el positivismo en el siglo XIX, y la posterior moda de atribuir «exclusivamente al imperialismo norteamericano el atraso y la frustración de América Latina». Sin acudir siquiera a tempranas proezas decimonónicas de la gran república, Rangel pasa abrumadora revista ante iniciativas y logros estadounidenses en diversos campos –propuesta de la Unión Panamericana en 1889, derrota del imperio español en 1898, conclusión del canal de Panamá en 1914, decisiva participación en la Primera Guerra Mundial– para concluir con una de las más inquietantes preguntas del libro: «¿Y quién puede dudar que de no haber existido esta potencia democrática, guardián del hemisferio (en su propio interés, pero ese es otro problema) Latinoamérica hubiera sido víctima en el siglo XIX del colonialismo europeo que conocieron Asia y África; y más tarde, en nuestro propio tiempo, de los imperialismos todavía peores que ha conocido el siglo XX»[1].

---

[1] C. Rangel, *Del buen salvaje al buen revolucionario...*, pp. 45, 70.

Especialmente después de la Revolución cubana, había muchas interpretaciones con pretensiones históricas en las que se apelaba a esa presunta culpa del imperialismo de los Estados Unidos y otros países del Atlántico norte para justificar el atraso latinoamericano. Así por ejemplo, como exponentes de la ya mencionada teoría de la Dependencia, tan en boga en las ciencias sociales del tercer cuarto del siglo XX, desde el campo de la economía, Héctor Malavé Mata, Héctor Silva Michelena y Heinz Sonntag vieron a la historia de Latinoamérica, en el mismo año de publicación del libro de Rangel, como «recipiente de las crisis del capitalismo» y «periferia tributaria», factores ambos que habrían empeorado los conflictos sociales, incluyendo los políticos. Resulta interesante observar cómo los autores, al tratar de justificar el atraso económico latinoamericano por contraste con los países desarrollados, apelaron en estos últimos a factores como la constitución y fortaleza de la sociedad civil que habrían operado en el Estado capitalista:

> Hagamos ahora algunas consideraciones acerca del Estado en el subdesarrollo. No es éste el lugar para entrar en explicaciones de las formas como emergió y se consolidó el Estado en los países capitalistas desarrollados. Sin embargo, debe decirse que en estos países la presencia de la sociedad civil era tan vigorosa y orgánica que el Estado no tenía necesidad de inmiscuirse en los últimos intersticios de la vida social, cuyas normas y regulaciones marchaban prácticamente a solas. Aun en el capitalismo contemporáneo, de fuerte intervención estatal, la sociedad civil sigue siendo reconocible en los países capitalistas desarrollados. No es tal el caso de los países subdesarrollados latinoamericanos. Entre éstos, aquella sociedad civil no tuvo la oportunidad de desenvolverse, como lo muestra la evolución de las clases sociales y sus luchas: una burguesía orientada al mercado exterior, la lentísima formación del mercado interno, las relaciones de subordinación al capitalismo mundial, y la tardía creación del Estado-Nación[2].

[2] H. Malavé Mata, H. Silva Michelena y H. Sonntag, «El contenido conflictivo del actual proceso económico-social de América Latina» (1976), en AA. VV., *Ensayos venezolanos*, Caracas: Ateneo de Caracas, 1979, pp. 92-105.

Las razones esgrimidas son primeramente cuestionables en términos históricos. Comenzando por la última, valga recordar que los estados nacionales latinoamericanos, constituidos los más de ellos entre los años 1820 y 1830, son coetáneos de la separación de Bélgica de Holanda, por ejemplo; anteriores a la unificación de Italia y Alemania hacia la década del setenta, y precedentes en casi un siglo a la separación de Finlandia de Rusia al estallar la Revolución bolchevique. Y tal como lo ha señalado Miguel Ángel Campos a propósito del caso venezolano, donde además se ha mezclado el mito de la riqueza petrolera, país rico y pueblo nuevo han sido «fatales equívocos» que han ayudado a la elusión social de «responsabilidades colectivas»[3].

Pero además resulta curioso que, al momento de explicar la diferencia medular con respecto a la relación Estado-sociedad civil, los autores echaran mano de argumentaciones provenientes de la sociología funcionalista antes que marxista, ya que en última instancia dependen de factores axiológicos y de psicología social, como los desarrollados por Max Weber en *La ética protestante y el espíritu del capitalismo* (1904-5)[4]. Sin embargo, por lo que respecta al resto del proceso, las razones sobre la insuficiencia y debilidad del mercado nacional, la subordinación al capitalismo mundial, la dependencia tecnológica y la extranjerizada burguesía remiten a la tradicional interpretación dependentista sobre el fracaso de la sustitución de importaciones como modelo de industrialización, así como su eventual freno al despegue del desarrollo, tal como hemos visto[5].

Otro ejemplo antiamericano, también coetáneo del libro de Rangel, puede verse en la aproximación de Sáez Mérida a propósito de la desmitificación de Franklin Roosevelt y de su tratado de Buena Vecindad. Aunque sin hacer un seguimiento basado en fuentes primarias, sino sólo apoyándose en

---

[3] M. A. Campos, «La novela, el tema del petróleo y otros equívocos», en C. Pacheco, L. Barrera Linares, B. González Stephan (coord.), *Nación y literatura...*, p. 485.

[4] M. Weber, *La ética protestante y el espíritu del capitalismo* (1904-1905), trad. L. Legaz Lacambra. Barcelona: Ediciones Península, 1977.

[5] Ver *supra* «Despegue sin madurez».

literatura secundaria principalmente marxista, el miembro del MIR puso el *New Deal* en perspectiva con la política expansionista de William McKingley y Theodore Roosevelt en el Caribe de entre siglos, así como con los tratados comerciales y de cooperación, especialmente las Conferencias Interamericanas que, desde la de Montevideo en 1933, darían lugar a la creación de la Organización de Estados Americanos (OEA) en 1948. De allí concluyó que todos esos tratados habrían reforzado la «división internacional del trabajo», haciendo bloquear el «desarrollo industrial latinoamericano de carácter autónomo», para convertir a la región en un patio trasero de economías cautivas[6].

La ausencia de fuentes primarias es argumento suficiente contra la debilidad del último ejemplo, así como la omisión de referencias históricas anteriores al siglo XX, generalmente escamoteadas por los teóricos de la Dependencia, pone en entredicho el razonamiento de Malavé y sus colegas, por lo menos en lo que respecta a la inmadurez de la sociedad civil en la Latinoamérica decimonónica, justificada además de manera muy acomodaticia con tópicos sociológicos de corte funcionalista. Pero creo que hay incluso más que oponer en este sentido a las interpretaciones antiimperialistas y dependentistas: por concentrarse en los logros militares y técnicos, creo que Rangel descuida los económicos y demográficos que podrían haber fortalecido su argumentación, tales como las maneras en que se dieron la industrialización y urbanización en Estados Unidos; especialmente después del así llamado *Great Turnabout* o Gran Giro de 1830, cuando las otrora colonias de Nueva Inglaterra dejaran de lado y superaran el modelo agroexportador que las repúblicas latinoamericanas mantendrían durante el resto del siglo XIX. Fue a partir de entonces cuando la industrialización norteamericana, tomando como centro de operaciones Chicago, corrió paralela a la ocupación y urbanización del Medio Oeste, convirtiéndose el nuevo territorio y la población concentrada en mercados de una industrialización que se hacía menos dependiente de la exportación

---

[6] S. Sáez Mérida, «El mito Roosevelt», en AA. VV., *Ensayos venezolanos*. Caracas: Ateneo de Caracas, 1979, pp. 155-186, pp. 177, 186.

primaria hacia las antiguas metrópolis europeas[7]. He aquí otra proeza estadounidense que la intelectualidad antiyanqui y los científicos sociales de la Dependencia en Latinoamérica siempre encontraron difícil de explicar.

30. En el marco de esta crítica a las tendencias autoindulgentes y antiyanquis que habían dominado el pensamiento humanístico y las ciencias sociales latinoamericanas en diferentes períodos, también advirtió *Del buen salvaje...* caprichosas inconsistencias resultantes de nuestra heterodoxia cultural. A diferencia de la señalada animadversión contra el Calibán del Norte, explicable en parte por la rivalidad republicana dentro del mismo hemisferio, Rangel bien detectó cómo, a pesar de la dominación establecida por metrópolis del Viejo Mundo desde 1492 –primero España y Portugal durante la colonia, seguidas por otras potencias hasta la Primera Guerra Mundial– «una vertiente del pensamiento compensatorio latinoamericano se halaga de ser nosotros los herederos y continuadores de la civilización grecolatina en América»[8]. Con ello apuntó por supuesto contra el arielismo que, cobrando formas seductivas en el modernismo literario de Rubén Darío y sus congéneres, envolviera las décadas novecentistas del humanismo hispanoamericano. También lo contrapuso, de manera inteligente y reveladora, a la vertiente de la europeización decimonónica preconizada por Rivadavia, Sarmiento, Alberdi y Mitre en Argentina, quienes supieron reconocer la importancia de la ciudad y la migración del Viejo Mundo como dinamos para civilizar la pampa bárbara, a la manera como había ocurrido en Estados Unidos, donde Sarmiento había sido embajador[9]. Pero en la «literatura escapista» de Darío y Rodó, así como en el telurismo del argentino Ricardo Rojas, encontró

---

[7] Además de las varias historias de la urbanización estadounidense que no es posible incluir, para una perspectiva comparativa de los modelos agro-exportadores y sus efectos económicos y territoriales, ver R. M. Morse, «El desarrollo de los sistemas urbanos en las Américas durante el siglo XIX», en J. E. Hardoy, R. P. Schaedel (eds.), *Las ciudades de América Latina y sus áreas de influencia a través de la historia.* Buenos Aires: Sociedad Interamericana de Planificación (SIAP), 1975, pp. 263-290.

[8] C. Rangel, *Del buen salvaje al buen revolucionario...*, p. 71.

[9] *Ibíd.*, pp. 107-110.

Rangel exponentes de aquella reivindicación latina tendente a la autoindulgencia. Si bien Rodó y Rojas son exponentes del ensayo arielista, extraña que el autor no haya identificado pensadores que llevaron esta tendencia al terreno propiamente geopolítico y económico, tales como el peruano Francisco García Calderón y el argentino Manuel Ugarte, entre otros[10].

Algo más tolerante fue Rangel con la noción de «raza cósmica» que ideara y predicara José Vasconcelos a propósito de los habitantes de las repúblicas mestizas que enfrentaban los desafíos de la masificación del nuevo siglo, como para zanjar y sintetizar la sempiterna pugna de «*latinidad* contra *sajonismo*»; aunque aquél finalmente la tildó de «fábula», acogiéndose, de manera algo simplista, al diagnóstico de Octavio Paz[11]. Conviene en este punto recordar que, como promotor de la reforma educativa y artística que siguiera a la Revolución, el autor de *La raza cósmica* (1925) y *Ulises criollo* (1936) ciertamente fue el adalid para que el lema positivista del México del porfiriato, «Amor, Orden y Progreso», fuese sustituido por el más secular y todavía vigente, «Por mi Raza hablará el Espíritu», epítome de su mesianismo mexicano y panamericano. Pero la crítica del autor de *El laberinto de la soledad* (1950) a Vasconcelos no se da tanto por lo fantasioso de su propuesta, sino por lo personalizada y desvinculada que ésta permaneció con respecto a otras corrientes del pensamiento contemporáneo[12].

Estableciendo, de manera nuevamente atrevida pero igualmente penetrante, un parentesco entre discursos heterodoxos en términos ideológicos y genéricos, que parecieron empero compartir propósitos de reivindicar la latinidad humillada por el nuevo siglo, concluyó Rangel que, bajo la égida

[10] Me refiero a F. García Calderón, *Latin America: its Rise and Progress* (1913), y M. Ugarte, *El porvenir de la América Latina* (1911), los cuales he comentado en A. Almandoz, *Urbanismo europeo en Caracas (1870-1940)*, pp. 150-155.

[11] C. Rangel, *Del buen salvaje al buen revolucionario...*, pp. 116-118.

[12] O. Paz, *El laberinto de la soledad*, p. 138. Paz allí mismo justifica su crítica en los siguientes términos: «Por desgracia, la filosofía de Vasconcelos es ante todo una obra personal, al contrario de lo que acontecía con liberales y positivistas, que continuaban vastas corrientes ideológicas. La obra de Vasconcelos posee la coherencia poética de los grandes sistemas filosóficos, pero no su rigor; es un monumento aislado, que no ha originado una escuela ni un movimiento».

marxista de posguerra, el arielismo terminó siendo descartado por la intelectualidad latinoamericana como explicación del atraso continental frente al triunfo del materialismo sajón:

> Rodó y su libro han ido a parar al basurero de la historia, enviados allí por quienes inventaron ese destino para cosas mucho más trascendentes que Ariel. El marxismo llena ahora para América Latina las mismas funciones que cumplió el manifiesto de Rodó, y lo hace infinitamente mejor, con referencia a una cosmovisión potente y totalizadora, encarnada además no en una mítica Atenas, ni en una desvencijada «latinidad», sino en un centro de poder que es un rival verdadero y actual de los EE.UU[13].

Aunque ya para los setenta la Unión Soviética se había impuesto muchas veces como un Calibán tanto o más abominable que el que acechara en las metáforas arielistas –valga sólo recordar, después del totalitarismo estalinista, el aplastamiento de la revolución de Hungría en 1956, el levantamiento del muro de Berlín en 1961 y el sofocamiento de la Primavera de Praga en el 68– bien denunció Rangel la fascinación obsoleta con la utopía marxista de la que todavía sufría la intelectualidad latinoamericana para cuando escribiera su libro, seguramente sin sospechar que su propio país devendría baluarte de ese anacronismo en el siglo siguiente. A pesar de lo penetrante e inexplorada de la asociación que el autor estableciera en este sentido, quizá resiente el lector humanista del libro la dureza con la que el arielismo es por momentos tratado, debido a la heterodoxia de sus fuentes filosóficas y literarias para enfrentar la amenaza del materialismo novecentista. En este sentido, por haber sido coetánea del discurso de Rangel, resulta interesante mencionar que otra clave para entender el arielismo se encuentra en el ya referido ensayo «Somos hispanoamericanos», donde Uslar señalara que uno de los rasgos de nuestra identidad continental está en haber producido una literatura en «continua y generalizada actitud de insurgencia», para lo cual «se invocan principios o doctrinas, recientes o viejas,

---

[13]   C. Rangel, *Del buen salvaje al buen revolucionario...*, pp. 122-123.

venidas de fuera, pero se las mezcla con la mitología local y la realidad existencial»[14]. Y era esa rebelión frente al materialismo, encarnado para el novecientos en el Calibán anglosajón, la que los aristarcos modernistas quisieron expresar en sus formas y argumentaciones eclécticas, aunque algunos de sus herederos de entreguerras, como Pedro Manuel Arcaya y Jesús Semprún en Venezuela, advirtieron pronto que los Estados Unidos era más bien una suerte de Próspero que arrostraba al totalitarismo europeo[15].

31. La crítica a algunas de las vertientes modernas derivadas del marxismo es otro de los frentes analíticos en *Del buen salvaje...*, cuyo autor pareció tener en mente a la escuela de la Dependencia cuando objetó, como lo hiciera con el arielismo en tanto justificación por el fracaso frente al supuesto materialismo de Calibán, la hipótesis que sostenía que «el subdesarrollo latinoamericano ha sido producido por el imperialismo desde 1492 en adelante, y que simplemente españoles, ingleses, franceses y norteamericanos se han ido relevando en el papel de protagonistas principales de un mismo proceso *subdesarrollante*»[16]. En este sentido, Rangel bien estableció, a través de uno de los más interesantes aportes del libro, que las nociones de imperialismo y dependencia no fueron propias de Marx y Engels, quienes poca atención prestaron a las desigualdades entre naciones y a las regiones periféricas del mundo, sino más bien del revisionismo introducido por Lenin, quien desde 1917 necesitaba explicar el atrasado caso de Rusia[17].

Recordemos que la escuela de la Dependencia partía precisamente de estas fases de dominación colonial, capitalista e imperialista para construir su matriz histórica de relaciones centro/periferia. A partir de allí desarrollaba, con respecto al proceso urbano, argumentaciones sobre la debilidad de las redes

---

[14] A. Uslar Pietri, «Somos hispanoamericanos», en *Fantasmas de dos mundos*, p. 250.
[15] Nuevamente, he resumido este giro en A. Almandoz, *Urbanismo europeo en Caracas (1870-1940)*, pp. 153-155.
[16] C. Rangel, *Del buen salvaje al buen revolucionario...*, p. 71.
[17] *Ibíd.*, pp. 125-133.

territoriales coloniales, sólo fortalecidas en la etapa republicana según las necesidades de penetración de las inversiones europeas y norteamericanas. También estaban los postulados sobre una «urbanización dependiente» que, en el siglo XX, no habría obedecido a las necesidades de las dinámicas económicas internas, sino a los efectos migratorios inducidos por el capital extranjero[18]. Por el contrario, la crítica liberal de Rangel apuntaba a las bases mismas del aparato ideológico dependentista cuando denunció, en vista del ventajoso crecimiento económico de la Latinoamérica de la posguerra, que «la mala distribución del ingreso», la «deficiente administración de los recursos disponibles», o la incapacidad para «enfrentar la explosión demográfica que marginaliza vastos sectores de su población y derrota el crecimiento del producto económico», eran razones internas que no permitían endilgar las causas de la fracasada modernización latinoamericana a las potencias industrializadas[19].

Visto más de tres décadas después de su publicación, *Del buen salvaje al buen revolucionario* no sólo evidencia gran interés y actualidad, sino también coraje y denuedo, porque sacudió las bases de un establecimiento político de izquierda, que en los años setenta alimentaba a buena parte de la intelectualidad «comprometida» al sur del río Bravo, como parece hacerlo de nuevo a comienzos del siglo XXI. Bien resume Aníbal Romero en este sentido: «Con admirable lucidez Rangel sometió a cirugía los mitos que tranquilizan las conciencias latinoamericanas. Si asumimos que tales mitos son espacios sicológicos que ofrecen refugio para orientarnos en la vida, es comprensible que la implacable crítica de Rangel haya horadado una cultura política complaciente y extraviada en sus espejismos»[20]. Por lo demás, al abordarlo como ensayo, en lugar de la «lectura ofendida» que provocara en peñas izquierdistas Rangel como autor reaccionario que parecía renegar de

---

[18] Recordemos en estos sentidos, respectivamente, las ya mencionadas obras de M. Castells (ed.), *Imperialismo y urbanización en América Latina*; A. Rofman, *Dependencia, estructura de poder y formación regional en América Latina*; A. Quijano, *Dependencia, urbanización y cambio social en América Latina*.
[19] C. Rangel, *Del buen salvaje al buen revolucionario...*, p. 74.
[20] A. Romero, «Del buen salvaje al buen revolucionario», *El Nacional*, Caracas: noviembre 1, 2006, p. A-6.

sus congéneres, puede más bien verse en su libro, como señala Nelson Rivera, el «demorado y solitario recorrido a través de una historia de reveses y desaciertos, sólo porque el hombre que observa lo hace con específica sensibilidad»; tal perspectiva permitió a ese melancólico y solitario intelectual que Rangel fue en aquellas décadas revolucionarias, escrutar y «descifrar el mapa de un continente que ha vivido en sus entrañas desvaríos y desilusiones, una y otra vez»[21].

32. A título ilustrativo de la visión demoníaca que tuviera de los Estados Unidos y de la recriminación que a éste hiciera la intelectualidad por el subdesarrollo latinoamericano, quiero referir finalmente al fascinante análisis de los *comics* que Ludovico Silva desplegara en *Teoría y práctica de la ideología* (1971); autor cuya obra por lo demás antecede y excede la mera contraposición a la tesis de Rangel, creo que en esta crítica caricaturesca se desplegó no sólo cierta visión de la sociedad de masas, sino también quizás el talante más ensayístico del filósofo y comunicador. Al extender hasta tópico en apariencia tan baladí sus resonantes exégesis del marxismo –difundidas y apreciadas en las universidades y bohemias de los sesenta y setenta– los «supuestos» o premisas ideológicos sobre los que descansaban las tan populares tiras cómicas de la segunda posguerra fueron develados por Silva ante un público venezolano que, en su americanizada masificación, las había leído hasta entonces con demasiada inocencia quizá.

> Si en las historietas aparecen siempre los chinos (y en otro tiempo, japoneses y alemanes) como los elementos del mal, los delincuentes, y a su vez los norteamericanos como los elementos del bien (¡los policías!), se da *por supuesto* que el chino, mientras sea comunista, será malo; y el norteamericano, salvo que sea comunista, será bueno. Otro supuesto: el sistema capitalista es el ideal. Otro supuesto: patente en Tarzán y El Fantasma: la raza blanca occidental es la «mejor», la buena, la civilizadora. Otro supuesto: que el *american* (*sic*) *way of life* es el mejor de to-

---

[21] N. Rivera, «El escrutinio del melancólico», Papel Literario, *El Nacional*, Caracas: noviembre 19, 2005, p. 1.

dos. Otro supuesto: que la mejor manera de llegar a la grandeza personal es iniciándose como los niños de los *comics*, que todo lo transforman en mercancía, todo lo ponen en venta a cambio de dinero. Y así, supuesto tras supuesto, se crea una gigantesca red oculta, como una malla interna que constituye el cuadro ideológico sugerido o «supuesto» por los *comics*. No queda otro remedio, para detectar esa ideología que practicar la nietzscheana «sicología del desenmascaramiento[22].

Las razones por las que Silva confirió tanta importancia al cómic se remontan al evangelio marxista mismo: partiendo de que en *El capital* se estableciera que el capitalismo es una suerte de religión de la vida diaria, el autor venezolano identificó los valores de los antihéroes de papel como refuerzo del fetichismo mercantilista en la conciencia infantil y adulta: «Los *comics* constituyen un excelente laboratorio para comprobar la existencia de esa sutil religión, esa mitología diaria». A partir de ahí Silva arremetió en un análisis lúcido y penetrante, pero sesgado y maniqueo, de diversas comiquitas que terminaron siendo reducidas a las categorías del marxismo y la Guerra Fría. Pensando sobre todo en el público infantil cuya conciencia se formaba con la mitología de las tiras, el autor sólo veía con buenos ojos a la entonces tan en boga Mafalda, de Quino, cuyo mensaje «subversivo e inteligente» llevaba al lector a entender que «la cosa mejor del mundo no es montar una venta de limonadas, como hace el imbécil de Henry, con su cabeza pelada, llena de representaciones mercantiles», sino a inquirir por el mundo y sus valores[23]. Recuerda en este sentido Silva los planteamientos marxista y existencialista del Marcuse de *El hombre unidimensional* (1954), por lo que respecta a la conquista de la conciencia «desgraciada» perpetrada por el capitalismo, para ser sustituida por la conciencia «feliz»[24].

A la luz de esta crítica marxista, los personajes de las tiras más exóticas son desenmascarados para confrontarlos

[22] L. Silva, *Teoría y práctica de la ideología* (1971). México: Editorial Nuestro Tiempo, 1978, p. 124.
[23] *Ibíd.*, pp. 126, 130.
[24] H. Marcuse, *El hombre unidimensional* (1964), trad. A. Elorza. Barcelona: Editorial Seix-Barral, 1972, pp. 112-113.

con la antinomia entre el mercantilismo y materialismo norteamericano –aunque también del Norte blanco, en el sentido positivista que venía del siglo XIX– y la relativa inocencia de los países atrasados, más que de América Latina. Así por ejemplo, instalado en el «corazón del Tercer Mundo», el empeño de El Fantasma sería «constituir la avanzada del capitalismo en las regiones subdesarrolladas, en las que tiene la ventaja de ser él el único poseedor del secreto del oro, junto con dos o tres nativos que le hacen el juego y otros tantos que le sirven de correo saltando de árbol en árbol, de gobierno en gobierno...». Una lógica similar de colonialismo y explotación estaría detrás de Tarzán, quien es «legítimamente un salvaje... pero es blanco». En el análisis del famoso personaje de Edgar Rice Burroughs, la virulenta interpretación de Silva despliega casi toda la artillería antiamericana y antiimperialista de los intelectuales denunciados por Rangel:

Tarzán es una especie de agente de la *CIA* destacado en un extremo límite del subdesarrollo, cuya misión es la de mantener en lo posible la situación de subdesarrollo allí existente, que es condición *sine qua non* para que esas regiones cumplan el papel de «reservas» utilizables por el gran poder imperial. Eso hacen lo tarzanes reales, claro está, y los innumerables fantasmas que operan en todos nuestros países. En cambio, el Tarzán de la historieta tiene un fin más sutil (en lo cual es ayudado por innumerables congéneres, por la prensa, la radio y la televisión), o sea, acondicionar las mentes de los niños –y de los grandes– para aceptar ese orden de cosas en el que son los representantes del gran imperio económico-militar, los únicos verdaderamente capaces de solucionar los problemas de los pueblos atrasados, en los que nunca se encuentran especímenes humanos tan dotados como, por ejemplo, Tarzán o El Fantasma. Ello, porque los pueblos atrasados son más indigentes, menos laboriosos, son congénitamente perezosos, son «tropicales», etc., etc., lo cual requiere inevitablemente la intervención de un hombre del Norte que se ocupe de sus intereses y los maneje, que explote sus riquezas y las distribuya a su manera, y que además de eso se complazca viendo como son de «pintorescos» y encantadoramente «naturales» los nativos...»[25].

Es una cita algo larga pero ilustrativa del pensamiento de Silva sobre el *statu quo* capitalista, derivado de una interpretación positivista y colonialista que puede, ciertamente, haber estado a la base de *Tarzan of the Apes* (1914), popularizado por el cine en 1929. No olvidemos que en ese mundo de entreguerras predominaban todavía los famosos argumentos de Benjamin Kidd y otros autores de entre siglos, sobre los pueblos tropicales en tanto niños de la civilización, que necesitaban la guía de las naciones industriales y prósperas para crecer y madurar, lo cual era un alegato para que los anglosajones y otros europeos establecieran colonias y protectorados en las endebles repúblicas de África, América y Asia[26]. Pero al mismo tiempo, recordando la agrupación que Rangel hiciera de los intelectuales de «nueva ola» en Venezuela y América Latina, quienes asumieran el marxismo como «el sitio donde, dentro de sus áreas de actividad, se está más cómodo consigo mismo y dentro de la sociedad»[27], la lectura que Silva hiciera de Tarzán y otros héroes de comiquita ilustra también el maniqueísmo de la *nouvelle vague* latinoamericana de los sesenta y setenta para interpretar de manera tanto penetrante como reductora las manifestaciones de la cultura de masas.

33. El análisis de Silva alcanzó resonancias más urbanas en personajes que se desenvuelven en historietas menos exóticas y más cotidianas, como en los casos de Lorenzo Parachoques y Donald Duck. Extremando sus vicios mercantilistas, el archiconocido pato fue retratado, en primer plano, como «ese típico hombre medio cuyo destino inevitable es ése: ser el justo medio de vida norteamericano...»; al denunciar los valores del

---

[25] L. Silva, *Teoría y práctica de la ideología*, pp. 133, 146-147.

[26] B. Kidd, *The Control of the Tropics*. Nueva York: Macmillan & Co., 1898, pp. 41-58. Allí el sociólogo británico había establecido que, «al tratar con los habitantes naturales de los trópicos estamos tratando con gente que representa el mismo estadio en la historia del desarrollo de la raza que el niño representa en la historia del desarrollo del individuo. Por lo tanto, los trópicos no serán desarrollados por los mismos nativos» (mi traducción).

[27] C. Rangel, *Del buen salvaje al buen revolucionario...*, p. 240.

self-made man del tío Rico o del dolarizado consumismo de los patitos, Silva desnudó en los coloridos personajes de Disney la voracidad del capitalismo yanqui, blindado con una superestructura ideológica de aparente inocencia infantil; toda «una feroz caricatura, de ferocidad no buscada, de la sociedad más radicalmente mercantil que la Historia haya producido». Partiendo del planteamiento marxista de que el ser humano es el único que tiene a la vez existencia e historia, Silva contrastó también con las intrascendentes rutinas doméstica y laboral de Lorenzo, Pepita, el Jefe y los alienados personajes que los rodean; la futilidad e insustancialidad del *way of life* de éstos tiene clara localización en la anodina ciudad media norteamericana;

> (...) telón de fondo que, en el caso de Lorenzo y su falta de historia, su hacer siempre lo mismo y no variar en absoluto, no significa otra cosa que la subrepticia *eternización* de un sistema de vida en el cual el hombre corriente es muy parecido a Lorenzo Parachoques; un sistema de vida, el norteamericano, que se supone la culminación histórica de todos los sistemas de vida, el perfeccionamiento definitivo de la humanidad, la cual en adelante no necesitará ya cambiar, porque ha encontrado en el capitalismo la manera *eterna* y *natural* de vivir...»[28].

Como todos sus lectores entendemos –porque somos presas también de los tráfagos urbanos– a pesar de sus prisas matinales para estar listo cuando los compañeros de trabajo vengan a recogerlo en el embutido automóvil, Lorenzo siempre llega cansado a la oficina, donde rápidamente cae dormido; pero Silva hizo más que sonreír ante las sempiternas siestas de la criatura de Chic Young, recriminándole no sólo que no hiciera nada por cansancio, sino que sea un fabricante de la nada, un *fainéant* en el sentido sartreano. Y su conclusión fue generalizada al *white-collar* norteamericano: «¿Por qué este empleado hace la nada? Porque trabaja todo el día con papeles de una empresa, sin saber realmente para qué es todo ese tra-

---

[28] L. Silva, *Teoría y práctica de la ideología*, pp. 138, 142-144.

bajo ni a quién irán a parar los beneficios de esa empresa»[29]. Aunque con una condenación existencial menos severa, Marcuse había señalado cómo la creciente proporción de «cuellos blanco» en las fuerzas laborales de las sociedades postindustriales tendía a disminuir el empuje libertario del proletariado, constituyéndose en una de las formas de «contención» social y política afianzadas por el Estado de bienestar. Es la lógica de ese aburguesamiento advertido por el profesor alemán ya residente en Estados Unidos –varias veces invocado por Silva– lo que lleva a éste, de manera algo mediata y simplificada, a denunciar la «infernal felicidad» y la «vacuidad existencial» de la sedicente familia feliz de clase media norteamericana[30], cuya alienación por el trabajo y el consumo la empujan por los derroteros de los sujetos caídos, en el sentido advertido por el primer Heidegger.

No podía quedar exento de esta diatriba el periodista Clark Kent, cuyo destino fue asimismo ridiculizado por Silva en medio del chato paisaje gringo, tan bien representado por los colores planos de las historietas; «es a todas luces la expresión de un tipo de hombre medio norteamericano de un determinado *way of life*, cuya aspiración máxima consiste en devorar un sándwich frente a un televisor y tener un negocio próspero...»[31]. Pero este es sólo un lado de la historieta: aunque el autor no lo haga notar, bien sabemos que el alter ego de Kent cobra vida en medio de las amenazas de la Guerra Fría, que no sólo es la emocionante contraparte de esa cotidianidad inane de cuellos blancos en la que las familias Donald y Parachoque deslizan sus existencias insulsas, sino también la actualización de posguerra del aventurero colonialismo de Tarzán y El Fantasma, quienes pueden ser vistos como formas populares de los Calibanes vituperados por el arielismo novecentista.

[29] *Ibíd.*, p. 139.
[30] *Ibíd.*, p. 140; H. Marcuse, *El hombre unidimensional*, pp. 68-69.
[31] L. Silva, *Teoría y práctica de la ideología*, p. 150.

Postales del Kremlin*

«No hay nada en Ucrania. No sé dónde
queda Ucrania. No hay Unión de Repúblicas Socialistas Soviéticas. ...No hay
Trotsky... ¡No hay Stalin! ... ¡No hay Lenin! ¡No hay nada!»

Pío Miranda al final del acto II,
El día que me quieras (1979),
de José Ignacio Cabrujas

34. La Guerra Fría y su mundo polarizado ha sido bastidor de las secciones anteriores, pero reaparece aquí a través de la crónica viajera de Juan Liscano y Uslar Pietri, dos
grandes humanistas del siglo XX venezolano que nos legaron
algunas de las cada vez más escasas páginas de un género
literario en trance de ser asimilado por la industria turísti-
ca. Ambos habían conocido y hasta cierto punto padecido el
influjo del arielismo y la fascinación por la Bella Época; pero
también supieron reconocer el predominio de los Estados Unidos como potencia económica y tecnológica vencedora de la
Segunda Guerra[1]. Coetáneos y parientes, don Arturo y don
Juan también sufrieron la pugnacidad de la izquierda venezolana en los años sesenta y setenta, por algunos de cuyos
miembros fueron recriminados de burgueses y conservadores,
más aún en el caso de Liscano por su filiación con AD y por

---

* Al igual que en las dos secciones anteriores, algunos pasajes correspon-
dientes a Uslar fueron presentados en la ponencia «Cultura, civilización y
ciudad en el Uslar otoñal», VII Jornadas de Historia y Religión. Culturas e
identidades de Latinoamérica: homenaje a Arturo Uslar Pietri en el cierre de
su año centenario. Caracas: Universidad Católica Andrés Bello (UCAB), mayo
14-18, 2007.
[1] He desarrollado esta transición intelectual para el caso de Uslar y otros
intelectuales en «Regreso de Nueva York», en A. Almandoz, *La ciudad en el
imaginario venezolano*, t. II, pp. 77-112.

su poética anacrónica[2]. La curiosidad intelectual y viajera los llevó a conocer allende la cortina de Hierro, donde supieron discernir, con el erudito humanismo y la acendrada madurez de su escritura, entre las bondades y defectos del orbe comunista que sus compatriotas tanto admiraban. No olvidemos que, lejos de ser aristarcos marmóreos y sedentarios, ambos intelectuales siempre fueron viajeros inquietos que buscaron conocer la obra del hombre, por sobre el paisaje natural, en todo contexto y como legado de civilizaciones históricas[3].

En ocasión de asistir a un coloquio de escritores alemanes y latinoamericanos en Berlín a comienzos de los años sesenta, Liscano emprendió un viaje por Europa oriental, en cuyo reporte avizoró, más allá de sus posiciones ideológicas, las limitaciones que el comunismo confrontaría en las décadas por venir. Llegando para entonces en el desprovisto tren soviético, que cruzaba defensas guarnecidas por soldados de ametralladoras terciadas al pecho, la capital de la entonces República Democrática Alemana le impresionó por su paisaje de descampados, intactos todavía desde los bombardeos de 1945, los cuales contrastaban con los distritos en los que se aglomeraban «edificios cúbicos, con muchos ventanales, semejantes al Edificio Polar de la Plaza Venezuela en Caracas». Interesante percepción porque, en efecto, un giro en la modernidad emblematizada por el rascacielos a lo Mies van der Rohe, más que en la semejanza corbusiana que advirtiera el autor de *Tiempo desandado* (1964), emparentaba por entonces a las dos capitales remotas. Construido hacía muy poco tiempo para 1961, el muro le impresionó sobremanera, no sólo como la muestra de dos Berlines y dos Alemanias absurdamente fracturadas, así como de dos sistemas que no podían convivir, sino también

---

[2] Tal como hace notar O. Rodríguez Ortiz, a propósito de Liscano, en «Desesperado por la trascendencia», p. 4: «La gente de los 70 nunca lo tragó del todo: era un intelectual gobiernero y derechista y un poeta negado a la magia y videncia rimbaudiana, o para los otros era un retrógrado que no aceptaba la inmanencia de la literatura».

[3] Para generalizar a ambos lo que a propósito de Uslar señala R. Arráiz Lucca, *Arturo Uslar Pietri o la hipérbole del equilibrio*. Caracas: Fundación para la Cultura Urbana, 2005, p. 112.

como «una confesión de la impotencia socialista para competir libre y pacíficamente con el capitalismo democrático»[4].

Al contrastar con la relativa bonanza del Berlín occidental, el humanista venezolano captó tempranamente una perspectiva premonitoria, de cara a las limitaciones estructurales del comunismo, cuyas conclusiones sólo se difundirían en los años finales de la Guerra Fría: «La verdad es que el marxismo fue ideado por su creador, para ser aplicado en países en pleno desarrollo industrial y capitalista, tales la Inglaterra y la Alemania del siglo XIX, pero la experiencia de los últimos 40 años demuestra que tan sólo echa raíces en regiones donde impera el subdesarrollo económico y cultural»[5]. Allende la cortina de Hierro, el único paisaje que pareció al viajero escapar de aquel fatídico atraso fue la Yugoslavia de Tito; además de ser éste un líder que representaba cualidades diferentes del ya clonado centralismo de Stalin, entre las peculiaridades históricas de esta federación de repúblicas resaltaba que era la Liga Comunista la que había liderado la resistencia frente a la ocupación de las tropas del Eje en 1941, lo que explicaba que la «democracia socialista» de posguerra hubiese elegido su orientación marxista-leninista; situación esta muy diferente para Liscano, a pesar de su visión política derechista y liberal, de la que había imperado en la imposición del régimen resultante en los países que quedaran en el bloque soviético después de la repartición del 45, o del aprovechamiento que había hecho de la coyuntura de Guerra Fría el régimen chino después de la guerra civil; o del viraje represivo y autoritario hacia el comunismo que habían tomado los guerrilleros cubanos después de llegados al poder. Sin importarle en el caso de Tito su orientación marxista, Liscano saludaba la gesta libertaria del comunismo de resistencia frente al fascismo, lo que otorgaba un «acento propio, inconfundible a la Revolución yugoslava», la única que el intelectual venezolano pareció reconocer verdaderamente como tal[6].

---

[4] J. Liscano, «París-Berlín», en *Tiempo desandado (Polémicas, política y cultura)*. Caracas: Ediciones del Ministerio de Educación, 1964, t. I, pp. 349-360, pp. 355-356.

[5] *Ibíd.*, p. 357.

[6] J. Liscano, «Aproximación a Yugoslavia», en *Tiempo desandado...*, pp. 379-389, p. 384.

En esa consideración de la libertad como valor supremo, por encima de diferencias políticas e ideológicas, asoma la esencial inteligencia de un humanista como Liscano, a la vez que el meollo de su crítica a los regímenes comunistas de marras, cada vez más distantes del marxismo y sujetos a las imposiciones del bloque soviético, según las exigencias del polarizado mundo de la Guerra Fría. Por lo demás, valga resaltar la temprana y aguda asociación establecida por el autor entre lo que era entonces el Segundo Mundo, constituido por los países del llamado pacto de Varsovia, y lo que era el subdesarrollo y atraso del que apenas comenzaba a ser conocido como Tercer Mundo; los límites de éste habían sido ampliados por las repúblicas allende la cortina de Hierro, incluso antes del desmantelamiento del muro de Berlín y el colapso de la Unión Soviética a comienzos de los años noventa[7]. Parte de esa mudanza está como penetrante apreciación en aquella postal temprana de Liscano, en la que se adelantaban conclusiones de lo que las repúblicas de Europea Oriental, hoy prósperamente integradas a la Unión Europea, tuvieron que esperar décadas para asimilar y superar.

35. Más de diez años después, otro congreso de escritores llevó a Uslar Pietri a la URSS en 1974, a la sazón director de *El Nacional*. Cargado con toda la historia rusa a cuestas y con la admiración por su creación artística, el autor de *El globo de colores* (1975) no parecía negado a reconocer el inmenso valor universal de la Revolución bolchevique de 1917, así como tampoco, por supuesto, la monumentalidad «extraña» de Moscú; pero sí confesaría su relativa decepción por la imagen de capital monótona que ese Estado comunista produjera:

> Lejos está el tiempo de la primavera bolchevique y de aquella hora breve y extraordinaria de las revoluciones en que todo parece posible. Entraba ahora en la ordenada urbe de un poderoso Estado, en la que todo respira orden, sistema y acatamiento. De todo lo que los occidentales llamamos revolucionario queda

[7] Ver en este sentido la consideración sobre Tercer Mundo y países en desarrollo que puede encontrarse, por ejemplo, en R. Potter y S. Lloyd-Evans, *The City in the Developing World*, pp. 23-25.

poco en el país de la revolución por antonomasia. Lo que aparece es aire de sosegada disciplina. El lugar de los encendidos revolucionarios han venido a ocuparlo grises y eficientes burócratas, que juegan con habilidad el difícil juego del poder mundial frente a los Estados Unidos.[8]

Es una postal crítica del comunismo, pero que todavía suscribe la imagen del leviatán soviético en tanto maquinaria eficiente y disciplinada, aunque los años ulteriores de la así llamada guerra de las Galaxias, cuando Reagan y Gorvachov trataran de frenar la carrera armamentista y espacial, asomaron las obsolescencias y grietas de ese mostrenco aparato administrativo, con oquedades y anacronismos descubiertos después por la *perestroika*. Pero más resaltante que el exceso de disciplina y control, para el otrora diplomático venezolano que había vivido en la Ciudad Luz el auge de las vanguardias novecentistas, así como en el emporio mediático de Nueva York durante la segunda posguerra, la escasez informativa de Moscú resultó ser de los aspectos más sombríos de la capital rusa. Por ello, al establecer el contraste con la incesante actualidad parisina con la que el viajero acababa de reencontrarse, salta la crítica del intelectual sobre el control informativo soviético:

Viene uno de París y siente uno el contraste en la forma más dramática. Aquella muchedumbre desordenada de gentes y vehículos que invade las calles, y las aceras, aquel hervir de voces, de colores, de gesticulaciones y gritos, aquellas vitrinas desbordantes de todos los géneros, aquellas paredes cubiertas de carteles de propaganda con todos los reclamos del alcohol, del erotismo, del viaje, o del espectáculo, aquellos kioskos (*sic*) y puestos de periódicos y libros que desbordan de todas las publicaciones en todas las lenguas del mundo, están borrados del paisaje de la ciudad rusa como por arte de magia. Ni un *affiche*, ni un puesto de periódicos, ni una tertulia, sino gente que camina con un fin, hacia un punto organizadamente[9].

---

[8] A. Uslar Pietri, «Las torres del Kremlin» (1974), en *El globo de colores*. Caracas: Monte Ávila, 1975, pp. 279-306, p. 281.
9 *Ibíd.*, p. 282.

Como ocurre generalmente con la crónica viajera de ciudades, es una postal que hay que leer según los lugares de los que se proviene y que se acaba de visitar, como bien contrasta don Arturo con el París de los setenta en este caso. Porque valga recordar que el mismo autor de *El otoño en Europa* había tenido una impresión menos colorida y actualizada de la capital francesa en la temprana posguerra, a pesar de la fiebre existencialista que había tomado cafés y librerías, en comparación con el cúmulo de movimientos culturales y novedades académicas de Nueva York y otras urbes norteamericanas[10]. Pero obviamente, no sólo la escasa y retrasada prensa que llegaba a Moscú, Leningrado y Volgogrado hicieron que el director del periódico venezolano se sintiera «cortado del mundo», sino que también la obsoleta infraestructura sanitaria de los hoteles le evidenció, a pesar del esplendor de las arañas, los lampadarios y los mármoles, el escaso progreso material de aquella sociedad gregaria. Incluso al presenciar una de las manifestaciones más exquisitas de la cultura rusa, como una puesta en escena de *Giselle* en el Bolshoi, Uslar no dejó de hacer notar detalles delatores de la disciplina y el control desmesurados que deslucen la espontaneidad artística. En medio de un decorado cuyo excesivo realismo llegó a ver tan anacrónico como el de una ópera verista del XIX, a no ser por la hoz y el martillo grabados sobre el escenario, una frágil *prima ballerina* ejecutaba impecables *fouettés*, aunque la «perfección rigurosa del baile le quita el impulso»; el estancado ambiente de los teatros languidecía en una temporada cuya programación sólo incluía *Boris Godunov*, *Eugenio Oneguin* y *La Bohemia*. Con algo de exageración, excusable sin embargo por la penetrante crítica de la desvaída postal que suscribe, a Uslar se le antojó sentirse en una *Belle Époque* anterior a los *ballets* rusos que deslumbraran al París vanguardista, incluso en el Londres del jubileo de Victoria. «Cree uno salir a la fila de fiacres del Covent Garden eduardiano pero desemboca en el Moscú de hoy y aquella oscura muralla al fondo es la del Kremlin»[11].

[10] Tal como lo he hecho notar en A. Almandoz, *La ciudad en el imaginario venezolano*, t. II, pp. 83-86.

[11] A. Uslar Pietri, «Las torres del Kremlin», en *El globo de colores*, pp. 285-287, 293.

36. Esas mismas torres del Kremlin que Uslar refiriera en sus aburguesadas postales soviéticas, cargadas de tonos sombríos, habían coronado las ensoñaciones de varios intelectuales de la izquierda venezolana, cuya peregrinación a las ciudades de Europa oriental buscaba reconocer y confirmar lo que, desde la remota Latinoamérica, solía ser venerado como materialización de la utopía marxista. Así ocurriría en cierto modo a José Ignacio Cabrujas, quien después de presentar su *Juan Francisco De León* en el VII Festival Mundial de la Juventud y los Estudiantes, en la Viena de 1959, emprendería viaje a Moscú. La gran expectativa del joven dramaturgo y director era llegar a la plaza Roja y el Kremlin, «que equivalía a decir el centro del más alto pensamiento político de izquierda y del poder de las fuerzas progresistas del mundo», apoteosis de una postal que vívidamente imaginara Ildemaro Torres a nombre de su copartidario del Movimiento al Socialismo:

(...) sucedió al anochecer y a la imagen fantástica de las cúpulas doradas reflejando la luz de esa hora, se sumaba el hecho increíble de estar ante el mausoleo en que yacían, uno al lado del otro, Stalin con su uniforme de mariscal y Lenin vistiendo el mismo abrigo negro de tantos óleos y esculturas que legara el realismo socialista. Cada viajero y a su manera, tratando de demostrar cuán familiares le eran ese lugar y esa historia, y años después he llegado a pensar que en aquella ocasión, testigo él de la exaltación de los demás y viviendo la suya, y tal vez con todos incorporados en sus recuerdos, debe haber vislumbrado por primera vez a Pío Miranda, ese camarada de la bandera cuidadosamente atesorada en un baúl a la espera del instante supremo, y que enfrentado a su frustración dijera: «A lo mejor nací 50 años antes de lo debido... o a lo mejor se me extravió el mundo...», ese personaje que es espejo invalorable y síntesis magnífica de muchos de nosotros, de cuanto hemos sido y creído[12].

Aunque recreado en la postrera opresión de la dictadura

---

[12] I. Torres, «La diaria evocación de José Ignacio», *El Nacional*, Caracas: octubre 21, 2005, B9.

gomecista en 1935 –año bien definido en la obra por la visita de Carlos Cardel a Caracas, que sirve de anécdota a la trama– el Pío Miranda referido por Torres es el personaje de *El día que me quieras* (1979), suerte de antihéroe criollo que encarna, me atrevo a decir, la pervivencia y el desencuentro peripatéticos con la utopía marxista entre la revoltosa generación a la que perteneciera su autor. Permitiéndonos una licencia teatral al final de un recorrido que se ha basado en el ensayo, tan sólo recordemos que el excéntrico sueño del desazonado personaje había sido llevar a su novia sempiterna, María Luisa Ancízar, a cultivar un *koljosz* de remolachas en Ucrania, en antesala de la visita algún día al Kremlin, para contemplar a Stalin en bienaventuranza. Pero en la epifanía del inefable Gardel en la casa parroquiana de las Ancízar, la noche de su concierto en el Principal, su embrujo cosmopolita convoca para trastocar y replantear, durante la velada surrealista, los mitos familiares y culturales, nacionales e ideológicos. Al final de la trama magistral, huyendo del cataclismo desencadenado por aquel portento masculino que ha socavado toda idolatría soviética, Pío confiesa a los circunstantes el fracaso anticipado de su utopía amorosa en tierras del marxismo. «No hay nada en Ucrania. No sé dónde queda Ucrania. No hay Unión de Repúblicas Socialistas Soviéticas. ...No hay Trotsky... ¡No hay Stalin! ... ¡No hay Lenin! ¡No hay nada!»[13].

Como haciéndose eco quizás del José Ignacio de la bohemia venezolana, el desengaño de Pío Miranda es, en cierto modo, la confesión de una generación que, si todavía se rebelaba contra el imperialismo yanqui, conocía también los desmanes del Calibán soviético. Es también el grito anticipado de una generación de Píos que, a la caída del muro de Berlín y de la URSS, se enfrentaría a una nada utópica, hasta que las ideologías izquierdistas mutaran y se reinvetaran a finales del siglo XX. Asimismo, si bien desde una perspectiva generacional e ideológicamente diferente, contrapuesta con la derecha de Liscano y Uslar, la visión izquierdista de *El día que me quieras* parece retrotraer al tiempo gomecista y bolchevique a

---

[13] J. I. Cabrujas, *El día que me quieras/ Acto cultural*. Caracas: Monte Ávila Editores Latinoamericana, 1997, p. 82.

la vez, buena parte de las tensiones que se sucederían en las décadas por venir, incluyendo la Guerra Fría y los excesos económicos y políticos que tratáramos de revisar en secciones anteriores. En sus insalvables contrastes y brechas con América Latina y Venezuela en particular, estas postales del Kremlin y del mundo comunista aportan claves finales para completar no sólo la relación entre burguesía y proletariado, entre derecha e izquierda y otras tantas antinomias del polarizado mundo de los sesenta y setenta, sino también nos han ayudado a recrear algo del clima ideológico y geopolítico que envolviera al dramático proceso de urbanización sin desarrollo en Venezuela, que esta primera parte del tercer libro ha buscado elaborar a partir del ensayo principalmente.

III
Segregación y odiseas

Este y oeste*

1. Si bien propia de la gran ciudad moderna en general, sobre todo después del taylorismo que penetrara el espacio a partir de la revolución industrial, puede decirse que la segregación contrastante es una de las características de las «metrópolis masificadas» en Latinoamérica desde la primera posguerra. Esa segregación avivó lo que José Luis Romero denominara la «revolución de las expectativas», en la que la burguesía industrial y otros sectores de la sociedad «normalizada» se encontraban con los componentes «anómicos» de la masa: «El migrante recién llegado se parecía al más alto ejecutivo en que los dos querían dejar de ser lo que eran», como resumió el autor de *Latinoamérica: las ciudades y las ideas*[1]. La americanizada burguesía parecía importar modas cada vez más contrastantes con la cultura local, mientras su codiciable consumismo irradiaba un peligroso efecto demostración hacia los sectores «marginales» –para utilizar el término en boga en los años setenta.

---

* Pasajes de esta sección fueron leídos en la conferencia «Modernidad, segregación e imaginario en la Caracas de Punto Fijo», ciclo de conferencias «El tiempo de la modernidad en Caracas», Caracas: Facultad de Arquitectura y Urbanismo (FAU), Universidad Central de Venezuela (UCV), Museo de la Arquitectura y el Diseño, Fundación para la Cultura Urbana, mayo 22, 2007.
[1] J. L. Romero, *Latinomérica, las ciudades y las ideas*, pp. 354, 366.

Algo rezagada en América Latina hasta finales de la dictadura gomecista, puede decirse que Caracas había pasado a ser, desde finales de los años treinta, uno de los escenarios más ostensibles y volátiles de esa segregación socioespacial, donde la avalancha de carros penetró la capital del país petrolero a través de avenidas y autopistas que se prefiguraron en los planes Rotival (1939) y Regulador (1951), los cuales pronto pasaron del academicismo beauxartiano al modernismo funcionalista[2]. Después de la centralidad colonial que llegara a su fin a mediados del gomecismo, los atributos del casco histórico en tanto distrito de espacios públicos se debilitaron más con el crecimiento hacia el este propuesto en el primer plan, así como con la creación de la avenida Bolívar y otros grandes corredores comerciales en las décadas siguientes. Con el modernismo al estilo CIAM del plano Regulador, la centralidad caraqueña se desdobló aún más en múltiples nodos según las diferentes funciones urbanas: el casco cívico-histórico, la plaza Venezuela de pequeños rascacielos, el Chacaíto comercial y de trasbordos; las torres del Parque Central gubernamental, que sucedieran en los setenta a esa suerte de Rockefeller Center que había sido desde los cincuenta el Centro Simón Bolívar, antes de la consolidación de Chuao como distrito de oficinas y corporaciones[3].

Tal despliegue de segregación funcionalista y comunicación vehicular expresa, se hizo al costo de fracturas espaciales y sociales de la urbe; por ello la Caracas esnobista de los sesenta y setenta creció sin prestar mayor atención a los circuitos peatonales, así como desconociendo la esencial necesidad de vida pública en espacios como la plaza, la calle, la acera... Al mismo tiempo, el patrón suburbano de dispersión de las funciones comerciales llevó a privilegiar, acaso más tempra-

---

[2] Remito para este crecimiento a mi propio artículo, A. Almandoz, «Caracas, Venezuela», en M. Ember y C. R. Ember (eds.), *Encyclopedia of Urban Cultures...*, t. I, pp. 495-503.

[3] Reproduzco aquí fragmentos de mi propio texto «Distritos urbanos de Caracas» (septiembre 23, 1990), en *Ensayos de cultura urbana*, prólogo de M. Negrón. Caracas: Fundarte, 2000, pp. 98-104. Una actualización puede verse en A. Almandoz, «Itinerario segregado hacia la Caracas roja», *TodaVía. Pensamiento y cultura en América Latina*, 17, Buenos Aires: Fundación Osde, agosto 2007, pp. 20-25. http://revistatodavia.com.ar

namente que en cualquier otra urbe latinoamericana, el valor de los centros comerciales provenientes de Norteamérica. Porque sabemos que, si bien han sido útiles y cohesionadores en tanto centros de servicios –tal como lo anticipaban ya los modelos de la *neighborhood unit* de Clarence Perry y la *unité d'habitation* de CIAM, dos de los antecedentes del centro comercial (CC), después de las arcadas y *passages* decimonónicos– los *shopping centers* y *malls* pueden devenir también enclaves de segregación y desintegración, dependiendo de su diseño y localización dentro de la estructura urbana[4]. Así, después de la natural inserción del CC Chacaíto como remate de los corredores comerciales de Sabana Grande –de los cuales continuara la diversidad entre chic y bohemia a través de sus locales emblemáticos, como la boutique de Saint-Laurent y el *Drugstore* psicodélico– grados de esa disociación, segregación e inaccesibilidad se sintieron en la monotonía de otros CC de la Caracas «del este»: Unicentro El Marqués, Centro Plaza, Concresa, Paseo Las Mercedes, Ciudad Comercial Tamanaco; como mostrencas mastabas de una secular metrópoli funeraria, ellos fueron agotando el modelo de la capitalidad segregada entre este y oeste, antes de la aparición del metro en 1983.

2. Además de idolatrar y pasear al automóvil como fetiche progresista del país petrolero –tal como se evidencia todavía en nuestros pesados ramales de autopistas, ya desvencijados por el tiempo y la falta de mantenimiento– la profusión de torres y rascacielos, alternados con los templos comerciales, permitieron a la Caracas de la petrodemocracia impresionar engañosamente sobre su modernidad, al igual que a Venezuela sobre su desarrollo. Creciendo en la década de los sesenta a una tasa de 5 por ciento equivalente a unos 85.000 habitantes anuales, a la par que concentraba el 22 por ciento del valor de las obras realizadas por el Estado, el Área Metropolitana de Caracas (AMC) era el «espacio primado» del país y la región central, con 2.183.395 habitantes para 1971[5]. Por ello la me-

---

[4] También me apoyo en A. Almandoz, «Revisitando el centro comercial» (julio
[3], 1998), en *Ensayos de cultura urbana*, pp. 122-126.
[5] R. Estaba e I. Alvarado, *Geografía de los paisajes urbanos e industriales de*

trópoli caraqueña era el escenario más ostensible del supuesto despegue desarrollista venezolano, según el ya comentado modelo de Rostow, en el que no se estaba produciendo empero el avance hacia la madurez, como tampoco la consolidación de una verdadera cultura urbana en la metrópoli de espejismos[6].

Y la bonanza del oro negro deludió a criollos y extranjeros por igual. Además de la inmigración campesina que comenzara a hacerse presente en Caracas desde la irrupción petrolera en los treinta, decenas de miles de españoles, portugueses, italianos y centroeuropeos, así como «turcos» y «árabes» del fenecido imperio otomano acentuaron y colorearon, en las décadas siguientes, la dinámica y el cosmopolitismo de aquella metrópoli súbita y babélica, motorizada y nueva rica[7]. En términos de diversidad espacial, barrios como La Candelaria, Sabana Grande y Chacao absorbieron a muchos de los musiues y paletos, quienes rápido medraron en las más variadas empresas, desde las constructoras italianas que cementaron el furor edilicio del NIN y los grandes proyectos de la Gran Venezuela, hasta las más tradicionales pero mutadas formas del comercio, incluyendo las bodegas y panaderías regentadas por españoles y portugueses. Esa inmigración europea predominante hasta los sesenta daría paso a incontrolados contingentes andinos y caribeños en los setenta, empujados por las crisis latinoamericanas que contrastaban con la bonanza de la Venezuela saudita, todos los cuales terminarían engrosando un sector informal y subempleado que ya había cebado a la migración campesina.

Venezuela, p. pp. 199-200; M. Negrón, «¡Culpables!» (enero 11, 2000), en La cosa humana por excelencia, pp. 343-344, 344.

[6] Ver supra la sección «Despegue sin madurez».

[7] Para este período ya han sido citadas en el segundo libro revisiones de corte urbanístico, tales como L. González Casas, «Modernidad y la ciudad: Caracas 1935-1958». Trabajo de ascenso. Sartenejas: Departamento de Planificación Urbana, Universidad Simón Bolívar (USB), 1997; así como el capítulo de F. Violich, «Caracas: Focus of the New Venezuela», en H. Wentworth Eldredge (ed.), World Capitals. Toward Guided Urbanization. Nueva York: Anchor Press, Doubleday, 1975, pp. 246-292. Más recientemente, el proceso de transformación estructural y arquitectónico de los sesenta y setenta ha sido resumido por el mismo L. González Casas, «Los extraños acordes de una sinfonía metropolitana», en Santiago de León de Caracas 1567-2030. Caracas: Exxon Mobil de Venezuela, 2004, pp. 203-239.

Si la bisutería de los buhoneros había comenzado a ser desplegada en las anchas aceras de las avenidas Urdaneta o Fuerzas Armadas ya para los años sesenta, no había todavía traspasado el centro, ni obstruía el tráfico de los peatones, absortos a la sazón con las grandes vitrinas y titilantes vallas de los locales y marcas comerciales: Savoy, Nivea, Dr Scholl, entre las que recuerdo de la infancia, caminando de la mano de mi madre. Creo que fue más bien hacia los setenta, en las congestionadas aceras de la calle Lincoln, de la avenida Francisco de Miranda y de otros grandes corredores de la Caracas del este, cuando las mercaderías y los carros atravesados hacían saltar cada vez con más frecuencia a los apurados caraqueños hacia las calzadas, donde el tráfico no se movía, como en espera de un metro en sempiterna proyección.

Antes de la inauguración de ese metro en 1983, la red circulatoria de las grandes avenidas, así como la zonificación comercial y residencial, reflejaba en general una segregación entre la Caracas burguesa y «sifrina» del este –para utilizar otro venezolanismo de marras– y la ciudad del oeste, más popular y obrera. Sin embargo, conviene recordar que, a diferencia de muchas otras capitales latinoamericanas marcadas por una segregación socioespacial hemisférica y antinómica, los barrios de ranchos siempre estuvieron yuxtapuestos e intercalados entre los sectores formales y consolidados de la capital venezolana, como también ocurriera en Río, debido en ambos casos a las restricciones topográficas. De manera que este y oeste eran hemisferios entreverados que compartían imaginarios urbanos, como lo probara la historia social plasmada en la literatura.

3. El ensayo venezolano reportó el vertiginoso proceso de urbanización y cambio social, que habría alcanzado punto culminante con el desarrollismo perezjimenista, cuyos efectos espaciales más contrastantes se evidenciaron en la desarticulación territorial de las dos Venezuelas rural y urbana, así como en el consumismo y esnobismo de lo que, apoyándome en Briceño Iragorry, he descrito como las «ferias de vana alegría». También la temprana novelística de la Caracas que se trocaba en metrópoli, desde las obras de Guillermo Meneses

hasta Salvador Garmendia, registró ese proceso de segregación socioespacial, sobre todo a través del itinerario del inmigrante que se iba desplazando desde el centro de pensiones y casas de vecindad, hasta la periferia de superbloques y barrios de ranchos[8].

Descendientes del Juan Bimba rural que se había avecinado en Caracas desde las postrimerías del gomecismo, algunos de esos autores no sólo recrearon los avatares y tropiezos de aquellos paletos en su novelística, sino también en la crónica periodística que registraba, a su vez, los recuerdos de sus propias andanzas intelectuales en la mutante capital a la que acababan de arribar. Quizás no ya con el liquiliqui raído, pero vestido de ese dril blanco que parecía prolongar el atavío dominguero del paisano –«los provincianos no terminábamos de quitarnos el traje de dril blanco almidonado, como si todavía regresáramos de la primera comunión»– ese pariente de Juan Bimba que Salvador Garmendia reconociera en un artículo como «Juan Figueroa», asomaba todavía en algunas boticas, pulperías o bodegas de las parroquias centrales, reducidas en las entrañas y los intersticios de la modernizada capital del NIN:

> Todavía en la Caracas de años cincuenta, era posible distinguir con facilidad, en medio del tejido urbano, al recién llegado de la provincia, aún antes de que abriera la boca. Era la manera de vestir, de andar, de pararse en la esquina; porque el forastero de tierra adentro, no dejaba pasar una esquina sin pararse un rato, no sé si a meditar o a dejar que el tiempo le pasara por delante como si no fuera con él[9].

Paradójicamente, algunos de esos inmigrantes provincianos estaban llamados a constituir los grupos vanguardistas que asumirían la temática urbana, proceso que justamente ocurrió en aquel centro abandonado por las élites capitalinas. En una curiosa manifestación como peña, tal fue el caso de

[8] Ver en este sentido A. Almandoz, *La ciudad en el imaginario venezolano*, t. II, pp. 141-151, 171-192.
[9] S. Garmendia, «La Caracas de Juan Figueroa», *El Nacional*, Caracas: agosto 28, 2000.

Sardio, formado desde finales de los cincuenta por liceístas de los últimos años del Fermín Toro, quienes solían reunirse en los alrededores del cine Ayacucho. Bien lo recordaría González León a propósito de la incorporación de Salvador Garmendia, por aquellos años en que trabajaba en Radio Continente, en un centro caraqueño que sin escapar del control dictatorial, trasuntaba ya una efervescencia anunciante del babelismo de la Gran Venezuela: «Una Caracas plena, en el vivo centro de los acontecimientos, frente al Congreso Nacional, y sin duda, llena de espías en las mesas de las cervecerías, copadas por todas partes, llenas hasta en nuestra imaginación, porque el temor era grande y había que extremar la prudencia»[10].

4. Sin traspasar todavía los límites del distrito central, los descendientes de Juan Bimba también solían reunirse como masa, por ejemplo, en los mítines del Nuevo Circo, que Betancourt calificara como «ágora tradicional de la democracia venezolana», a su regreso del exilio en 1958[11]. Incluso durante las décadas de la expansión metropolitana, esa masa política seguiría congregándose en los grandes cierres de campaña electoral en la avenida Bolívar, o en las romerías adecas de la México... Pero en su lucha por el sustento diario, los pequeños seres de esa masa fraguada en 1945 penetraron más bien los reductos de la estructura urbana de diferentes modos, buscando un «mínimo espacio vital», exhibiendo el tipo de manifestaciones distinguidas por González Téllez, apoyándose en Monsivais:

> Para lograr ese mínimo espacio vital la masa busca ascender y convertirse en legítimo habitante de la ciudad, con ese propósito se cuela por los intersticios del tejido de la trama tradicional y de la nueva trama moderna de la ciudad: ocupa la acera para vender, invade el terreno en el barranco cerca de la carretera, se engancha de la red de electricidad, le recuerda al político sus

[10] A. González León, «Salvador», *El Nacional*, Caracas: junio 8, 2006, A-9.
[11] R. Betancourt, «Discurso pronunciado por el señor Rómulo Betancourt, en el Nuevo Circo de Caracas, el día 4 de julio de 1958», en *Posición y doctrina*, pp. 127-144.

promesas hasta que consigue una ayuda, le pide a la Virgen María un milagro y al cacique Guaicaipuro una curación, le trabaja a los asalariados y adinerados de la ciudad formal en múltiples servicios subpagados, en una hora desgraciada le pide a su familiar con mejor ingreso y este último le pide al patrón[12].

Si las formas políticas, sociales y culturales del clientelismo de Punto Fijo han sido exploradas por una bibliografía creciente, creo que las manifestaciones propiamente urbanas y espaciales de la petrodemocracia lo han sido menos, con excepción de algunas revisiones producidas a propósito de El Caracazo por venir.[13] En términos literarios, tal como ya intenté demostrar en el segundo libro de esta investigación, creo que la urbanización del sujeto popular a través de la temprana novelística metropolitana ocurre en paralelo con su desplazamiento a través de la Caracas en trance de segregación. En este sentido, conviene seguir considerando cómo, después de las tempranas mutaciones de aquel Juan Bimba rural que se transformara en el Mateo Martán urbano, las sucesivas ampliaciones en los itinerarios citadinos de ese sujeto popular, con su nuevo yo urbano, conllevaron intentos por asimilar la complejidad de la estructura metropolitana, llena de contrastes y segregación, así como por familiarizarse con códigos y símbolos de la novelera cultura derivada del petróleo y la americanización.

Creo que las odiseas caraqueñas de todos esos sujetos pueden rastrearse a través de algunas obras emblemáticas de los sesenta y setenta: *Día de ceniza* (1963), de Salvador Garmendia; *Las 10 p.m. menos nunca* (1964), de Ramón Bravo; *País portátil* (1968), de Adriano González León; *Piedra de mar* (1968), de Francisco Massiani; *Cuando quiero llorar no lloro* (1970), de Miguel Otero Silva (MOS); *Historias de la calle Lincoln* (1971), de Carlos Noguera; *Setecientas palmeras plantadas en el mismo lugar* (1974) y *D* (1977), de José Balza; *No es*

---

[12] S. González Téllez, *La ciudad venezolana...*, p. 97.
[13] Tales como, por ejemplo, el trabajo de M. P. García-Guadilla, «Configuración espacial y movimientos ciudadanos», en T. R. Villasante (coord.), *Las ciudades hablan. Identidades y movimientos sociales en seis metrópolis latinoamericanas*. Caracas: Nueva Sociedad, 1994, pp. 51-69.

tiempo para rosas rojas (1975), de Antonieta Madrid, y *Abra-palabra* (1979), de Luis Britto García, entre otras. Si bien algunos de los personajes de esas obras provienen de provincia, la realidad metropolitana se impone como algo más que el escenario de las acciones de aquéllos, pasando a ser sustrato determinante de la odisea cotidiana. Por sobre las distancias generacionales y estilísticas, temporales y locacionales de tales obras, los fetiches de la modernidad y el consumismo urbanos de la Venezuela de Punto Fijo –del viaducto a la valla, del güisqui al restaurante y el centro comercial– marcan las andanzas de los ulises del este y del oeste caraqueño. Sus odiseas a través de la segregación metropolitana, así como los cantos de sirena que los extraviaran a través de engañosas formas de modernidad, son hilos conductores del viaje a desarrollar en esta parte.

Centro que se hace oeste*

> «Tuve que reconocer la ciudad varias veces en todo ese trecho. Encontré el mismo centro cada vez; el único organismo vivo, oscuro, formado de memoria y sangre, pero hubo modos diferentes de llegar a él...»
>
> SALVADOR GARMENDIA,
> «Veinte años de calles, ruidos
> y superficies», en *Así es Caracas* (1980)

5. Para el Salvador Garmendia que, sin dinero y con la «lerdura del provinciano» a cuestas, había llegado de Lara a las pensiones del Guanábano y Caño Amarillo en 1948, la «perenne exaltación» de Sardio y la publicación de *Los pequeños seres* habían ayudado en parte a dejar de lado «el frío hedor de las pensiones», mientras le permtían reconocer otros sectores y parroquias de la hidra metropolitana; porque, tal como confesaría más de dos décadas después de su arribo a la capital: «No imaginaba en esos años inocentes, que una ciudad pudiese tener muchas cabezas, todas diferentes entre sí y Catia era una de ellas, que pensaba y hablaba a su modo, de una manera inconfundible». Era una mudanza parroquial del inmigrante y un cambio de bastidor novelesco que también correspondería a la mutación del pequeño ser al habitante, así como lo era del domicilio intelectual de Sardio al Techo de La Ballena[1].

A pesar de estar enclavados, como su autor, en el cen-

---

* Una versión esquemática pero de más alcance de esta y la siguiente secciones fue presentada como ponencia: «The Movement of Lower-Class People throughout Bourgeois Caracas: the Testimony of Novels, 1920s-1970s», Eigth International Conference on Urban History. Estocolmo: European Association of Urban Historians (EAUH), Universidad de Estocolmo, agosto 30-septiembre 2, 2006.

[1] S. Garmendia, «Veinte años de calles, ruidos y superficies», en S. Mendoza (ed.), *Así es Caracas*. Caracas: Editorial Ateneo de Caracas, 1980, s.p.

tro capitalino diezmado y preterido, los tempranos personajes garmendianos esbozaron odiseas progresivas en pos de sus rutinas laborales. Ya algunos de *Los pequeños seres* (1959), habitantes muchos de ellos de cuartuchos o viviendas de alquiler en el deteriorado centro de los años cincuenta, veían en sus recorridos por las urbanizaciones, «pesadas mansiones rodeadas de jardines ociosos y árboles comprimidos en sus costados». Desde las ventanillas de los carros o autobuses en los que atravesaban los distritos de la capital expansiva, contemplaban las quintas que «mostraban sus balcones cerrados, sus columnas, sus frisos blancos y hacían pensar en interiores huecos, galerías despobladas, canceles de cristales amarillos y faldones colgantes de cielorraso, en salas espaciosas sin ruido de pisadas». Eran formas del hábitat moderno cuyas intimidades no les eran del todo desconocidas, ya que varios de los pequeños seres garmendianos acuden a esas quintas a prestar servicios domésticos, cuando no pasan allí las jornadas como sirvientes; estaban a todas luces decoradas con más lujo y equipadas con más confort que las viejas casonas de los pueblos y ciudades de los que provenían, que algunos de *Los habitantes* (1961) recuerdan súbitamente en las incursiones que hacían en urbanizaciones y avenidas de la ciudad[2]. Pero puede decirse que esa urbe burguesa permanecía al mismo tiempo distante e inasequible, tal como lo confesó el Garmendia que viviera en las alturas del observatorio Cagigal, quien ya era en parte el autor de los habitantes: «La ciudad, debajo, era una miniatura alegre, que de manera misteriosa se mantenía apartada del viento que pasaba silbando con furia por encima de nosotros; el óvalo verde del hipódromo, los techos afrancesados del (*sic*) Paraíso, las plazas y los puentes...»[3].

Posteriores personajes de Garmendia, especialmente los disipados seres de *Día de ceniza*, parecen ampliar sus itinerarios a través de la ciudad del consumo, apropiándosela con más soltura y desenfado. Los pequeños seres habitaban y deambulaban todavía por el Beyrut, el Barcelona y otros hote-

---

[2] S. Garmendia, *Los pequeños seres / Los habitantes*. Caracas: Monte Ávila Editores, 1979, pp. 13, 257.
[3] S. Garmendia, «Veinte años de calles, ruidos y superficies», en S. Mendoza (ed.), *Así es Caracas*, s.p.

les repletos de inmigrantes, ubicados en parroquias «de casas ancianas»[4]; aunque también acuden a Las Tres Potencias y a otras cervecerías y bares del centro, los personajes de *Día de ceniza* y *Los habitantes* confluyen ya en el Gran Café de Sabana Grande, en el Baviera y en el cine Paraíso; e incluso las juergas nocturnas los llevan a amanecer, de vez en cuando, en algún «barrio elegante»[5]. Más osadas en sus excursiones a través de la Caracas burguesa, algunas criaturas del segundo Garmendia parecen empujadas por la masa en trance de urbanización, que las deslastraba del atávico temor de los paletos, mientras atravesaban la ciudad en su «Buick rechoncho, que bramaba por el escape libre»; como en prefiguración de la Venezuela saudita, motorizada y bebedora, en sus estridentes andanzas agitaban ya la botella de *White Label*[6], emblema consumista, doblemente importado en esa *dolce vita* de los bajos fondos, cuyos distritos ya no se reducían al centro, como todavía ocurría a los recoletos pensionistas de Meneses. Al igual que comenzaran a hacerlo Narciso Espejo y Américo Arlequín en las inmediaciones de El Silencio sin renovar, los personajes de *Día de ceniza* llevaban ahora su rutina, incluso la festiva, a otros distritos que cambiaban de piel; sus extrapolaciones formaban parte de ese amalgamiento con la ciudad que no se había alcanzado, según Orlando Araujo, en el «registro y observación, pero sin mezclarse», que mantuvieran los personajes menesianos[7], e incluso los tempranos garmendianos.

6. Algo de la trashumancia del grisáceo elenco garmendiano, así como de la que pudiese llamarse oestización del centro –en el sentido de su deterioro y tugurización en pleno vórtice de la segregación caraqueña– son representados por el sujeto narrativo de *La mala vida* (1968). Exponente de una rama genealógica que no migrara, ese sujeto permanece apegado a las «oscuras y descorazonadas» calles de Santa Rosa-

---

[4] S. Garmendia, *Los pequeños seres / Los habitantes*, pp. 57-71.
[5] *Ibíd.*, pp. 262-263, 273; S. Garmendia, *Día de ceniza* (1963). Caracas: Monte Ávila Editores, 1968, pp. 72, 74, 85-90, 105.
[6] S. Garmendia, *Día de ceniza*, p. 68.
[7] O. Araujo, *Narrativa venezolana contemporánea*, pp. 56-58.

lía y sus pensiones, inmerso en esa su parroquia «de tantos años», de cuyas características, composición y significado en la metrópoli muestra, ahora sí, cierta conciencia, a diferencia de los juambimbas del primer Meneses o del mismo Garmendia recién venido.

Es sabido que los primitivos moradores de estas casas –de cuando la parroquia fue una zona de buen vivir–, escaparon hace tiempo a otros sitios. Hoy todo son hoteles y pensiones que a primera vista parecieran desiertos, bares, pequeñas tiendas y talleres de sastres y zapateros, alguna antigua pulpería rancia y deslustrada; un taller de imprenta, que aún a estas horas deja oír por las ventanas la suave y aceitada mordedura de las prensas. Una tintorería harapienta, herrerías y quincallas[8].

Además de ser postal ilustrativa de la combinación y del cambio funcional en una zona como El Conde, antes de las renovaciones que se emprendieran en los años setenta, pero que dejaran un bajorrelieve de pensiones y talleres que todavía atraviesa todo ese centro oestizado, tal descripción puede ser clave para entender la estancia y perspectiva del sujeto garmendiano en general dentro la metrópoli: quedóse en el centro venido a menos, en una localización que parece disminuirle en posición existencial frente a la próspera ciudadanía del este, en una como analogía del deteriorado presente de las parroquias pintorescas de marras, por contraposición a las urbanizaciones contempladas pero inasequibles, así como a los suburbios excéntricos y flamantes. No olvidemos que, desde su llegada a la capital, el mismo Garmendia nunca pudo desprenderse del balzaciano «olor de pensión» que lo envolviera en La Pastora, Catia y otras parroquias del centro[9]. Con cierta analogía, el fracaso del sujeto narrativo de *La mala vida* parece asociarse con su permanencia en las zonas céntricas: «Siguió tres años de Derecho y abandonó, sin aprobar, el último, para quedarse

[8] S. Garmendia, *La mala vida* (1968). Caracas: Monte Ávila Editores, 1980, pp. 61-62
[9] S. Garmendia, «Encuentros con Balzac», Papel Literario, *El Nacional*, Caracas: marzo 14, 1993.

por allí, trafagando por los sucios pasajes, las esquinas ruidosas, las fondas de chinos, los bares y las pensiones de esa zona desordenada y sin edad que rodea al edificio del Capitolio, poblada de santeros y mendigos, mercancías falsas y gente que discute»; desde ese centro incluso elaborará el sujeto sus menguadas ensoñaciones y proyectos nimios, siempre desde «la calle de una barriada pobre, ruidosa y agitada», poblada de «edificios andrajosos»[10].

A lo largo de más de quince años que ha vivido en esa centralidad ficticia y expoliada, el sujeto garmendiano ha hecho de esa parroquia su *barrio*, con una resonancia que parece adquirir algunas de las características comunitarias que ya la sociología urbana norteamericana, desde la escuela de Chicago hasta Jane Jacobs y Suzane Keller, le reinvidicaran a la cultura barrial en tanto secular ámbito de arraigo en medio de la diáspora y el asociacionismo metropolitanos[11]. Sin embargo, no pudiendo escapar del sombrío objetualismo garmendiano, ese barrio se nos ofrece a la vez como «un cuerpo viejo, a medias desmembrado que se retrae en su agujero, oculta sus muñones, y hace su única mueca ya demasiado conocida»[12]. En este sentido también se asemeja, por su precaria condición dentro de la trama urbana, con la ranchería periférica; ambos ámbitos barriales, tanto los centrales como los marginales, escenifican la *mala vida* de los personajes garmendianos, trasuntando, como el resto del decorado, «una visión desgastada, opaca de la realidad», que acentúan por igual el existencialismo sartreano y la sordidez y viscosidad de su mundanidad[13].

[10]   S. Garmendia, *La mala vida*, pp. 162, 186.
[11]   Es una larga genealogía del pensamiento sociológico que no puede ser resumida, pero que puede ser seguida a través de esas tres referencias: R. Park, «Suggestions for the Investigation of Human Behavior in the Urban Environment», en R. Park y E. Burgess, *The City...*, pp. 7-9; J. Jacobs, *The Death and Life of Great American Cities*. Nueva York: Vintage Books, 1961, pp. 112-140; S. Keller, *El vecindario urbano. Una perspectiva sociológica* (1968), trad. M. Ruiz de Elvira Zubizarreta. Madrid: Siglo Veintiuno Editores, 1975.
[12]   S. Garmendia, *La mala vida*, p. 62.
[13]   Bien resume I. Casique –«Modelos de intelectualidad marginal en la narrativa de los sesenta y setenta», en C. Pacheco, L. Barrera Linares, B. González Stephan (coord.), *Nación y literatura. Itinerarios de la palabra escrita en la cultura venezolana*. Caracas: Fundación Bigott, Banesco, Editorial Equinoccio,

Esa mala vida garmendiana transcurre en sombríos decorados cuyas localizaciones son precisadas por el novelista, en una como extensión urbana de su técnica objetualista: el hotel Imperial, de Pinto a Miseria; la pensión Cantábrica, esquina de Romualda; o el «pequeño café marchito cercano al Teatro Municipal. En aquella atmósfera envejecida (con la muerte de los grandes días del teatro, la calle rezagada del tránsito, acabó enchufada a ese mundillo de agencias de pasajeros, hospedajes, y gestorías, comedero de puticas de mala muerte, y el local vio frustradas sus ilusiones de buen tono) tomábamos café...»[14].

Todas esas locaciones parecen encuadrarse en sectores mutantes del centro caraqueño que se hace oeste, en los «alrededores del Nuevo Circo», la plaza de Capuchinos o la esquina El Conde, en las deterioradas inmediaciones de Quebrada Honda y Los Rosales, que son barrios de «mayoristas y talleres donde ya nada respiraba», sectores cuya transición degradante es delatada por el cambio de usos y la alteración tipológica[15]. En los parajes de ese hemisferio oeste de *La mala vida* pareciera mostrarse lo que el mismo Garmendia confesara después sobre su lento y timorato descubrimiento de la ciudad que sería plasmado en la escritura objetualista y viscosa: ambas se le fueron apareciendo «por trozos», desde «un portal achacoso, sitios donde el relato ha permanecido largo tiempo y forma costras y vellosidades. Volvía a encontrarme metido detrás de los armarios y en los cuartos de atrás de mi casa, al pasar por ciertas orillas de los barrios desalentados y ruinosos»[16].

2006, pp. 605-623, pp. 620-621– tal existencialismo en la estructura y temática del relato: «las obras de Garmendia suponen dificultades de lectura por la fragmentación de las historias, sus detalladas descripciones o crudo realismo, el abultamiento de lo secundario y la lentitud circular del relato contribuyen a generar en el lector la sensación de desesperante inercia que reproducen sus personajes, incapaces de comprender y controlar su propia vida...».

[14] S. Garmendia, *La mala vida*, pp. 109-111, 223.
[15] *Ibíd.*, pp. 124, 126, 131, 147, 188, 210.
[16] S. Garmendia, «Veinte años de calles, ruidos y superficies», en S. Mendoza (ed.), *Así es Caracas*, s.p. De hecho allí continúa el autor con más claves de su objetualismo urbano: «Pienso, pues, que en algún momento, esta escritura compuesta de roces y olfato, dejada a la intemperie, tuvo que haber pasado a la mano y quedar convertida por fin en objeto visible». (Garmendia, 1980: s/p.).

7. Mucho del objetualismo garmendiano rodea al existencial sujeto de *Las 10 p.m. menos nunca* (1964), quien también arrastra su «pasmosa soledad» por entre los «bares oscuros, miserables, ruinosos y vociferantes del oeste de la ciudad», donde «un ejército de rockolas» voceaba las canciones de las nuevas formas urbanas del desamor y la nocturnidad[17]. El agitado día caraqueño, con sus olores nauseabundos, el incesante «ronroneo de los automóviles» y la procacidad de los buhoneros, lo lleva con frecuencia a detenerse –en una suerte de versión caraqueña de *El túnel* de Sábato– en ensimismados (des)encuentros en cafeterías y pasajes de la avenida Bolívar, Capitolio y otros puntos del centro, donde el fragor de las máquinas *Gaggia* llena los vacíos de los diálogos fragmentados[18].

Aunque no emprende grandes excursiones a través de una urbe cuya dilatación sólo atisba como «estrangulada con sus tentáculos de hierro y de concreto», el sujeto de *Las 10 p.m. menos nunca*, quizás en parte por introducir el «compromiso del absurdo» en la narrativa venezolana, se nos ofrece como uno de talante más rutinario que los céntricos personajes de Meneses o Garmendia, animados a ratos por cierto sentido aventurero[19]. Al mismo tiempo, la urbe parece contraponérsele con despersonalización y mecanización más demoledoras, según él mismo nos confiesa: «Cuando salí la ciudad había vuelto a tomar el ritmo atropellado de la impaciencia y la angustia de todos los seres que marchaban por las calles y la enmarañada madeja de rostros indiferentes, sumergidos en sus preocupaciones, pasaba a los lados sin apenas mirar, como simples autómatas de una futura urbe mecanizada»[20].

Con su bombardeo de estímulos que impelen al ensimismamiento en tanto mecanismo de defensa y supervivencia del sujeto, esas calles de *Las 10 p.m. menos nunca* nos asaltan

---

[17] R. Bravo, *Las 10 p.m. menos nunca*. Caracas: La Muralla, 1964, pp. 52, 77.
[18] *Ibíd.*, pp. 40, 46, 50, 54, 129, 143, 156.
[19] J. Guillent, «Presentación», en R. Bravo, *Las 10 p.m. menos nunca*. Caracas: La Muralla, pp. 7-11, p. 9. El sentido aventurero de los tempranos personajes de Meneses o Garmendia, ver A. Almandoz, *La ciudad en el imaginario venezolano*, t. II, pp. 174-184.
[20] R. Bravo, *Las 10 p.m. menos nunca*, pp. 102, 139.

como escenarios de la muchedumbre que se contrapone al habitante solitario, al tratar éste de preservar su individualidad; se percibe allí una polarización entre los dominios público y privado, que la sociología urbana alemana trató de caracterizar desde Simmel hasta Bahrdt[21]. Invadido por la multitud que se apretuja en las aceras, capaz de extirpar despiadadamente lo que se interponga en su paso; minado por una buhonería que pone diariamente a la «ciudad en subasta», a la vez que brutaliza la circulación, el espacio público alcanza en la obra de Bravo el carácter «invasor» con respecto al «mundo humano», que también ha sido señalado a propósito de las tempranas novelas garmendianas, en las que ese espacio adquiere «categoría de personaje dentro del acontecer»[22].

En el objetualismo de *La mala vida*, por ejemplo, la verruga sanguinolenta de Jimmy, el compañero de trabajo, deviene parte del paisaje de la ciudad lluviosa; asimismo, a pesar de la prisa, el transeúnte se detiene confrontado por el encuentro con restos de comidas y excrementos frescos, acosados por las moscas, lo que súbitamente obtura su comunicación con el espacio público: «La tarde se cierra a mis costados, se estrecha como una caja y me instala al borde de la acera con la plasta y el envoltorio destrozado entre mis pies, los codos en las rodillas y la cara cogida entre las manos»[23].

---

[21] G. Simmel, «The metropolis and mental life» (1903), trad. H.H. Gerth, en R. Sennett (ed.), *Classic Essays on the Culture of Cities*. Nueva York: Appleton-Century-Crofts, Meredith Corporation, 1969, pp. 47-60; H. Bahrdt, *La moderna metrópoli. Reflexiones sociológicas sobre la construcción en las ciudades* (1961), trad. F. Sperber. Buenos Aires: Eudeba, 1979, pp. 47-90.

[22] B. Bilbao, *Salvador Garmendia*. Caracas: Universidad Simón Bolívar, 1990, p. 87; R. Bravo, *Las 10 p.m. menos nunca*, pp. 143, 146.

[23] S. Garmendia, *La mala vida*, pp. 15, 97. Hay muchos pasajes en la novela que ilustran esa cosificación y contraposición entre lo público y lo privado, lo objetivo y lo subjetivo, en medio de la mecanización urbana: «Sólo (*sic*), frente a la calle por donde corre o se reprime un ruido de motores y música de radios, entre el murmullo de la multitud, hay un roce suave en mi interior, un presentimiento cálido que me infunde repentino vigor y que al mismo tiempo se retrae, se ovilla adentro, pretende escamotearse en una contracción de temor como si desconfiara de mis fuerzas, con sobrada razón»/«En la calle, las luces comienzan a encenderse con brillos fatuos y nerviosos. Hay prisa en las aceras (los gruesos tacones de corcho de Clarisa han desaparecido en un revuelo de piernas). El tránsito se atasca, avanza apenas en una pulsación entrecortada»; «acostumbrada caminata hacia mi casa», por una «ruta dema-

Son cuadros garmendianos que parecen cosificar la cultura objetiva a la que se refiriera Simmel, la cual se contrapone a esa suerte de inmanencia del sujeto ensimismado y abúlico; tales cuadros son también manifestaciones de ese «absurdismo existencial» que Medina atribuye a los personajes garmendianos desde Mateo Martán[24]. En el marco de la mecanización metropolitana, esas antinomias entre los dominios de lo privado y público, objetivo y subjetivo, atraviesan así las rutinas novelescas de Bravo y Garmendia, adquiriendo en este último, para González León, visos del detallismo hiperrealista que la *noveau roman* mostrara a través de un Roland Barthes, Michel Butor o Alain Robbe-Grillet[25].

8. Apelando ahora al registro de la crónica y la historia oral, algo del objetualismo y de la marcada segregación de aquella Caracas con la que se había encontrado Garmendia, se respiraba también en la que naciera y creciera Cabrujas, donde el centro y oeste estaban en proceso de integración, diferenciándose a la vez del este burgués. Teniendo en 1937 a José Ignacio de Poleo a Buena Vista, en una esquina hoy perdida entre Miraflores y el palacio Blanco, pero mudándose a los cuatro años a Catia, el propio itinerario de la familia Cabrujas es indicativo de una movilidad espacial, social y cultural de la clase media baja durante el primer ciclo democrático que concluyera en 1945; de entonces databa ese proceso de oestización del centro percibible en un episodio infantil

---

siado conocida», es contrapuesta a la «falla del mecanismo» (p. 36). El «empuje de la multitud», el «grito repetido de una bocina» (p. 37). En Pasaje Capitolio: «Una multitud desaliñada y ruidosa se movía sin parar» (p. 150); «conmoción de las seis de la tarde» (p. 192).
[24] C. Medina, «De la novela de la idea a la novela carnavalesca», en C. Pacheco, L. Barrera Linares, B. González Stephan (coord.), *Nación y literatura. Itinerarios de la palabra escrita en la cultura venezolana.* Caracas: Fundación Bigott, Banesco, Editorial Equinoccio, 2006, pp. 751-761, p. 756.
[25] Tal como ha señalado González León a propósito de Garmendia, «el fino tratamiento del detalle, la conversión en personajes a las lisuras de la luz, las minucias de un rincón, los restos que se aglomeran en las esquinas de los dobleces, la soberanía, en fin, de la palabra sola, creando seres en los estandartes de la riquezas minúsculas», llevaron a Salvador a tratar los objetos como «verdaderas criaturas de los dioses». A. González León, «Salvador».

que marcaría la sempiterna incomprensión cabrujiana ante la urbe desconcertante.

Un día, en mi infancia, extravié el dinero del pasaje y tuve que caminar desde el centro hasta el Oeste, en una peripecia de seis horas. Recorrí la patria, que como todo el mundo sabe, queda a media cuadra de la Plaza Bolívar, atravesé las bisuterías del viejo cine *Rialto* donde solía comprar caramelos, presencié el enigma del fakir Urbano, un ciudadano quiteño que solía ayunar en una urna de vidrio, y la ciudad me desembocó como piedra errática en el arcano sector Federal, donde podían contemplarse ángeles de prominentes pezones y banderas de bronce conmemorativo, amén de un pajarraco marmóreo que, según mi padre, representaba el futuro y tal vez la nacionalidad. Atravesé la estación del ferrocarril, tan naturalista como Naná, e ingresé en el sector de lo que solía llamar Josefa Cabrujas, la vida, esto es, prostitutas y maricas[26].

Allende las consabidas expresiones del humor negro cabrujiano, aflora la consternación que produjera la complejidad de aquel dédalo rocambolesco en la mirada infantil, que era, no olvidemos, capitalina y no provinciana, como sí lo era la de Garmendia. Con el limitado sentido de orientación que la temprana edad permitía, guiado sobre todo por la contundente sucesión de imágenes a lo largo de aquella «marcha hacia el Hades», José Ignacio se dejó rodar en su «rumbo al Oeste», hasta que concluyera en la «calle Argentina, entre 5ª y 6ª avenida, Quinta San Francisco, es decir, hogar»[27]. Ese hogar quedaba en Catia, urbanización popular que no sólo tenía una cultura barrial en el sentido ya identificado por Garmendia, sino incluso comunitario y feudal, tal como se aprecia en el relato que Cabrujas diera a Socorro, sobre cómo se articulaba esa «comunidad fronteriza», delimitada por su propio imaginario y objetualidad, con respecto al centro y el este caraqueños:

[26] J.I. Cabrujas, «La ciudad escondida» (1988), en *Cuatro lecturas de Caracas*, sel. y prólogo de R. Arráiz Lucca. Caracas: Fundarte, 1999, pp. 87-108, p. 92.

[27] *Ibíd.*, p. 93.

Todo sucedía en un lugar que era capaz de autoabastecerse; si yo recuerdo esa etapa de la plaza Pérez Bonalde, lo primero que se me viene a la mente es que el resto de la ciudad no significaba nada para mí. Es más, raras veces nos movíamos de Catia; era una comunidad totalmente fronteriza, amurallada, sin proponérselo porque nadie hizo ese discurso, pero eso era lo que ocurría. Yo me recuerdo caminando por el centro, por los Dos Caminos, por Los Chorros, pero eso eran excursiones, eso era turismo, me movía la curiosidad pero no me involucraba y nadie allí se involucraba con el resto de la ciudad. Catia se autoabastecía de símbolos, de mitos, de vivencias; claro que no de estímulos culturales, para eso íbamos a El Silencio y al Centro Simón Bolívar, íbamos a la librería de Argenis Rodríguez. Pero no había nada allí interesante, había cosas que comprar que no las había en Catia, en Catia no había librerías...[28].

Es una descripción que confirma el sentido comunitario y segregado del barrio, pero a la vez habla de la inevitable y comprensible dependencia cultural del oeste con respecto al centro capitalino; destaca también la connotación de excursión que el este mantuviera, en una especie de relación suburbana que resuena asimismo en los paseos colegiales de *Ana Isabel, una niña decente* (1949), residente de La Candelaria en la novela de Palacios; por supuesto que no era así ya para los acomodados habitantes de La Florida o del Country, tal como se escenifica en las novelas burguesas de Vallenilla Planchart, cuyas boyantes familias se habían instalado en esas mismas urbanizaciones desde finales del gomecismo[29]. Pero incluso el mismo José Ignacio tuvo muy pronto que despojar al este de esa condición suburbana, aunque no dejara éste de representar un hemisferio segregado con respecto a su distrito residencial: cuando comenzara a estudiar en el colegio San Ignacio,

[28] M. Socorro, *Catia, tres voces. María Carrasquel Rivas. Henrique Hernández Mujica. José Ignacio Cabrujas*. Caracas: Fundarte, 1994, p. 63.
[29] A. Palacios, *Ana Isabel, una niña decente* (1949). Caracas: Monte Ávila, 1989, pp. 79-93; las novelas de Vallenilla Lanz, hijo, son las ya referidas *Allá en Caracas* y *Fuerzas vivas*. He tratado de reconstruir este proceso de urbanización hacia el este, utilizando algo del imaginario de la novela y la crónica de viajes, en A. Almandoz, *Urbanismo europeo en Caracas (1870-1940)*, pp. 255-260.

donde ninguno de los niños vivía en el «degredo» del oeste, Cabrujas pudo a diario experimentar la segregación de aquella ciudad como una «primera esquizofrenia» que reconocería ante Socorro muchos años después.

> Cuando era muy pequeño mi mamá me iba a buscar a las cuatro de la tarde y de allí me llevaba al autobús, cerca de Caño Amarillo, y llegábamos a Catia. Cuando ya llegábamos a la avenida Sucre –que no se llamaba así, sino Calle Principal– empezaba a notarse el mundo buhoneril, el de las lucecitas mortecinas, y todo se definía cuando llegábamos a la parada de autobús, que era la ruta hacia Catia, porque había una venta de fritos (...) A partir del frito empezaba Catia...[30].

Resulta por demás significativo que los buhoneros y las fritangas, dos imágenes tan asociadas al centro-oeste caraqueño –pero que se harían características de la metrópoli por venir en general– fueran los límites sensoriales establecidos por la imaginación infantil entre las dos ciudades de la rutina diaria. Por un lado estaba Catia como epicentro de ese hemisferio oeste, adonde se regresaba después del colegio, «mundo carnal» marcado por la música de Celia Cruz y la Sonora Matancera, dominio barrial poblado de «perdedores», entre los que se encontraban la pandilla de amigos de la plaza Pérez Bonalde, «rudos, vulgares, agresivos, astutos»... Por otro lado estaba, en las horas diurnas e iluminadas del colegio jesuita, ese hemisferio este donde se estudiaba, «donde estaba la gente que había triunfado en la vida, que tenía modales finos», como Henry Lord Boulton y su familia, cuya prolija domesticidad fue visitada por José Ignacio gracias a su afortunada esquizofrenia colegial.[31] Por eso, a pesar de los afectos y las querencias más primarias, Catia era una mala vida, en el sentido garmendiano, de la que había que migrar, como lo haría pronto José Ignacio, acompañado de personajes novelescos, pero sin romper del todo las segregaciones social y funcional entre el centro que se hacía oeste, por un lado, y el este burgués y bohemio, por el otro. Porque

[30] M. Socorro, *Catia, tres voces...*, p. 75.
[31] *Ibíd.*, pp. 76-80.

allende la migración y las dimensiones de la segregación, oeste y este permanecerían como dos *côtés* de ascendencia proustiana, salvando las distancias. ya que marcarían los sustratos más fundamentales de la memoria y psicología del sujeto narrativo y ensayístico en su odisea a través de la Caracas secular.

Hacia Sabana Grande y más allá*

«Siempre que llego a Sabana Grande camino como un desgraciado desde Chacaíto hasta el Cine Radio City»

Francisco Massiani,
Piedra de mar (1968)

9. Incrustada en la segregada urbanización que se expandía hacia el este, Sabana Grande había pasado a ser, desde la dictadura de Pérez Jiménez, la principal de las pocas zonas bohemias y heterogéneas, que asumían funciones de la centralidad caraqueña, en proceso de desconcentración desde finales de los años treinta[1]. Era un ambiguo distrito que combinaba la sofisticación comercial y el pintoresquismo de la inmigración europea, con el «submundo de las 'malas ocupaciones'» –«crímenes pasionales, homosexualidad, prostitución, alcoholismo, toxicomanía y alta frecuencia de relaciones extraconyugales»– bien captados por Rodolfo Quintero como

---

* Una primera versión de esta sección y la siguiente fue presentada como conferencia invitada en el II Coloquio Transdisciplinario Alejandro Colina. Caracas Mediática, Territorial y Espacios Virtuales, Caracas: Instituto de Investigaciones de la Comunicación (Ininco), Facultad de Humanidades y Educación (FHE), Universidad Central de Venezuela (UCV), Fundación Alejandro Colina, noviembre 19-21, 2003. Dicha conferencia fue arbitrada y publicada como A. Almandoz, «Segregación, violencia y contracultura. Acercamiento a los sujetos de la narrativa caraqueña de los años sesenta», en C. Colina (comp.), *Ciudades mediáticas. Aproximaciones a Caracas desde la comunicación y la cultura*. Caracas: Fundación Alejandro Colina, Consejo Nacional de la Cultura, Comisión de Estudios de Postgrado (CEP), Facultad de Humanidades y Educación (FHE), Universidad Central de Venezuela (UCV), 2005, pp. 203-219.
[1] He tratado de caracterizar la funcionalidad y el significado de Sabana Grande en A. Almandoz, «Distritos urbanos de Caracas», en *Ensayos de cultura urbana*, pp. 105-110.

componentes del «mal vivir» que se diversificara y segregara por la urbe con la cultura petrolera[2]. Sabana Grande desplegaba así, en la metrópoli novel, un bastidor menos cénrico y provinciano, más aburguesado y mundano, de la mala vida garmendiana.

Incluso durante los vigilados años dictatoriales, esa combinación heterogénea y decadente de Sabana Grande la había convertido en agitado «corazón» de las nuevas formas de modernidad cultural, con mucho de esos atributos de ocio y culto que Robert Park atribuyera a las regiones morales de las metrópolis desde su famoso análisis del Chicago de los *roaring twenties*[3]. De manera que ya para finales de los cincuenta, después del restablecimiento democrático y ya en ebullición la intelectualidad contracultural en Venezuela, Sabana Grande, con mucho de Barrio Latino y Zona Rosa a la vez, tenía todos los atributos para convertirse en distrito capital de la bohemia «república del Este», título que conservaría hasta los años setenta[4].

En los sesenta, los primeros cafés de mesas en la calle, como el *Piccolo Mondo* y otros italianos, aunados a las galerías de arte y nuevas librerías como Suma, Cruz del Sur y Ulises, configuraron una inédita escena caraqueña en Sabana Grande; esos locales albergaron a grupos que habían comenzado a reunirse en cafés del centro tradicional, ya en proceso de oestización, tales como el Techo de la Ballena, que además de los poetas, para entonces convocaba a narradores como Salvador Garmendia, González León, Orlando Araujo y Francisco Massiani; el dinamismo de la zona era confirmado por Tabla Redonda, presidido a la sazón por Rafael Cadenas y Sanoja

[2] R. Quintero, *El petróleo y nuestra sociedad*. Caracas: Universidad Central de Venezuela (UCV), 1978, pp. 51-58.

[3] Ver el ya referido trabajo de R. Park, R. Park, «Suggestions for the Investigation of Human Behavior in the Urban Environment», en R. Park y E. Burgess, *The City...*, pp. 12-22. Con respecto a Sabana Grande como «corazón» urbano, ver M. Negrón, «El corazón de Caracas» (octubre 17, 2000), en *La cosa humana por excelencia...*, pp. 185-186, p. 185.

[4] Tal como recordaría González León, en la víspera de su muerte, a G. Oliveros, «Última entrevista a Adriano González León. La República del Este perdió a su miembro más noble», *El Nacional*, Caracas: enero 14, 2007, Escenas-2.

Hernández[5]. Posteriormente, la proliferación de restaurantes y tascas –Franco's, *Il Vecchio Mulino*, Camilo's, *Da Guido*, La Bajada– permitió la articulación de la así llamada República del Este, en la que no sólo confluía la intelectualidad bohemia de la Gran Venezuela, sino que también se colaban personajes muy variados del espectro político, desde adecos hasta ex guerrilleros. Con su «barra de más de 200 personas» en Caracas según cálculos de González León, reforzada por sus «cantones» en el interior[6], la confederada república era un ambiente de confraternidad que espejeaba la ilusión de armonía permitida por la boyante petrodemocracia, en la que las guerrillas y el comunismo parecían disolverse en el campaneo de los güisquies y el trasiego de las birras en las barras.

10. Una de las primeras apariciones diurnas y protagónicas de Sabana Grande ocurre en *Piedra de mar* (1968) de Francisco Massiani. El escritor novel articuló, acaso por primera vez en la narrativa venezolana, el mundo pequeñoburgués de la clase media del este de Caracas, con las hasta entonces efímeras referencias de una cultura pop y comercial, masificadas por el cine y la televisión, e incrustadas desde hacía mucho en la modernidad venezolana. La despreocupada cotidianidad de Corcho y sus amigos está en buena parte poblada de chicas que visten biquinis amarillos en un litoral que se ha hecho ya suburbio; se entremezcla con las novelas

---

[5] Y. Segnini, *Historia de la cultura en Venezuela*, p. 71. Los poetas integrantes del Techo de la Ballena para aquel entonces –Caupolicán Ovalles, Juan Calzadilla, Ramón Palomares, Luis García Morales, Francisco Pérez Perdomo, Efraín Hurtado– son recordados por S. Garmendia, «Los sesenta: la disolución del compromiso» (1996), en C. Pacheco, L. Barrera Linares, B. González Stephan (coord.), *Nación y literatura. Itinerarios de la palabra escrita en la cultura venezolana*. Caracas: Fundación Bigott, Banesco, Editorial Equinoccio, 2006, pp. 593-603, p. 598.

[6] Parte de la información está tomada de la recreación ofrecida por A. González León en la Cátedra Permanente de Imágenes Urbanas, Caracas: Fundación para la Cultura Urbana, junio 29, 2004. Con cierta jocosidad no exenta de nostalgia e ironía, el mismo autor completa que, en la República del Este, «el título de ciudadano o gobernante se adquiría con la sola asistencia y en votaciones absolutamente serias, con un Tribunal Electoral impoluto». A. González León, «Barrio entre el cielo y el infierno», *El Nacional*, Caracas: marzo 16, 2006, A-9.

de Corín Tellado que lee Carolina, y con las revistas *Play Boy* que compra Marcos, seguramente en los quioscos de Sabana Grande y Plaza Venezuela, aprovechando que los padres vacacionan en Nueva York. Entre fiestas y noviazgos juveniles, las tardes y las noches se llenan con canciones de Harry Belafonte y Charles Aznavour, que se escuchan en el picó o en radio Aeropuerto; también se pasan en reuniones de muchachos que fuman a hurtadillas en la avenida Los Jabillos, y esconden las colillas en un pote de *Toddy* disimulado entre las matas[7]. Por todo ello, gran parte del encanto de *Piedra de mar* está en ofrecerse como «novela despreocupada, sin adherencias de otros tiempos, alegremente actual y caraqueña»; el talante urbano de sus habitantes se confirma en lo que repite Corcho a Kika: «La ciudad nos pertenece. Es nuestra porque nosotros somos los que la amamos»[8].

Los adolescentes de Massiani, ya tanto o más citadinos que nosotros, pueden disfrutar del espacio público caraqueño con una libertad mayor que la que hemos perdido en esta capital de la delincuencia y la inseguridad, la buhonería y la indigencia. A la salida del liceo por la tarde, se solazan en los alrededores del museo de Bellas Artes y del de Ciencias Naturales, aprovechando la tranquilidad del parque Los Caobos para los escarceos amorosos: «Se podía hablar, o ver cómo los carricitos se columpiaban, corrían y todo. Es muy bueno y hay suficiente tranquilidad y soledad como para hablar y besarse sin miedo», dice Corcho de los encuentros con las novias, furtivos e inocentes a la vez, entre «los cigarros escondidos y las miradas sedientas de labios». Además de disfrutar su libertad como peatones, son también consumados conductores de Renault y de otras marcas: deambulan por las autopistas de una ciudad que ha mudado su centro a la Plaza Venezuela; a diferencia de Américo Arlequín o Narciso Espejo, sólo pasan por El Silencio para acceder al túnel, «con las cornetas, y el calor y todo ese asco». El carro les hace urbanizar lo que, incluso hasta Meneses, era lejana excursión que permitía escaparse

---

[7] F. Massiani, *Piedra de mar* (1968), prólogo de J. Balza. Caracas: Monte Ávila Editores, 1987, pp. 4, 13, 17, 25, 32, 49, 102, 108.
[8] *Ibíd.*, p. 113. J. L. López Álvarez, *Caracas*, p. 161.

del paisaje citadino: desde el teleférico y el hotel Humboldt, hasta Macuto y La Guaira, por donde pasan buscando la casa de Julia, en Laguna Beach[9].

Si bien recorren casi en su totalidad la conurbación caraqueña, Corcho y su patota se mueven sobre todo entre Chacaíto y la Gran Avenida, a lo largo de Sabana Grande, en un gran polígono que parecen definir el bar Hipopótamo, el Café Castellino, el cine Radio City y la librería Suma; «un reino entre Chacaíto y la Plaza Venezuela», como dice José Balza, evocando en cierta forma los hitos psicodélicos, comerciales e intelectuales de una generación[10]. En medio de la metrópoli en expansión, compartimentada bajo las tipologías de los urbanistas y de sus ordenanzas, la novela de Massiani nos ofrece así una otra zonificación del este; en esta Caracas sifrina, Sabana Grande y sus alrededores configuran un distrito de bohemia adolescente que desdibuja los clasificados planos de usos, porque corresponde más bien a lo que, como ya fue mencionado, Park llamara la «región moral» de la metrópoli[11].

11. Sabana Grande es, por supuesto, corredor y distrito que cementa las *Historias de la calle Lincoln* (1971), donde la ciudad entre bohemia y convulsa, «no es simple fondo decorativo, sino también, como la época, como la nocturnidad, otro protagonista de la novela»[12]. Uno de los vértices de ese distrito es el Centro Comercial Chacaíto, con sus cafetines servidos de *club houses* y leches malteadas, donde Patricia o Graciela impresionan a sus amistades con las historias de cuñas publicitarias que aquéllas filman, o con la ropa unisex que compran en Carnaby y otras boutiques entre extravagantes y exclusivas, adonde acuden pavos *hippies* y sifrinos por igual, venidos en soberbios Mustangs y Camaros. El distrito está atravesado

[9] F. Massiani, *Piedra de mar*, pp. 17, 20, 52, 75, 117, 122.
[10] J. Balza, «Una novela en la acera» (1985), prólogo a F. Massiani, *Piedra de mar* (1968). Caracas: Monte Ávila Editores, 1987, pp. vii-xii, p. xi; F. Massiani, *Piedra de mar*, pp. 53-54, 63, 103.
[11] R. Park, «Suggestions for the Investigation of Human Behavior in the Urban Environment», en R. Park y E. Burgess, *The City...*, pp. 43-46.
[12] S. Cordoliani, «A veinte años de aquella dulce locura», prólogo a C. Noguera, *Historias de la calle Lincoln* (1971). Caracas: Monte Ávila Editores Latinoamericana, 1991, pp. 7-15, p. 14.

por la calle Lincoln, con toda su carga de extravagancia comercial de tiendas de postizos y bisutería psicodélica, de camisas de amibas y minifaldas como las que Mary Quant acababa de poner de moda en Londres; como una King's Road caraqueña, es un corredor de discotecas que revientan del gentío y los estruendos que van de los Beatles hasta las rumbas de Peret, ofreciendo asimismo los auxilios de centros espiritistas que ofertan cura para problemas sexuales y económicos a la vez[13]. Pero los relatos de Noguera no sólo recrean espacialmente ese abigarrado *collage* que se da a lo largo de un corredor distrital tan urbano como Sabana Grande, sino que también contribuyen al desarrollo de una «narración dialógica» que busca articular el multilingüismo de las tribus citadinas que allí confluyen[14].

También están en esas historias Bello Monte y otras urbanizaciones, salpicadas de heladerías y restaurantes que colorean un dinámico paisaje entre residencial y comercial en la urbe consumidora. Pero aparece asimismo la ciudad más oscura del oeste, desde Las Acacias y Altagracia, hasta La Charneca y el 23 de Enero, donde pululan El Gato y otros personajes otrora vinculados a la guerrilla, después caídos en la delincuencia común[15]. Es una serie de historias entrecruzadas a lo largo de esa calle que «durante toda la década del 60 y parte del 70 significó el sitio de encuentro azaroso y fortuito, de la noche de amor y embriaguez, de la consigna política y la clave subversiva, de la pedante cita y la charla inteligente, de la arrogancia y la humildad. Calle con asientos marcados para Oswaldo Trejo en el Gran Café, Adriano González en el Chicken's Bar, Rafael Muñoz en la Vesubiana»[16]. A diferencia de estas *Historias de la calle Lincoln,* que son relatos de la incesante jornada de veinticuatro horas, como la del Ulises joyceano, en las que se despliega un popurrí de procedimientos a través de

[13] C. Noguera, *Historias de la calle Lincoln* (1971). Caracas: Monte Ávila Editores, 1991, pp. 20, 33-34, 39, 82-83, 167-169, 173.
[14] C. Medina, «De la novela de la idea a la novela carnavalesca», en C. Pacheco, L. Barrera Linares, B. González Stephan (coord.), *Nación y literatura...*, p. 758.
[15] C. Noguera, *Historias de la calle Lincoln*, pp. 22-23, 91.
[16] A. Navarro, «El laberinto citadino de Carlos Noguera», Verbigracia, *El Universal*, Caracas: julio 11, 1998.

sus capítulos, en *Inventando los días* (1979), Noguera afirma «el espacio, lo frecuenta, lo trabaja como arquitecto, como urbanista y explorador; pero el laberinto de la ciudad no esta allí sino en los avatares del tiempo y sus circunstancias»[17].

Aunque deambulen por oscuros barcitos de Plaza Venezuela, los intelectualizados personajes de *D* (1977) se moverán también desde El Marqués hacia los centros comerciales, donde el fragmentado lenguaje de las vallas y letreros los asalta y estimula, como a secularizados *flâneurs* de Simmel o Benjamin. Son frecuentes los itinerarios de Cien y sus amigos entre el Chacaíto del centro comercial, con sofisticadas boutiques como Adams, la Sabana Grande del Mambo Café, y La Florida que les sirve de centro residencial y de operaciones; como el Corcho de Massiani, el Cien de Balza es un sujeto urbano –la ciudad es «su mejor cómplice», nos confiesa el narrador– aunque le quedara algo del evasivo excursionismo de los inmigrados personajes novelescos de Pocaterra o Meneses. «Nacido en la ciudad, Cien no tenía por qué añorar montes ni sabores selváticos; pero (siempre la extraña simetría) los buscaba con regularidad, explorando las montañas vecinas o haciendo breves y ciegos viajes al litoral...», dice el autor que pareciera espejar su propia reminiscencia del delta orinoquense. Sin embargo, buena parte de esa añoranza vegetal de Cien parecía resolverse en la frondosidad de la urbanización caraqueña: «Exaltaba, sin decirlo nunca todo lo de La Florida: esas avenidas de sol y sombra bien definidos, los rincones con casas exuberantes, el extraño dominio donde las arboledas se dibujan con trazos gruesos y negros, la sosegada proximidad de la montaña. Todo ello fue su escenario: las muchachas, los vendedores, las tiendas. Tomar un trago o un café, con Cien en La Florida»[18].

Sabemos que, influidos por la *nouveau roman* de Robbe-Grillet, aunque tampoco con fe carbonaria en ésta, *D* y otros ejercicios narrativos de Balza han supuesto no sólo una ruptura con el realismo contextual, sino también con lo que se ha entendido como experimentación en la narrativa hispanoame-

---

[17] *Ídem.* Con respecto a la estructura joyceana de la novela de Noguera, ver O. Araujo, *Narrativa venezolana contemporánea*, p. 276.
[18] J. Balza, *D. Ejercicio narrativo.* Caracas: Monte Ávila Editores, 1977, pp. 130, 132, 172, 178, 236.

ricana[19]. Con todo y eso, creo que esta novela deltaica puede leerse como urbana en buena parte de su paisaje y de sus personajes, a través de los cuales asoma el escritor mismo, como otra voz de la «polifonía narrativa» que D potencia en la prosa balziana[20]. Como el Corcho de Massiani, como los personajes de Noguera, el Cien de Balza se une al nuevo tipo de sujeto narrativo, propiamente citadino, cuyas reminiscencias provincianas no atraviesan y ensombrecen, como todavía en Meneses o Garmendia, el colorido de la urbe compleja y segregada de los sesenta y setenta. Y el distrito emblemático de esa Caracas bohemia y psicodélica era la Sabana Grande que ambientaba sus odiseas.

[19] Tal como sostiene O. Araujo, *Narrativa venezolana contemporánea*, p. 324.
[20] C. Medina, «De la novela de la idea a la novela carnavalesca», en C. Pacheco, L. Barrera Linares, B. González Stephan (coord.), *Nación y literatura...*, p. 759.

Psicodélicos y contraculturales

> «...nosotros tres, solos nosotros, tres galáxicos latinoamericanos de la ge-ne-ra-ción mu-tan-te de la dé-ca-da de los se-sen-ta acurrucados en un sótano de Sabana Grande, el tráfico sobre nuestras cabezas...».
>
> Antonieta Madrid,
> *No es tiempo para rosas rojas* (1975)

12. Aunque siempre parecen regresar a vivir las noches lluviosas en las calles mojadas y en los sótanos misteriosos de Sabana Grande, es más bien la Caracas del este el hemisferio natural de los psicodélicos protagonistas de *No es tiempo para rosas rojas* (1975), «tres galáxicos latinoamericanos de la ge-ne-ra-ción mu-tan-te de la dé-ca-da de los se-sen-ta», que experimentan los efectos del Mayo francés y la revolución sexual. En forcitos, Fiats y Hillmans de los compañeros de la UCV, aunque a veces también en taxis manejados por inmigrantes, los personajes de Antonieta Madrid recorren con naturalidad la segregada Caracas pequeñoburguesa en la que han crecido o estudiado: el Ateneo, Los Caobos, El Bosque, La Florida, La Campiña, la avenida Libertador, las cuales ya parecen conformar un distrito residencial que adquiere nuevas funciones de centralidad comercial y cultural. En la UCV también hay compañeros, por supuesto, que provienen de la Caracas del oeste, pero todos parecen moverse por la ciudad del este; incluso más allá, desde Las Mercedes hasta Chuao, el sureste también se les abre con su maraña de autopistas y avenidas, que aparecen aquí tempranamente en la narrativa caraqueña[1].

---

[1] A. Madrid, *No es tiempo para rosas rojas* (1975). Caracas: Monte Ávila Editores (1994), pp. 39, 61, 70, 82, 89, 176, 195, 216-217

Con la naturalidad y el desenfado citadinos de los personajes de Massiani, pero más al ritmo de los Beatles y Elton John, se deslizan por discotecas y restaurantes –El Diábolo, el Ling-Nam, el Aventino, *La Cigogne*– pequeños templos extranjerizados de lo que ya era una de las capitales más consumistas de Latinoamérica. Pero también parecen entretejer veladas historias de contracultura y disidencia en espacios privados que se tornan furtivos: en los edificios bonitos de Los Palos Grandes o Los Chaguaramos, donde los «grupos» de intelectualizados amigos intercambian experiencias de sus estadías en Londres, París o la Unión Soviética; en las cómodas habitaciones de sus casas, donde deben hacer un trabajo sobre *El cuarteto de Alejandría* para la universidad, mientras gestan por teléfono componendas subversivas; o en disimulados consultorios de La California y San Bernardino, donde se practican abortos y «curetajes» que parecen desflorarles la inocencia generacional[2].

13. Los intelectualizados y bohemios personajes de Madrid parecen descender de aquellos que deambularan *Al sur del Equanil* (1963), ya no sólo por Caracas, sino por rabiosas capitales europeas y latinoamericanas. La estación Saint Lazare, la iglesia de La Magdalena y Las Tullerías son algunas de las postales entre impresionistas y existencialistas del París que abre el relato de Renato Rodríguez, para más adelante –más no necesariamente después– conducirnos por estampas más serenas de la plaza Baquedano o los cafés de la Alameda en el Santiago de 1949; de la convulsionada Bogotá de Gaitán, cuyos gustos musicales se escindían todavía entre los tangos del recién muerto Gardel y las canciones de Libertad Lamarque; hasta adentrarse en escenas más húmedas y nativistas de Guayaquil y El Callao, suerte de recordatorio del telurismo característico de toda narrativa latinoamericana, antes y después del *boom*[3].

A través de las que Carlos Noguera ha llamado «placas

[2] *Ibíd.*, pp. 45-46, 61, 76-77, 175, 219.
[3] R. Rodríguez, *Al sur del Equanil* (1963), prólogo de C. Noguera. Caracas: Monte Ávila Editores Latinoamericana, 2004, pp. 5-6, 27-29, 35, 52-58.

narrativas» de su coetáneo, con mucho de «presunta autobiografía» que ha sido recientemente confirmada por el mismo Rodríguez[4], puede uno rastrear la genealogía y el itinerario de una intelectualidad latinoamericana de la segunda posguerra, la cual parecía reverenciar y regresar a una Europa que, aunque lejos ya del encanto vanguardista de finales de la Bella Época, había renovado su influjo a través de la narrativa de la *nouvelle vague*, o en el estructuralismo de las ciencias sociales, antes incluso de desembocar en las revoluciones del 68. Pero las venerables y vetustas urbes de marras eran ahora una suerte de carrusel, como señala el narrador que las encuentra después de zarpar del Carúpano tropical, a bordo de un *Colombie* autobiográfico, hasta encontrar aquel tiovivo felinesco: «Europa es un *carrousel, Life is a merry-go-round, Europe is a merry-go-round*; todo el viejo mundo dando vueltas a mi alrededor. París, Roma, Berlín, Bruselas, pasan a cada rato por delante de mí y me dicen algo, sus habitantes, pululando como hormigas por las calles, me sonríen y me hacen señas con la mano...»[5].

Tarareando canciones de Charles Aznavour y Gilbert Becaud, apurando cafés y cigarrillos en Saint-Germain-des-Prés y otros bulevares febriles, los díscolos intelectuales de *Al sur del Equanil* no pueden ya pertenecer a la estirpe de poetas malditos, a pesar del homenaje final del narrador a los fantasmas de Villon, Lautréamont, Baudelaire, Verlaine y Rimbaud[6]. Tampoco pueden inscribirse, obviamente, en las vanguardias del cubismo, el indigenismo y la negritud novecentistas; corresponden más bien al cúmulo de becarios, diplomáticos y disidentes latinoamericanos que veían en la Francia de Sartre

---

[4] C. Noguera, «*Al sur del Equanil*. Una inflexión narrativa en los años 60», en R. Rodríguez, *Al sur del Equanil* (1963). Caracas: Monte Ávila Editores Latinoamericana, 2004, pp. ix-xviii, pp. xiii-xiv. Además de varios detalles coincidentes con la trama, el carácter autobiográfico de *Al sur del Equanil* está confirmado por el autor en la entrevista concedida, poco después del conferimiento del Premio Nacional de Literatura 2006, a A. Linares, «Renato Rodríguez viaja por su memoria. 'La escritura nunca fue un pretexto, siempre fue mi vida'», *El Nacional*, Caracas: agosto 21, 2006, B10, donde afirmara al final: «Para mí, la escritura nunca fue un pretexto, siempre fue mi vida y en esa novela condensé mucho de lo que me había pasado».

[5] R. Rodríguez, *Al sur del Equanil*, p. 42.

[6] *Ibíd.*, pp. 115-120.

y Beauvoir, de Saussure y Lévi-Strauss una alternativa de modernidad y rebeldía frente a sus propias repúblicas y ciudades pacatas, dictatoriales o americanizadas en exceso. Entre la autobiografía, la novela de aventuras y la «metaficción» que juega con las propias técnicas narrativas, en la manera especular que planteaba Barthes, *Al sur del Equanil* retrata a los parientes más viajados de la contracultura y bohemia novelísticas en la Venezuela de los sesenta[7]. Pero aunque más cosmopolita y culta, la festiva disidencia de los personajes de Rodríguez no deja de recordar la expansiva marginalidad de algunos sujetos garmendianos, quienes también escenifican, como ya fue señalado, su propia *dolce vita* en los bajos fondos caraqueños[8].

14. Mucho del desenfado urbano de los personajes de Massiani y Balza, de Madrid y Rodríguez, aflora en la irreverente y bohemia *Migaja* (1974) de Pedro Berroeta, en la que la estudiante y el pequeñoburgués nos recrean la Caracas que se modernizaba en medio de un volátil clima político y un cosmopolitismo esotérico. Con algo de la curiosidad infantil de la Zazie de Queneau, o incluso de la Mafalda de Quino, tan en boga en las comiquitas impresas de entonces, la Migaja de Berroeta sortea difíciles trayectos a través de un tejido caraqueño cada vez más abigarrado de alcantarillas y tanquetas telefónicas, en los que se detiene a discutir con los obreros sobre la venenosidad del plomo, mientras los fiscales de tránsito complican sin cesar los crecientes flujos vehiculares. Pero la dureza de la metrópoli parece suavizarse cuando Migaja sucumbe ante la vitrina de la tienda –en la avenida Casanova o en el CC Chacaíto tal vez– donde biquinis, zapatos y carteras importados resultan asequibles a los prodigios del bolívar petrolero[9].

---

[7] L. Barrera Linares, «Renato Rodríguez, topo de la narrativa venezolana», Papel Literario, *El Nacional*, Caracas: diciembre 2, 2006, 1; A. Linares, «Renato Rodríguez viaja por su memoria. 'La escritura nunca fue un pretexto, siempre fue mi vida'».

[8] El paralelo con Garmendia es asomado por I. Casique, «Modelos de intelectualidad marginal en la narrativa de los sesenta y setenta», en C. Pacheco, L. Barrera Linares, B. González Stephan (coord.), *Nación y literatura...*, pp. 621-622.

[9] P. Berroeta, *Migaja. Lectura para descansar en la playa*. Caracas: Monte Ávila Editores, 1974, pp. 42-44.

Hay algo de autorretrato de Berroeta –un «solitario de nuestras letras como Julio Garmendia», al decir de Liscano[10]– en el reservado compañero de Migaja, el cual es como un contrapeso a los afanes de ésta por aparecer bohemia y consumista, sifrina y rebelde a la vez; ambos personajes se reflejan y enroscan como dos anillos, uno céntrico y otro suburbano, de la misma Caracas boyante y psicodélica. Más allá de la congestión de las avenidas y del consumismo de distritos comerciales, de los que parece gustar sobre todo Migaja, la bonanza de una ciudad de clase media ya consolidada en su poder adquisitivo, que no en sus reivindicaciones sociales, son visibles sobre todo desde el plácido hábitat de su maduro y aburguesado compañero:

Tomo el desayuno en una pequeña terraza que da hacia la montaña. Todavía los constructores de edificios no han devorado la urbanización para clase media que se extiende, subiendo hacia las faldas del Ávila, en este pedazo del valle. Son pequeñas casas de una planta, pegaditas unas con otras, todas parecidas, todas con techos de tejas rojas, todas con jardincito delante que no sirve para más que para las necesidades del perro de la familia.

(...)

A los pequeño-burgueses que viven en las casitas ésas y que deben pasar mil trabajos para pagar los giros mensuales, debemos el que los habitantes de mi edificio podamos todavía estirar las miradas por encima de los techos de teja hasta la montaña misma. También les debemos la estabilidad del sistema[11].

Es la ideológica mirada del pequeñoburgués mismo, lanzada desde una empinada urbanización como Bello Monte quizá, para posarse sobre un americanizado paisaje de clase media en las terrazas del valle. Era parte de la colcha de retazos de unidades vecinales, que había resultado del plano Regulador de Caracas de 1951, en el que cuajaran las *neighbour-*

[10] J. Liscano, «Acercamiento de paso a la narrativa venezolana», Papel Literario, *El Nacional,* Caracas: agosto 13, 1993.
[11] P. Berroeta, *Migaja...*, pp. 46-47.

hood units, con sus enclaustrados vecindarios de ajardinadas quinticas[12]. Pero también están en la novela de Berroeta, a la manera de las de Madrid, las postales de la proliferación y sucesión de restaurantes de moda, en una metrópoli expansiva donde el aburguesado Marcelo sólo va al centro a unas esporádicas reuniones de la Cámara de Importadores; ciudad segregada y anónima que camufla la práctica del aborto en dudosos consultorios de urbanizaciones que se hacen viejas y recuerdan a San Bernardino o Vista Alegre, donde las pruebas de embarazo se recogen en el Centro Médico del Norte, lejos ya de los distritos más bohemios y comerciales, o de las americanizadas urbanizaciones que escapan por las autopistas hacia el sureste[13].

Acaso heredadas de la Claudine de Colette, la rebeldía y fantasía de Migaja la asemejan en mucho, por un lado, a las psicodélicas y contraculturales estudiantes de *No es tiempo para rosas rojas*, quienes parecen poner en práctica las lecciones sexistas de Simone de Beauvoir y Betty Friedan, aunque Madrid haya hecho notar que su discurso es «femenino y no feminista»[14]. Sabemos, por otro lado, que Berroeta está generacionalmente muy cerca de Mariño Palacio y de Trejo, cuyo interés por los ambientes urbanos comparte, a diferencia de otros autores más rurales de la misma generación, como Guaramato[15]. Pero resulta interesante y curiosa la coincidencia de Migaja, en la misma ciudad de cosmopolitismo alquímico y violento, con los personajes de una autora más joven como Madrid. Con la debida diferencia de tiempo y lugar con respecto a sus antepasados del sur del Equanil, a varios de esos jóvenes contraculturales y psicodélicos aplica, *mutatis mutandis*, lo que dijera la autora de las rosas rojas sobre los suyos propios: «Los personajes son arquetipos de esa época. Se vive

[12] Ver en este sentido N. Villoria-Siegert y A. Almandoz, «Transferring the Neighborhood Unit to Caracas: Examples of Foreign Influence in Venezuela», *Critical Planning*, Vol 9, Los Angeles: University of California Los Angeles (UCLA), verano 2002, pp. 89-100.
[13] P. Berroeta, *Migaja...*, pp. 244, 369-376.
[14] La misma autora citada en B. Castro Cortiñas, «Al filo de la vida», *Papel Literario, El Nacional.* Caracas: diciembre 11, 2004, p. 3.
[15] J. Lasarte, «Prólogo» a O. Guaramato, *Cuentos en tono menor* (1990). Caracas: Monte Ávila Editores, 1995, pp. 7-22, pp. 10-11.

una década violenta de rupturas con todos los dogmas políticos, culturales y sociales, en sincronía con procesos similares en el resto del mundo...»[16]. Ante esos reclamos de su tiempo, el fracaso de la escaramuza subversiva y del escarceo amoroso, conducen a la protagonista de Madrid a un revelador desengaño– extensivo a sus congéneres novelescos –sobre el fin del tiempo de las discotecas, los restaurantes y los derrapes; porque las desfloraciones sucesivas les hacen darse cuenta «de que no estamos para fiestecitas, de que no es tiempo para rosas rojas»[17].

---

[16] A. Madrid en A. Perdomo, «Prologo» a A. Madrid, *No es tiempo para rosas rojas* (1975). Caracas: Monte Ávila Editores, 1994, pp. 7-16, p. 12.
17 A. Madrid, *No es tiempo para rosas rojas*, pp. 167, 220-221.

Odiseas subversivas

«...El taxi resultaba más fácil. Era verdad. Pero lo podían conocer. Ubicarlo desde cualquier sitio de la calle, seguirlo con habilidad por barrios y avenidas. En el autobús, el grueso de los pasajeros servía para ocultarse. Mucha gente con paquetes y cajas por trasladar. Gente común...»

ADRIANO GONZÁLEZ LEÓN,
País portátil (1968)

15. Si los sesenta y setenta fueron agitados en la escena internacional por movimientos culturales como el feminismo, el ambientalismo y el Mayo francés, caldeados por conflictos políticos como la Guerra Fría y la de Vietnam, en la venezolana se dejaron sentir coletazos de todos ellos, mientras se daban condiciones políticas específicas que atizaron la insurgencia urbana y la violencia guerrillera. No olvidemos que, después de reconocer que se habían cometido errores durante su primera permanencia en el gobierno, el Betancourt que regresara del exilio estableció distancia con la izquierda radical al afirmar que Acción Democrática no era un partido comunista[1]. En parte como reacción, pero también inspirados por una Revolución cubana que ya se había declarado marxista-leninista, los sectores más radicales se escindieron de AD para constituir el MIR; aunado al Partido Comunista de Venezuela (PCV) y las FALN, el MIR se precipitaría en la guerrilla a partir de 1962[2].

Posteriormente, la deserción de URD del pacto de Punto Fijo dio lugar a la alternada coalición AD-Copei, también llamada «la guanábana» en el argot político criollo, lo que radica-

---

[1] R. Betancourt, «Discurso pronunciado por el señor Rómulo Betancourt, en el Nuevo Circo, el día 4 de julio de 1958», en *Posición y doctrina*, pp. 129, 133.
[2] P. F. Ledezma, «Los últimos treinta años», en AA. VV., *Historia mínima de Venezuela*, p. 188.

lizó a los sectores excluidos en torno a movimientos estudiantiles, cuyo epicentro era la UCV. Si bien Leoni permitió la participación de esas facciones radicales en las elecciones de 1968, a través de la Unión Para Avanzar (UPA), don Raúl había sido «más duro» que Betancourt en el combate guerrillero, especialmente «dejó que los militares hicieran de las suyas en los Teatros de Operaciones y los servicios de inteligencia penetraron la guerrilla»[3]. De manera que en los años venideros, incluso durante la política de pacificación del primer gobierno de Caldera, continuaron las acciones espectaculares de la guerrilla urbana –asalto al museo de Bellas Artes, secuestro de los cuadros de la exposición «Cien Años de Pintura Francesa»– así como las intercepciones de los convoyes militares por parte de la guerrilla rural[4].

Como coletazo del Mayo del 68, ya en las postrimerías de la administración Leoni, «llegan a las aulas universitarias los vientos renovadores franceses y se escuchan las voces de protesta de cantautores como Alí Primera, Gloria Martín, y otros que darán lugar al movimiento de la Nueva Canción», recuerda Segnini. En ese clima tempestuoso y contracultural, la así llamada «renovación universitaria» enfrentó los establecimientos académicos consolidados en la década de Punto Fijo.

> Los estudiantes de la Escuela de Letras, por ejemplo, se preguntan en su 'Manifiesto' qué es la Literatura para sus profesores y llegan a la conclusión de que «*es algo que está en todas partes menos en una: la Escuela de Letras, pues uno empieza a sentirla apenas toca la Plaza Venezuela a las nueve de la noche, harto, desesperanzado y triste*». La respuesta oficial, en 1970, es la reforma a la Ley de Universidades que le asesta un duro golpe a la autonomía; el rector Jesús María Bianco decide no acatarla y el gobierno cierra la Universidad Central por más de un año en medio de la protesta estudiantil y constantes disturbios[5].

---

[3] *Ibíd.*, p. 192. Ver también Y. Segnini, *Historia de la cultura en Venezuela*, p. 72.
[4] P.F. Ledezma, «Los últimos treinta años», en AA. VV., *Historia mínima de Venezuela*, pp. 188-190.
[5] Y. Segnini, *Historia de la cultura en Venezuela*, pp. 75-76.

Toda esta insurgencia izquierdista de las décadas de los sesenta y setenta ha sido vista también como secular expresión del «espíritu libertario que animaba a la ciudad venezolana desde su levantamiento criollo», durante la colonia[6]. Pero creo que se trata de la conjunción de un *Zeitgeist* internacional con condiciones políticas locales, los cuales nos ha parecido conveniente recordar antes de retomar el hilo de la narrativa que recrearía parte de ese espíritu temporal, especiamente a través del antiguo motivo literario de la odisea, secularizado en 1922 por Joyce en su *Ulysses* urbano; es un viaje mítico que sería actualizado en diferentes extensiones e intensidades subversivas por personajes novelescos venezolanos, en medio de la Caracas segregada y violenta que arropa este capítulo. No olvidemos en este sentido que el tema resultaba especialmente propicio a una narrativa disidente y subversiva a la vez, la cual, entre otros rasgos experimentales apuntados por Barrera Linares, mostraba «pretensiones de cosmopolitismo y de regionalismo cruzadas con posiciones teóricas que aspiraban 'enseñar' la esencia social y combativa de la literatura»[7].

16. Media hora le llevó a Andrés Barazarte atravesar Sabana Grande el día de su odisea subversiva a través de la capital de *País portátil* (1968); la había recorrido innumerables veces con Delia, cuando la calle Real se le antojaba una «selva metálica», por su proliferación de «paseantes agitados, las colas de auto, los reflejos, los ruidos de las puertas automáticas y el acoso de los vendedores ambulantes...»; no gustaba la pareja de la congestionada esquina del Banco Mercantil, ni de las exclusivas ventas de porcelana, hechas para las «viejas catarrosas, con sirvientes numerosos y platos y dinteles horribles en casas de La California y Altamira»[8]. Más allá de Sabana Grande, el recorrido del ulises de González León es uno que nos amplía las referencias noveladas de la Caracas del este y

---

[6] Tal como señala S. González Téllez, *La ciudad venezolana...*, p. 101.
[7] L. Barrera Linares, *La negación del rostro...*, pp. 263-264.
[8] A. González León, *País portátil* (1968). Barcelona: Editorial Seix Barral (1969), pp. 14, 236-237.

del oeste, con los contenidos socioeconómicos y culturales polarizados al inicio de este capítulo[9].

En el presente del viaje caraqueño de Andrés se observa todavía mucho del centro que se tornaba oeste, con los *blumers* y calzoncillos baratos en las vitrinas de la avenida Baralt, o el «tráfico enloquecedor» en la San Martín a las seis de la tarde; pero además de su furtivo deambular por la capital, que lo llevara a comprobar lo complicado de encontrar una dirección en las urbanizaciones del este –como la prolongación de la avenida Los Manolos– las referencias capitalinas de la novia amplían los reducidos circuitos del inmigrante andino, con visitas a pensiones en Bello Monte, a oficinas de arquitectura en la avenida Francisco de Miranda; o también con paseos por Caurimare, Macaracuay y otras zonas de la «ciudad distante».[10] Pero lo más resaltante de la capital de *País portátil*, es que se ofrece ya en toda su complejidad metropolitana: tiene sus diversos nodos de centralidad, como el congestionado casco histórico hasta Carmelitas, El Silencio en tanto bisagra hacia el oeste y la Plaza Venezuela como pequeña *city* corporativa hacia el este, entre otros núcleos[11].

Además de la emparchada colcha de urbanizaciones, la Caracas de Andrés y Delia está ya repleta de barrios de ranchos, que se ven como casitas de pesebre desde la Cota Mil, entreverados con los superbloques y las vallas luminosas; laten allí el Pulpo, la Araña y otras especies de la «zoología de la circulación» metropolitana. Y en el vórtice de esa telaraña de distribuidores y vías expresas, tan propia de la modernidad petrolera venezolana, está atrapada María Lionza, con sus «senos de concreto» ennegrecidos con el humo arrojado por los automóviles; mecida por los hedores del Guaire y el incesante trasiego de las autopistas, la diosa sobre la danta es «objeto de un culto veloz», en el que Andrés reconoce, como en otras imágenes de su odisea caraqueña, el sincretismo de una Venezuela que se pretende urbana sin dejar de ser primitiva[12].

[9] Ver *supra*, «Este y oeste».
[10] A. González León, *País portátil*, pp. 25, 52-56, 109, 241, 253.
[11] Ver por ejemplo A. Almandoz, «Distritos urbanos de Caracas», en *Ensayos de cultura urbana*, pp. 105-110.
[12] A. González León, *País portátil*, pp. 178-181.

Compleja y diacrónica como la metrópoli misma, *País portátil* logra la síntesis de búsquedas y denuncias, actuales e históricas a un tiempo, que González León venía haciendo en anteriores obras narrativas de breve formato. Desde *Las hogueras más altas* (1957), serie de relatos en la que el denuesto sobre la invasión de la otrora sociedad agrícola, perpetrada por el oro negro, se asemeja al gran alegato del *Mene* de Díaz Sánchez y otros clásicos de la novela petrolera; pasando por la ciudad consumista y extranjerizada –«petrolizada», como la llama Araujo– de *Asfalto-infierno* (1963), inicuo escenario social del neocolonialismo, la extranjerización y el consumismo que habían sido adversados por la ensayística de la generación anterior, bajo la égida de Briceño Iragorry, trujillano también como González León; hasta desembocar en la ciudad de *Hombre que daba sed* (1967), en la que el novelista retratara el carácter violento y represivo de la capital contemporánea que *País portátil* enmarcaría en planos y territorios históricos[13].

17. Gocho con escaso conocimiento de la capital, que apenas podía darse cuenta de «dónde terminaba una urbanización y dónde comenzaba otra», Andrés Barazarte nos da empero señales distintivas de lo que significaba la modernidad de la Caracas del este, así como de las sutiles formas de subvertirla. Fue acaso su andina sensibilidad por lo natural lo que le hizo notar el cantar casi metálico de las ranitas de Jamaica, sembradas al comienzo en los jardines de las urbanizaciones elegantes, pero que después se regaron por las noches de todo el este capitalino[14]. También a través de sus andanzas con Delia, Andrés llegó a entender que el este no comenzaba exactamente allende el centro histórico; no en el liceo Andrés Bello donde ella estudiaba, ni en las tascas y pensiones de La Candelaria, llenas de inmigrantes canarios y gallegos, y olorosas a caldo y frituras. Aunque apenas estuviera en una urbanización colindante, el este parecía comenzar con «la noche que se descolgaba sobre los edificios de San Bernardino»,

---

[13] Me acojo aquí a la interpretación de O. Araujo, *Narrativa venezolana contemporánea*, pp. 207-220.
[14] A. González León, *País portátil*, pp. 56, 130.

donde habitaba la prima de Delia; continuaba en las fiestas de cumpleaños en La Florida, servidas con *gin-tonic* y *vermouth* preparado, donde el marido de la prima peroraba su defensa de la explotación yanqui de nuestro petróleo; porque del imaginario del «este» también formaban parte las boyantes estadísticas que los noticieros de la Creole televisaban sobre «la gran marcha del país», la cual se escenificaba en la titilante urbe que podía Delia contemplar desde las colinas de Macaracuay, cuando se escapaba con los novios después de clase: «anuncios intermitentes, hileras de bombillos que se perdían en el Ávila, el cielo cubierto por una niebla fosforescente»[15], según uno de los frescos que nos da el autor, como sacado de las postales de la Caracas moderna que por entonces inundaban los quioscos. Andrés y Delia recorren así un dilatadísimo plano de zonificación de las dos Caracas del este y del oeste, coloreado ya no sólo en sus hitos y usos, sino también en sus ideologías e imaginarios de clase.

Pero es realmente la misión subversiva del ulises de González León la que dibuja un plano de la capital contrastante y segregada, proyección de un país por el que cruzan otros viajes de la memoria familiar y de los Andes venezolanos. «Andrés Barazarte es un andino vomitado por la niebla y sus terrores ocultos sobre la ciudad moderna, desigual, terrible y devoradora»; su largo viaje a través de ese país portátil de la memoria lo trae, como señalara Araujo, «de un miedo a otro miedo, de una desesperanza rural a una desesperación urbana»; su excursión genealógica vincula dos «modos de vida» de la histórica violencia venezolana: «el feudal, con sus gentes hacia atrás en el marco de su ferocidad rural, y el capitalista, con sus gentes alienadas en el marco de su proyección neocolonial»[16]. Al ser una «conciencia en situación de fluidez» espacial y temporal a través de la ciudad y del país, Andrés confiere al relato una doble condición de novela realista e histórica de la lucha política, en la que el tradicional «romanticismo revolucionario» reaparece en la forma de la guerrilla urbana, que se opone a las manifestaciones de una sociedad consumista

[15] *Ibíd.*, pp. 241-245.
[16] O. Araujo, *Narrativa venezolana contemporánea*, p. 205.

y dependiente tanto económica como culturalmente, liderada por una burguesía extranjerizada y el gobierno anticomunista de Betancourt[17]. Por todo ello, allende el valor literario de *País portátil*, desde el punto de vista historiográfico, vale también señalar que hay un innovador planteamiento revisionista de la problemática relación entre Historia nacional y oficial, por un lado, y relato familiar y microhistórico, por otro; tal problematización, que incluso se torna revolucionaria en la novela, es posibilitada por la violencia subversiva de la Venezuela de los sesenta, así como por la fiebre renovadora y contracultural que impregnaba a la literatura de la década[18].

18. No es exclusivo de *País portátil*, por supuesto, el agitado clima subversivo de la Caracas trocada en metrópoli. No olvidemos como antecedentes que, por un lado, la violencia de la resistencia había dibujado buena parte del mapa de la capital dictatorial: Catia, Los Flores, El Calvario, El Silencio, la esquina Las Gradillas, la plaza Colón, la avenida Nueva Granada, El Paraíso y las inmediaciones de la Seguridad Nacional son lugares de encuentros furtivos o violentos en la novela de José Vicente Abreu[19]. En un tiempo algo posterior, como en todas las grandes ciudades, la criminalidad urbana marcaba también ciertas horas de *Las 10 p.m. menos nunca*, en la que Ramón Bravo nos describe una Caracas cuya violencia parece haberse vuelto rutinaria. «Obsesionada por el crimen, esta ciudad mira pasar nuestros dóciles gestos del día y, entonces, nuestra rabia se concentra sobre un rostro acuchillado

---

[17] J. Linares Angulo, País portátil *en la sociología de la novela*. Caracas: Ediciones de la Casa de Bello, 1994, pp. 23, 75-76.

[18] Tal como hace notar L. Simonovis, «El país que se nos va: pasado, presente y memoria en *País portátil* de Adriano González León», *Argos*, No. 42-43, Caracas: División de Ciencias Sociales y Humanidades, Universidad Simón Bolívar (USB), 2005, pp. 104-112, p. 108: «...la novela aparece en un momento de crisis y pone sobre el tapete diversas interrogantes acerca de la validez del discurso oficial de la historia, a la vez que cuestiona la importancia de la memoria colectiva y del peso de las tradiciones. Al mismo tiempo, constituye una propuesta textual que posibilita lecturas alternativas del pasado que intentan responder a la interrogante del presente.»/«La relación entre Historia e historia se problematiza de manera simbólica en la novela a partir de las relaciones y conflictos familiares...».

[19] J. V. Abreu, *Se llamaba SN*, pp. 108, 119-20, 183, 249.

en plena acera que desafía nuestra náusea y nuestra repugnancia», reconoce el sujeto narrativo que se siente acechado a diaro. No es sólo el homicidio que, por frecuente, llega incluso a perder su carácter extraordinario dentro de la «hosca y desabrida rutina» de los residentes numerarios[20], sino también las formas pedestres de la diaria brutalidad comercial, peatonal y de la buhonería, a lo largo de aceras y calles que llevan a sus personajes a esquivarla en bares y cafeterías.

Pero son las novelas ambientadas en la Caracas posterior las que registraron otros conflictos atizados por la subversión nacional. En este sentido, es cierto que parte del éxito de *Piedra de mar* fue debido a que, como ha señalado Balza, en medio de una literatura que reflejaba «la violencia, el ascenso y el descalabro de las guerrillas», la juvenil novela de Massiani pareció responder a un tono y un «espíritu distinto» que el público necesitaba[21]. Sin embargo, con todo y su deambular por una Caracas relativamente inocente, Corcho no deja de sentir «un poco ese olorcito de peligro», que sólo desaparece cuando llueve; es un sentimiento más existencial que de miedo a los peligros reales de la criminalidad, el cual se torna sin embargo temor concreto ante la violencia, tal como nos lo confiesa el personaje en los alrededores de Chacaíto: «Uno cree que en cualquier momento estalla una bomba o recibe un balazo en la cabeza. No es que se vean fusiles, sino que se siente un airecito de estallido mudo. De dinamita muda. De disparo invisible que chorrea»[22].

Sin moverse de su adolescente Caracas de clase media, el protagonista de *Piedra de mar* apenas presiente el temor ante una violencia de la que él no atisbaba las formas, porque su fragua ocurría, de manera más estructural y profunda, en la inicua Venezuela que se asomaba a los cerros capitalinos; éstos eran ominoso anuncio de un país que sí aparece como fugaz pero significativo bastidor en *No es tiempo para rosas rojas*, cuyos personajes rompen a ratos su bohemia caraqueña para involucrarse en la subversión de provincia. Con sus

[20] R. Bravo, *Las 10 p.m. menos nunca*, p. 45.
[21] J. Balza, «Una novela en la acera», prólogo a F. Massiani, *Piedra de mar*, p.viii.
[22] F. Massiani, *Piedra de mar*, pp. 87-90.

oscuras encomiendas, a lo largo del viaje «Tucacas-El Palito-la autopista Valencia-Tejerías-Los Teques-Caracas», el país occidental que se traza con los nombres del dinero petrolero, es visitado furtivamente por los capitalinos de la novela de Madrid, como territorio cuyas desigualdades hay que corregir ayudando a la guerrilla, aunque sólo sea para practicar las doctrinas que aquéllos aprenden en la aulas de la facultad[23]. Es como una toma de conciencia de las fallas no sólo asomadas en los cerros de ranchos que ensombrecían las colinas de las urbanizaciones, sino que también se agigantaban en el preterido país provinciano, donde la guerrilla escenificaba formas de violencia rural que eran el reverso, como los barrios marginales, de sus contrapartes urbanas.

---

[23] A. Madrid, *No es tiempo para rosas rojas*, p. 167.

Entre guerrillas y patotas

> «Casi todos han cambiado voluntariamen-
> te las aulas por la montaña; las comodi-
> dades que brinda la vida citadina, por la
> odisea guerrillera plena de impondera-
> bles. Piensan modificar radicalmente el
> mundo en que viven y sueñan con ser au-
> daces impulsores de esa transformación.
> Se consideran revolucionarios. Portado-
> res de un nuevo humanismo. Hombres
> del futuro sin compromiso con el pasado.
> Todos arriesgan, pero apuestan alto».
>
> EDUARDO LIENDO, *Los topos* (1975)

19. La intelectualizada Ara y otros personajes de *D* sim-
patizan con los movimientos subversivos de comienzos de los
años sesenta, desde sus contactos con la «escandalosa célula
intelectual» de los grupos Sardio y El Techo de la Ballena, asociados con la resistencia, hasta la participación directa en las
UTC guerrilleras[1]. Era la época en que «la ciudad comenzó a ser
sacudida por una voluntad simultánea: letreros contra Betancourt, vivas a Cuba, en las paredes», al tiempo que se producían
escaramuzas nocturnas «entre policías y guerrilleros, sobre los
edificios de Sabana Grande». Mientras el Presidente destacaba
su reforma agraria en los discursos y mitines, los grupos extre-
mistas preconizaban otra reivindicación del campo, inspirada
en la obligatoria pasantía de ciudadanos en la zafra cubana:

La marcha al campo era, fundamentalmente, para entrenar
gente de la ciudad y del monte en las técnicas de combate apro-
piadas: y todos deseábamos ir. Se imponía fundir el cuerpo a
la tierra, aprender a sentir a través de ella y la vegetación. Do-
minar las carreteras, los cielos de la madrugada. Sed, hambre,
cansancio y peligro tenían su equivalente en la libertad inmediata, en la concepción de un nuevo país.»[2].

---

[1] J. Balza, *D...*, pp. 90, 94, 164.
[2] *Ibíd.*, pp. 103-104, 106.

Aunque registrada como moda contracultural en *D* y otras novelas ambientadas en aquella capital subversiva y violenta, quizás la crónica más íntima de la cotidianidad guerrillera, con situaciones punzantes y jocosas a la vez, se encuentre en *Los topos* (1975), donde las asperezas de la vida montañera, sobre todo para los melindrosos jóvenes de ciudad, se entrecruzan y confunden con las privaciones presidiarias de los guerrilleros. Desde su obertura, el relato de Eduardo Liendo recuerda situaciones de la novela de la dictadura, sobre todo por las ya mencionadas vistas a trompicones que los presos arrancan en los atropellados traslados, cuando apenas pueden entrever algunos cambios en la ciudad multiforme.

> El traslado es un acontecimiento excepcional en la vida de los prisioneros. Dejar esas rejas atrás, aunque el destino sea otra prisión, acrecienta sus ansias de volver al mundo. Ese desplazamiento en el espacio está lleno de significados. Es la posibilidad de contemplar otros rostros que cruzan al azar. Mirar un retazo distinto del paisaje perdido. Leer con una media sonrisa en los labios los nuevos avisos luminosos. Descubrir una nueva avenida. Retener la visión fugaz de una hermosa mujer que regresa de alguna parte. Es también una veloz incursión en ese otro tiempo que rigen los relojes de la ciudad[3].

Aunque crecidos en ciudad y estudiados en universidades, muchos de esos jóvenes creen posible cambiar «las comodidades que brinda la vida citadina, por la odisea guerrillera plena de imponderables»; además del «nuevo humanismo» que pretenden encarnar, al comienzo se consuelan pensando que la vida de montaña es mucho más saludable que la de ciudad, donde «se come mucha mierda». Sin embargo, tan pronto sufren los embates de las caminatas en las montañas, se dan cuenta de que ha sido un error y deben regresar; pero las medidas de seguridad impiden que se les permita bajar a Caracas. También caen en el más crudo desengaño durante los

---

[3] E. Liendo, *Los topos* (1975). Caracas: Monte Ávila Editores Latinoamericana, Fondo Editorial Contraloría General de la República, 2000, p. 9. Con respecto a los traslados en tempranas novelas de la dictadura, ver *supra*, «Vistas a trompicones».

«días grises, lluviosos, ásperos», cuando no queda sino «construir letrinas, abrir picas, limpiar viejos fusiles»; entonces los topos de Liendo padecen la nostalgia por las «luces de la ciudad», por la navidad o el carnaval caraqueños[4].

Pero esa legión de jóvenes urbanos que se sentía llamada a alistarse en la guerrilla confrontaba un drama esquizoide que no deja de añadir cierta comicidad a las situaciones de esas novelas, como seguramente ocurrió en la agreste vida de las montañas y otros «focos» guerrilleros que buscaban emular el ya legendario ejemplo de Fidel en Sierra Maestra. En este sentido apuntó Rangel con penetración en *Del buen salvaje al buen revolucionario*: «el guerrillero latinoamericano de los años sesenta fue, típicamente, un intelectual burgués o, la mayoría, un estudiante universitario que nunca había cargado un peso, visto una culebra o encendido un fuego sin cerillas. Un *boy scout* estaba mejor preparado para sobrevivir en el monte»[5]. Con todo y ello, no obstante la torpeza y bisoñería de los pavos y las sifrinas que subieron a las montañas en las novelas guerrilleras, era estratégico y fundamental «contar con amigos para la revolución en la alta burguesía», como sentenciara un personaje de Balza[6]. Después de todo, lo importante era seguir el ejemplo de las huestes que habían triunfado al fin sobre La Habana, dado que las montañas caraqueñas eran, como había vaticinado Fidel, «garantía» de que la lucha triunfaría también en Venezuela, mientras «América Latina hervía» y nuevas fuerzas «surgían resueltas a la palestra de la historia»[7].

20. Más allá de las torpezas y saudades de los citadinos, otros gestos y referencias pequeñoburguesas se cuelan en el imaginario urbano de los guerrilleros y presos políticos, lo que hace recordar la primera generación de novelas de dictadura, de *Puros hombres* a *Fiebre*[8]. Aunque para pasar el tiempo devo-

[4] E. Liendo, *Los topos*, pp. 16, 28, 71, 76.
[5] C. Rangel, *Del buen salvaje al buen revolucionario...*, p. 156.
[6] J. Balza, *D...*, pp. 164-165.
[7] E. Liendo, *Los topos*, p. 144.
[8] Ver el capítulo «En la capital del desengaño», en A. Almandoz, *La ciudad en el imaginario venezolano*, t. I, pp. 101-110.

ran historias folletinescas de Corín Tellado y Marcial Lafuente Estefanía, los topos de Liendo logran hacerse circular clásicos del realismo y naturalismo decimonónicos, de *Rojo y negro* y *Madame Bovary* a *Doña Perfecta*; disfrutan también del memorioso intimismo de Proust y de la nostalgia casera de *Ifigenia*; pero los ratos menos sombríos de aquellas tardes penitenciarias terminan siendo las discusiones sobre la «gran revolución campesina» de Mao[9]. Junto a las obras marxistas, estas épicas revolucionarias diferencian las lecturas guerrilleras de los gustos disidentes que se cuelan en relatos más citadinos: no olvidemos que, en medio de su despreocupación adolescente, Corcho y sus amigos leen a Kierkegaard y a Camus, a Nietzsche y a Vallejo, aunque no los entiendan[10]. Massiani da así un toque entre existencial y nihilista a una juventud que lo necesitaba como manifestación de disidencia ideológica, tal como también se evidencia en la ya mencionada contracultura de los intelectualizados personajes de Balza, Madrid o Renato Rodríguez.

Al mismo tiempo, haciéndonos pensar en el redimido imaginario que, a través de las novelas y cartas llegaba a los presos gomecistas recreados por Arráiz u Otero Silva, los topos de Liendo conocen también de revolucionarias formas de la libertad secular, no ya a través de las vistas a trompicones de ciudades venezolanas durante los traslados entre presidios, sino en la corrrespondencia escrita por los camaradas que han logrado escapar y vivir en renombradas urbes cosmopolitas.

> A veces nos llegan cartas y postales que nos envían desde muy lejos, para nosotros es muy lejos: Praga, París, Zurich, Ámsterdam, Moscú. Nos cuentan de calles empedradas, de castillos fabulosos, de minifaldas desquiciadoras. Nos describen la nieve y la existencia despreocupada de los *hippies*, nos dicen que se pueden atravesar varios siglos en pocos instantes paseando por las calles de Praga[11].

---

[9] E. Liendo, *Los topos*, pp. 58-59, 62.
[10] F. Massiani, *Piedra de mar*, pp. 33-34.
[11] E. Liendo, *Los topos*, p. 182.

Pero a diferencia de la oscura era gomecista, ese imaginario epistolar parece desconocer que, a pesar del represivo anticomunismo de los primeros gobiernos de Punto Fijo, sí ocurrían cambios modernizadores en las calles caraqueñas, quizás con más fuerza y libertad que en las de Praga, cuyas ínfulas de libertad serían sofocadas en una primavera por el Calibán soviético. Las arremetidas de éste provocarían, como al final de la novela de Liendo, la disolución de la utopía comunista, acelerada por la política de pacificación instituida por Caldera, así como por la asimilación de los otrora cabeza calientes al establecimiento político y cultural. Ya incluso desde finales de los setenta, la pugnacidad y rebeldía, así como el «compromiso» de corte sartreano que había caracterizado a las células contraculturales y guerrilleras, darían lugar a una actitud más moderada y acomodaticia, suavizada por la bonanza petrolera venezolana. Porque, tal como resumiera décadas después Salvador Garmendia, testigo y exponente de los revoltosos intelectuales venezolanos que no vivieron guerras internacionales al estilo de Vietnam o Argelia, ni tampoco una revolución en el sentido cubano: «Los sesenta, también para nosotros, fueron una guerra. Pero una guerra sin enemigo visible o donde el enemigo decidió no darse por aludido. En realidad, la libramos día a día por dentro de nosotros mismos, sabiéndonos sin decírnoslo que estaba perdida desde el comienzo. Ganaría el acomodo. Al final lo esperábamos, nos aguardaba el puesto...»[12].

21. Al calor de una Caracas que se tornaba cada vez más segregada y contrastante, la insurrección guerrillera y la violencia urbana se mezclan y confunden en otras novelas metropolitanas, que no dejan tampoco de espejar el preterido país rural. Ese complejo vectorial tensiona por supuesto al ulises de González León, quien logra, a juicio de Orlando Araujo, articular dos sociedades y sus violencias, que coexisten en *País portátil*: «la sociedad rural latifundista, casi autárquica, y la sociedad urbana neocolonial, posesa de todas las alienaciones»[13];

---

[12] S. Garmendia, «Los sesenta: la disolución del compromiso», en C. Pacheco, L. Barrera Linares, B. González Stephan (coord.), *Nación y literatura...*, pp. 602-603.

[13] O. Araujo, *Narrativa venezolana contemporánea*, p. 146.

ello a pesar de que la novela parece al comienzo bifurcarse y disgregarse, hasta que va surgiendo y tramándose el vínculo estructural que entrevera las dos violencias nacionales en el drama existencial de Andrés Barazarte. Por contraposición, el mismo Araujo no reconoce la maestría de tal articulación en la compartimentada estructura de *Cuando quiero llorar no lloro* (1970), cuya unidad viene dada por la suma de tres alteridades que perpetran todas las subversiones dentro de la metrópoli misma. Allende esos problemas estructurales, no puede desconocerse que el experimento de Otero Silva pronto devino otro de nuestros clásicos novelísticos, al registrar las odiseas de tres ulises que, sin salir de Caracas para la excursión guerrillera, conjuran empero todos los conflictos y distorsiones sociales de la Venezuela inicua e irreversiblemente urbanizada ya para finales de los sesenta.

El asalto a las caminadoras de la avenida Casanova y a los maricones que «se pavoneaban bajo las arcadas desprestigiadas del Centro Simón Bolívar», son apenas dos de las innumerables fechorías perpetradas por Victorino Peralta y sus compinches, quienes asediaban a la ciudad en patotas engendradas en el Country Club, La Castellana y otras urbanizaciones de la *high life* capitalina. Con sus atléticos y motorizados panas, el antihéroe burgués de *Cuando quiero llorar no lloro* atraviesa la ciudad en su «Triumph trepadora, color rojo hemorragia, la más voladora y piafante entre las motocicletas del Country», porque Victorino pertenece a una de las tribus caraqueñas de mejor artillería, esas que enloquecían a las «jevas» del este con delincuentes hazañas que en buena medida inspiraron la «época trepidante de las motocicletas»[14].

En el tríptico de MOS también está Victorino Pérez, «el choro más firmeza y más comecandela de esta ciudad de Caracas», quien perpetra asaltos en Bello Monte y Santa Mónica. Cuando se escapa de la cárcel, entra a la ciudad por Antímano y se mueve furtivamente en carros que captura en La Rinconada, a través de El Guarataro, Propatria, San Martín, Puente Hierro, Los Rosales y San Juan, en esos sectores populares

---

[14] M. Otero Silva, *Cuando quiero llorar no lloro* (1970). Caracas: CMR Producciones Culturales, 1996, pp. 74-75, 103.

donde hay «millares de casas, garages (*sic*), posadas, areperías, bares, sellados de 5 y 6, panaderías, burdeles, cines, billares, tiendas de turcos y quintas de ricos»; creo con Araujo que es un personaje caraqueño que esperaba una paternidad literaria que Otero Silva supo darle con maestría[15]. Por su parte, nacido en la caraqueñísima maternidad de la avenida San Martín; miembro activísimo de una de las UTC –esas que prendían fuego a las tuberías de la Standard Oil y repartían panfletos en los barrios, mientras gritaban «Viva el Che Guevara»– Victorino Perdomo burla a la Digepol en su Chevrolet negro con el que recorre la ciudad[16]; es sin embargo el personaje de clase media que, en cierta forma heredero de la rebeldía estudiantil de *Fiebre*, no parece haber sido suficientemente actualizado después de aquella obra temprana.

22. Como otra muestra del sincretismo social de *Cuando quiero llorar no lloro*, los tres Victorinos de Otero Silva son parientes de convulsionados caracteres de novelas coetáneas. El Peralta asoma también entre esas patotas que, con algo del objetualismo garmendiano, registrara *Abrapalabra* (1979) en descripciones hiperreales de las chaquetas y los guantes de cuero, los cinturones y las botas, los cascos dorados y las motos; toda una artillería para la violencia urbana blandida por las tribus burguesas a 150 kph[17]. Victorino Perdomo es, en cierta forma, el rostro más urbano de esos topos que Liendo colocara en las montañas, después de haber sembrado las calles caraqueñas con tachuelas para colapsar la circulación, entre otras operaciones programadas por las FALN para desestabilizar los regímenes de Betancourt y Leoni[18]. Y Victorino Pérez se asemeja también al Julio César de *Setecientas palmeras plantadas en el mismo lugar* (1974), el «malandrito» de Macarao, adonde trae a los panas de clase media que por

[15] *Ibíd.*, pp. 64, 69, 91, 94-95, 114, 122, 125; O. Araujo, *Narrativa venezolana contemporánea*, p. 151.
[16] M. Otero Silva, *Cuando quiero llorar no lloro*, pp. 28, 55-57, 82, 109, 144, 149.
[17] L. Britto García, *Abrapalabra* (1979). Caracas: Monte Ávila Editores Latinoamericana, 2003, pp. 20-22, 133.
[18] E. Liendo, *Los topos*, p. 50.

casualidad ha conocido en las fiestas universitarias; éstos sueñan o se divierten con la idea de helenizar a los delincuentes, pero a la vez con involucrarlos en sus andanzas patoteras[19]. La nefasta camaradería no sólo confirma que entre oeste y este de la ciudad urdíanse componendas para una violencia jalonada por guerrillas y patotas, sino que los tres Victorinos de MOS son, como sus parientes novelescos, advocaciones de una sociedad clasista y segregada.

A mi juicio, la carga más dramática de la violencia y rebeldía de aquella época la porta Victorino Peralta, cuyos desafueros parecen ser una reacción contra la molicie y los mimos excesivos de una vida regalona, desde el Maserati que le obsequiaron los padres por su cumpleaños, hasta las ridículas fiestas infantiles que ofrecía Mami para la hermana de Victorino, vigiladas por sirvientas negras y entretenidas con «animales afeminados de Walt Disney». Con otros pavos «sifrinos» que estudian derecho en la Universidad Católica, Victorino profana los Mustangs y Mercedes Benz estacionados en La Castellana y otras urbanizaciones elegantes, así como sabotea las fiestas de quinceañeras del Country, de esas que importaban el traje de «Christian Dior blanco bordado en pedrería» y contrataban a «la Billo completica»[20]. Todo un prontuario que trasunta la molicie y el malestar de una improductiva burguesía de la Venezuela saudita en trance de descomposición.

En todo caso, como en la Roma imperial que ambienta el prólogo de la novela, prefigurando el nepotismo y la corrupción del ciclo democrático de Punto Fijo, *Cuando quiero llorar no lloro* demuestra que, como advirtió Araujo, «en tiempos de descomposición social y vísperas de grandes cambios, la violencia represiva de lo que decae y la iracundia de lo que insurge, adquieren formas y manifestaciones múltiples...»[21]. Asimismo, semejando los aburguesados esperpentos de los retablos de Jacobo Borges, en el crudo reportaje de Otero Silva asoman ya algunos integrantes de una plutocracia económica, política y militar que amasa sus fortunas en bancos extran-

[19] J. Balza, *Setecientas palmeras plantadas en el mismo lugar* (1974). Caracas: Monte Ávila Editores, 1981, pp. 69-72, 81-83.

[20] M. Otero Silva, *Cuando quiero llorar no lloro*, pp. 49, 53, 128-129.

[21] O. Araujo, *Narrativa venezolana contemporánea*, p. 146.

jeros para sus venideros exilios dorados, no ya en Francia o Suiza, sino en Miami[22]. El «juego de tiempos históricos decisivos» con la Roma imperial y el surgimiento del cristianismo fue aprovechado así por el escritor de izquierda para vocear sus alertas sobre la decadencia de la sociedad capitalista y el advenimiento del comunismo[23]. Eran aciagas analogías que como sociedad lamentablemente no supimos leer a tiempo en la narrativa de MOS, teniendo que entenderlos, por desgracia, en los anacrónicos y vengativos procesos de nuestra historia finisecular.

[22] M. Otero Silva, *Cuando quiero llorar no lloro*, pp. 110, 134.
[23] J. Sanoja Hernández, «En busca del tesoro perdido», en *50 imprescindibles*, curador y comentarista J. Sanoja Hernández. Caracas: Fundación para la Cultura Urbana, 2002, pp. 63-65, p. 64.

La mala noche*

«La noche llega deliberadamente. El Xoco, ahora».

SALVADOR GARMENDIA,
La mala vida (1968)

23. A la par que la urbanización motorizada y violenta tan bien registrada en la novelística caraqueña de los años sesenta y setenta, la nocturnidad, el consumismo y la cinematografía despuntaron como tres motivos paralelos al súbito crecimiento urbano en la prosa venezolana de aquellas décadas. Aunque pueden ser vistos como inconexos y diversos, son tres manifestaciones recurrentes en autores representativos del período que venimos de revisar –Salvador Garmendia, José Balza, Carlos Noguera, Luis Britto García, Antonieta Madrid, Eduardo Liendo, Miguel Otero Silva, Elisa Lerner– quienes reflejaron en ellos la engañosa precipitación de nuestra modernidad frívola y farandulera, como también lo hicieran el carro, la autopista y la valla publicitaria con respecto al modernismo desarrollista. Reunamos pues en esta y las siguientes dos secciones algunas otras referencias novelescas a esos motivos, aunque ellos hayan sido anticipados ya en partes anteriores de este libro.

* Versiones de esta y la siguiente secciones integraron mi ponencia «Nocturnidad y consumismo en el paisaje prosístico venezolano de los sesenta y setenta», gentilmente leída en mi ausencia por el profesor Jorge Gómez en el Simposio «Nueva Visión de la naturaleza y la historia. Paisajes paralelos (1960-2000)», Mérida: Facultad de Humanidades y Educación (FHE), Universidad de Los Andes (ULA), 17-19 octubre, 2007.

Después de los salones y clubes retratados en novelas del modernismo y realismo novecentistas, de Blanco Fombona a Pocaterra, una nueva nocturnidad pública asomó en la narrativa caraqueña con *Los alegres desahuciados* (1948) de Mariño Palacio, cuyos bohemios aburguesados deambulan ya por elegantes urbanizaciones y avenidas de la metrópoli rampante[1]. También las complejas novelas del segundo Meneses descompusieron y contrastaron, como en *collages* cubistas, las alteridades entre rurales y citadinas, entre diurnas y nocturnas, de los juambimbas que inmigraban a un centro cuyos bares y prostíbulos les introducían a una ignota geografía tabernaria. Y a diferencia del *flâneur* de Bejamin, quien se absorbiera en luengos paseos a lo largo de monumentales galerías y bulevares de la metrópoli industrial, la urbanización de las criaturas menesianas pareció consumarse en furtivas odiseas nocturnas que gravitaban alrededor de un centro oscuro y vicioso, que ya no era de techos rojos[2].

24. Un antecedente olvidado de estas odiseas fue provisto por Oscar Guaramato, cuyos relatos escapan doblemente del registro imaginario de esta investigación –por tratarse de breves cuentos que además se encuadran con frecuencia en marcos rurales– pero que deben mencionarse por haber captado los juambimbas que se trocaban en pequeños seres urbanos. Habiendo pertenecido al grupo Contrapunto –que también ofreció visos citadinos, además «del criollismo de nuevo cuño», que para Lasarte representara el periodista– «la imagen misma que de Guaramato siempre se ha rescatado, la del autodidacta, ajeno al mundo de la intelectualidad, solitario, rodeado de misterios, vital y humano, como si él mismo fuese uno de sus

---

[1] Algo de la nocturnidad burguesa de la capital de Bella Época está recreada en A. Almandoz, *La ciudad en el imaginario venezolano*, t. I, pp. 33-41; sobre Mariño Palacio, ver A. Almandoz, *La ciudad en el imaginario venezolano*, t. II, pp. 184-187.

[2] Con respecto al *flâneur*, por ejemplo el texto sobre «Paris, Capital of the Nineteenth Century», en W. Benjamín, *Reflections. Essays, Aphorisms, Autobiographical Writings*, ed. P. Demetz, trad. E. Jephcott. Nueva York: Schocken Books, 1986, pp. 146-162. Sobre el movimiento espacial y la urbanización del sujeto menesiano, ver A. Almandoz, *La ciudad en el imaginario venezolano*, t. II, pp. 171-190.

personajes», lo asemeja, como en los también provincianos casos de Julio y Salvador Garmendia, a sus propias criaturas de ficción. Éstas han sido emparentadas por Lasarte con el «pequeño ser», con los caracteres anodinos y de bajorrelieve que pululan en sus *Cuentos en tono menor*[3], ellos conforman una rama genealógica del Juanbimba cuyas odiseas y masificación hemos tratado de ilustrar, apelando también a algunos cuentos de *La tuna de oro* de Julio Garmendia[4].

Aunque le tocara escribir desde convulsos trancos históricos e inhóspitas ciudades del país, Guaramato optó «por la ternura que mana sin cesar del mundo natural frente a la violencia que parece enseñorearse de la realidad cotidiana».[5] Pero sus pequeños seres muestran ángulos muy urbanos en las estampas de *Por el río de la calle* (1953), marcadas por una cotidianidad anodina y grisácea, como la que se abre desde el transeúnte mismo.

El transeúnte es espectador y personaje del drama ciudadano. Tiene para sí lugar activo en el discurrir callejero y, a menudo, su haber encaja en la comedia que pasa ante sus ojos. Puede sentirse dueño de la risa de los floristas, amo del aire que empuja las ventanas, protector del mendigo, hermano del pulpero. Puede mirar, como algo suyo, el alborozo del hijo del vecino, los desplantes del beodo del mar, la paz del barrendero, el pregón del vendedor de diarios.

A veces para variar, cambia la ruta diaria y llega al conocimiento de simples situaciones: la vieja casona demolida, la nueva venta de frutas, el rostro alegre de la tendera española, el carro negro que adquirió el doctor[6].

No muy distinto del *flâneur* de Benjamin, pero con una perspectiva menos aburguesada y más proletaria, el transeúnte de *Por el río de la calle* identifica así, desde su punto de vista peatonal y pedestre a un tiempo, una pequeña galería

[3] J. Lasarte, «Prólogo» a O. Guaramato, *Cuentos en tono menor*, pp. 10, 13.
[4] A. Almandoz, *La ciudad en el imaginario venezolano*, t. II, pp. 177-180.
[5] J. Lasarte, «Prólogo» a O. Guaramato, *Cuentos en tono menor*, p. 21.
[6] O. Guaramato, «Sábado», en *Cuentos en tono menor* (1990), prólogo de Javier Lasarte Valcárcel. Caracas: Monte Ávila Editores, 1995, p. 61.

de personajes menores que, como él, están en el azaroso borde de la ciudad formal, sin que algunos consigan ingresar del todo a aquélla. Lerner señaló que las criaturas de Guaramato «son pensionistas, empleados de muy baja categoría dentro de la administración pública y muchas veces, seres que no tienen trabajo, que carecen de una profesión definida»[7]. Sin reducirlos a esta especie, creo que son estos últimos los que predominan y son más propios de su cuentística; así por ejemplo, al igual que en algunos relatos de *La tuna de oro*, en el «Lunes» de Guaramato está el personaje que ha quedado fuera del juego metropolitano, por lo que huronea en las iglesias, hasta caer definitivamente en la mendicidad; en la captación de esa caída, el autor nos da acaso su propia interpretación de la realidad urbana y de la turbulencia del río callejero.

> Cuando supo que era un derrotado, cuando se vio tembloroso de vejez, como leño podrido en el río de la calle, buscó en la mirada de los que pasaban un rasgo de piedad, y musitó al oído de los pocos, con todas las variantes de su voz, retazos de su angustia. Pero nadie quiso ayudarle. Le miraban con temor, como si en él anduviese retratada la resultante de su propia maldad. Como si él fuese el espejo de lo que cada uno de ellos podría ser. Y pasaban a su lado sin detenerse, tarados de egoísmo, celosos por conservar su puesto, su rango social; sin volver ni una vez la cara. Crueles[8].

Con toda la carga naturalista que todavía se siente en el plano real de la metáfora, ese río puede ser interpretado como la imagen fundamental y sustancial que de la urbe tuviera un autor tan aparentemente rural como Guaramato. Con resonancias de Heráclito, por ese río pasa «presurosa, la vida de la ciudad», evidenciando el dilema «entre morir de hambre o vivir a medias», como ocurre ante el mendigo. Es la misma corriente de la «calle abierta» que atrae a la muchacha pueblerina de «Miércoles» a caer en la prostitución; o de la calle empinada y lluviosa

---

[7] E. Lerner, «Oscar Guaramato: una condición nocturna en la ficción del país» (1970), en *Yo amo a Columbo o la pasión dispersa*. Caracas: Monte Ávila Editores, 1979, pp. 51-55, p. 53.

[8] O. Guaramato, «Lunes», en *Cuentos en tono menor*, pp. 65-66.

que atraviesa la mujer descalza del «Jueves», tratando de llegar a su domicilio humilde, para rescatar la ropa tendida[9].

En esa galería de pequeños seres también asoman algunos personajes nocturnos que nos recuerdan a los de Mariño Palacio, otro coetáneo de Guaramato, aunque la nocturnidad de aquéllos sea más bohemia y sofisticada, mientras que la de éstos sea más bien una «mala noche», como lo señalara Lerner para enfatizar el parentesco con *La mala vida* de Garmendia. Si bien la cronista también advirtió que la «condición nocturna» de los personajes de Guaramato correspondía a una Venezuela más rural que la de Mateo Martán y otros congéneres garmendianos[10]; creo que algunos caracteres del periodista aragüeño prefiguraron la urbanizada nocturnidad del pequeño ser. Todavía están en su cuentística los oscuros habituales de los bares parroquianos, como en Meneses y el primer Garmendia; pero también asoman en *Por el río de la calle* los más llamativos por sus vestimentas o costumbres, como el José Flores que se desliza en raído traje de etiqueta y apura el coñac en las barras de cerveza y aguardiente. Como buen sujeto que se rebela contra el gregarismo, el estrafalario protagonista de «Sábado» disfruta el «triunfo callejero» de su diferencia, hasta que encuentra la muerte un domingo en la madrugada, a manos del hampa, ya en prefiguración de la ciudad violenta que tiene un gran teatro en la noche arrabalera[11].

25. Habiendo ya revisado algo de la nocturnidad entre bohemia y consumista de Sabana Grande y otros distritos del este –de la que no se puede deslindar a rajatabla, por supuesto– intentamos ahora concentrarnos en esa que Lerner llamara la *mala noche*, escenificada generalmente en el oeste y centro de la metrópoli segregada, donde quedaron reducidos o atascados muchos de los inmigrantes y sectores tradicionales de la masa urbana venidos a menos[12]. A través de anodinos

---

[9] O. Guaramato, «Lunes», «Miércoles», «Jueves», en *Cuentos en tono menor*, pp. 66, 71, 72-73.
[10] E. Lerner, «Oscar Guaramato: una condición nocturna en la ficción del país», en *Yo amo a Columbo...*, pp. 52-54.
[11] O. Guaramato, «Sábado», en *Cuentos en tono menor*, pp. 78-79.
[12] Apoyándome en la concepción de J. L. Romero, he explorado esta aprox-

caracteres que no tienen ya el sentido aventurero y carnavalesco de los menesianos, esa céntrica nocturnidad caraqueña de los cincuenta y sesenta es sondeada por pequeños seres que buscan alivio y algo de sorpresa, después de la rutina laboral diurna.

Saliendo a las seis de la tarde de la oficina para dirigirse al *Xoco*, «un bar español frente a Santa Teresa», donde toma dos jarras de cerveza para caminar después a un paso «más liviano» en el regreso a casa, el sujeto de *La mala vida* piensa, «no sin cierta malicia», que cada noche «podría estar reservada para esa especie de hallazgo excepcional». Fue traumática la primera vez que se atrevió a cruzar el umbral, tal como nos confiesa después desde la seguridad rutinaria: «Empujé los batientes y casi estuve a punto de volverme atrás ante el tufo de mariscos y cerveza que embargaba el ambiente. Con el tiempo, ese olor ha pasado a formar parte de un hábito»; es una habitualidad que marca también el resto del regreso a casa: «Al cruzar bajo la hilera de balcones son ya las siete y media. En efecto, el timbrazo que anuncia la función intermediaria en el Cine Paraíso, no se hace esperar». Poblado por otra generación de sus pequeños seres, Garmendia nos ofrece así un sombrío paisaje parroquial que sólo parece iluminarse en los trechos callejeros bajo las marquesinas y vallas comerciales. «Un manchón, entre rosado y verde lívido, baña el ancho de la calzada y muere sobre la acera opuesta», observa el transeúnte desde la pedestre penumbra de los neones[13].

Confirmando su atracción por el atardecer y la noche, que es un pasaje temporal y social entre los dominios de lo público y profesional, por un lado, y lo privado y familiar, por otro, Garmendia nos coloca asimismo en el espacio intermediario que se nutre de ese tránsito, porque allí la tan urbana contraposición entre aquellos dominios puede desdibujar sus límites diurnos[14]. Hasta que finalmente se llega a la privaci-

mación para el caso caraqueño en A. Almandoz, *La ciudad en el imaginario venezolano*, t. II, pp. 165-173.

[13] S. Garmendia, *La mala vida*, pp. 64-66, 220.

[14] He tratado de conceptuar este pasaje temporal y espacial en A. Almandoz, «La noche urbana» (1986), «Los espacios intermediarios en la ciudad: el café» (1986) y «La calle urbana» (1989), en *Ensayos de cultura urbana*, pp. 82-90,

dad del hotel Princesa, donde algunos huéspedes «se distraen mirando la televisión, echados en las butacas de semicuero rojo»; mientras tanto, en otras pensiones del vecindario, quedadas todavía en la Venezuela radial, las dueñas y los inquilinos se sientan en mecedoras de paleta a escuchar las comedias «en su Philco negro y ojival»[15].

También está en la novela de Garmendia la nocturnidad prostibularia de la casita del callejón de Monte Piedad, donde se oía «cantar los gallos en las mañanas y se sentía el resuello lejano y ronco de la ciudad»; es la misma noche arrabalera de «burdeles baratos de Puente Hierro, en el Mercado de Quinta Crespo», adonde los personajes de *La mala vida* recalan los días de pago quincenal. «Hasta allí alcanzaba el bramido de los camiones que estacionaban en el playón del mercado, la música borrosa de los bares, los gritos de los cargadores que llevan sacos o barriles o empujan carretillas de mano». Más que por los lujosos carros que se deslizan por las raudas autopistas y avenidas del este capitalino, esta mala noche es atravesada en carritos por puesto y autobuses como el de Pro Patria, que conduce a los personajes garmendianos a Nueva Caracas, donde la calle, «como de costumbre, hervía de gente, de ruidos y luces»[16].

Al igual que la de *Los pequeños seres* y otras de sus tempranas novelas, la nocturnidad de *La mala vida* refleja mucho de la propia experiencia del escritor inmigrante. Habiendo vivido en Monte Piedad en sus primeros años capitalinos, Garmendia salía «de un desteñido botiquín a la noche. Tal vez el Bruno o el Bar Ayacucho y luego las calles comenzaban a extender su juego sobre un malicioso tablero, donde el azar era yo mismo...», confesaría dos décadas más tarde, cual uno de sus personajes[17]. No sólo por su anclaje en el oeste caraqueño, esa mala noche está también lastrada por el desarraigo del provinciano que ha llegado a la capital para

98-100. Con respecto a la atracción de Garmendia por la noche, ver A. Bilbao, *Salvador Garmendia*, p. 29.
[15] S. Garmendia, *La mala vida*, pp. 64, 225.
[16] *Ibíd.*, pp. 68, 81, 231-234.
[17] S. Garmendia, «Veinte años de calles, ruidos y superficies», en S. Mendoza (ed.), *Así es Caracas.*, s.p.

quedarse, atrapado ya en la rutina y complejidad metropolitanas; como escape frente a este nuevo dominio de vida mecanizada y anónima, el romántico pasado provinciano parece resonar ahora en un imaginario radial y musical, con mucho de la añoranza y el despecho cantados por la noche de ronda de Agustín Lara. En este sentido ha sido señalado que la nocturnidad de la novela de Garmendia, a la manera de Manuel Puig, está basada en la radiación de los personajes, así como en su propia elaboración del bolero y la ranchera; por eso comentó Santaella en el mismo año que apareciera la segunda edición de *La mala vida*: «Tal vez Javier Solís imaginó tardíamente las resonancias infinitas y agudas de los personajes de Salvador Garmendia porque en cierta forma el universo que describían sus canciones estaba inmediatamente extendido en la diaria cotidianidad»[18].

26. Esa mala noche garmendiana va a tener expresiones y locaciones diferentes en novelas ulteriores, donde los pequeños seres se tornan más urbanos y desenfadados, mientras sus odiseas nocturnas se amplían más allá de las parroquias caraqueñas venidas a menos. Así por ejemplo, el deteriorado centro que se hace oeste era todavía animado hábitat diurno, antes de la partida hacia El Marqués del también inmigrante personaje de *D*[19]; pero la mala noche de la novela, más bohemia, intelectual y viciosa, más semejante en este sentido a la de Mariño Palacio, se ha desplazado hacia el este. Mientras discuten sobre el arte de Sonia Sanoja o las últimas exposiciones en Nueva York, los personajes de Balza se enfilan hacia el barcito de Plaza Venezuela, cuya oscura sección del Club

[18] J. C. Santaella, «Otras nocturnidades», Papel Literario, *El Nacional*, Caracas: abril 6, 1980.

[19] Después de su migración hacia el este caraqueño, todavía recordaría, a la manera de sus congéneres garmendianos: «Para el almuerzo, mientras vivía por Veroes, caminaba por algún lugar que vendiera hervidos. Ya en la calle el peso de mi habitación desaparecía; la frescura, la luz, contrastaban con mi cueva, pero yo no podía distinguir esa diferencia con claridad. La ciudad me absorbía fácilmente: mediante una conversación en las esquinas o presenciando algún hecho banal. ¿Hay todavía gente como yo, en esas calles?» (J. Balza, *D...*, p. 47).

de Masturbadores esconde impúdicas formas de sexualidad, potenciadas ahora por el noctívago anonimato metropolitano:

> Cuerpos frescos, muchachas, me buscaban deliberadamente, y sin misterios. La ciudad había crecido; lo que en los años juveniles de Ara hubiese escandalizado o hubiera sido criticado en seguida, ahora adquiría naturalidad, se cumplía ante millones de ojos que realmente no miraban. La ciudad crece para ocultar su propia presencia. Una llamada, una cita: todo tan simple y secreto[20].

Deslizándose por esos antros nocturnos, estos orfeos caraqueños parecen recordarnos que el secreto es una necesidad social de la metrópoli, tal como ya Simmel había advertido al construir su secular axiología de la modernidad esquizoide y mecanizada[21]. Aunque venidos de remotos parajes del delta orinoquense, otros personajes balzianos se mueven con desenfado a través de las flamantes autopistas de la capital expansiva, conduciendo autos sanguíneos que son como proyecciones de sí mismos, mientras comentan cuadros de Armando Barrios, o los incisos de la música de Mahler en la *Muerte en Venecia* de Visconti. Vestidos a lo Elvis y estudiando en la UCV, ellos son parte de una aburguesada bohemia que entrecruza los apartamentos de El Marqués con casas alquiladas de La Castellana; sin embargo, en esta última asoma el narrador cierta segregación que habla de una entreverada noche metropolitana: «La casa estaba llena de gente irregular, seres indefinibles que, indudablemente, no eran como los pensionistas del centro o del oeste, pero que tampoco podían buscar refugio en un apartamento completo»[22]. Quizás haya en esta galería de intelectualizada gente citadina algo del propio mundo del escritor, ese cuya vida caraqueña está centrada en su

---

[20] *Ibíd.*, pp. 80-81, 88.
[21] Ver en este sentido G. Simmel, «El secreto y la sociedad secreta», en *Sociología. Estudios sobre las formas de socialización* (1908). Madrid: Revista de Occidente, 1977, t. I, pp. 357-386.
[22] J. Balza, *D...*, pp. 29-31, 196.

apartamento de Santa Mónica, y para quien la universidad ha sido «una sustancia tan importante como el Orinoco»[23].

27. La alocada nocturnidad de aquellas décadas entre psicodélicas y *hippies* se regodeaba en burlar normas y vacilarse toda convención social, incluyendo la profanación de los valores y símbolos urbanos. Antes de arrancar en sus motos a azotar la noche capitalina, los patoteros de *Cuando quiero llorar no lloro* sabotean con sus prolongados eructos las proyecciones del Altamira y otros palacios de cine, en cuyas pantallas todavía se ve a Frank Sinatra cantar, curiosamente, *Strangers in the Night*[24]. En la desenfrenada juerga de las *Historias de la calle Lincoln*, Guaica y sus compañeros de farra detienen el Mustang frente a la estatua de María Lionza en plena autopista, mientras inhalan el olor a mierda del Guaire, recientemente canalizado[25]. Noguera nos da así otra nocturna postal escatológica de la irreverente literatura del período, secularizando en este caso la emblemática imagen de la diosa que prodigaba sus tetas en pedestales y quiscos. Pero el derrape patotero ocultaba mucho de frustración generacional: la nocturnidad de la narrativa de Noguera ha sido vista como escape después del fin de la utopía guerrillera; sus alocados y noctívagos personajes nos dan, según Cordoliani, un «veraz testimonio de aquellos días de ideales derrumbados, en que por primera vez surge una bohemia juvenil que hizo de la ciudad su casa y de la noche el más fiel refugio de sus sueños, de su necesidad de transformar, aunque fuera un poco, una realidad alienante que estaba lejos de satisfacerla»[26].

De nuevo en el oeste, algo de esa hastiada nocturnidad que siguiera al fracaso subversivo es asomada también por Eduardo Liendo en el paisaje barrial de burdeles y billares de El Valle y Las Mayas, cuyo eje sigue siendo el poste donde la patota de

---

[23]   R. Wisotzki, «Todo José Balza contenido en un libro. Soy un autor de la penumbra del país», *El Nacional*, Caracas: junio 22, 1997, p. C12.

[24]   M. Otero Silva, *Cuando quiero llorar no lloro*, p. 104.

[25]   C. Noguera, *Historias de la calle Lincoln*, pp. 94, 97.

[26]   S. Cordoliani, «A veinte años de aquella dulce locura», prólogo a C. Noguera, *Historias de la calle Lincoln*, p. 7.

otrora «se morboseaba» a las mujeres que pasaban, o hablaba pestes del gobierno; es la mala noche de los panas, ociosa y adolescente, recordada con cierta nostalgia por el narrador de *Los topos*, a su regreso maduro después de los años en la cárcel[27]. Mudándose del oeste al este, del bar al restaurante, de la arepera a la discoteca –a veces son todos visitados en una misma noche de farra– el barullo de la nocturnidad nueva rica en la Venezuela saudita, en la que las birras y los güisquis bañan los negocios turbios, está como grabado en recurrentes pasajes de *Abrapalabra*; allí Britto García registra la atropellada jerga de ejecutivos y comerciantes, abogados y clientes que articulan una suerte de banda sonora en la que se anuncian y potencian los más trillados imperativos del consumismo y la bebedera, el adulterio y el divorcio, la prebenda y la corruptela.

Dámela sin masa. Fírmame ese cheque. Sin cuota inicial. Contrata la cuña. Prepara el embargo. Hay que ponerse en el negocio, dóctor. Págame el traspaso. Tráeme la fianza. Dámelo con soda. Dámelo con agua. Hay que meterse en la gerencia, socio. Busca garantías. Brégame ese préstamo. Saca las licencias. Compre los terrenos. Hay que ponerse en el subsidio, mano. Háblale al ministro. Llama al diputado. Dámelo con pepsi. Dámelo con soda. Hay que lograr las exenciones, mano. Pacto de retracto. Cláusulas penales. A sus gratas órdenes. Muy sentido pésame. Hay que ponerse en la movida, dóctor. Tarjeta de crédito. Cuenta corriente. Mercancía muerta. Deudas incobrables. Hay que ponerse en el contrato, vale. Dámelo White Horse. Dámelo Black Label. Dámelo Johnnie Walker. Dámelo Buchanan. Tráigame la carta. Deme un Alkaseltzer. Llévala al naiclú. Ofrécele un carro. Móntale una casa. Dale un solitario. Causal de divorcio. Partición de bienes. Patria potestad. Pensión de alimentos. Dámelo con hielo. Dámelo con agua. Habla con el juez. Córtale los créditos. Busca una palanca. Saca la solvencia. Renueva el seguro. Pídele el descuento. Fímale el contrato. Pídele la quiebra. Sácalo a remate. Llévale al notario. Pídele el balance. Cóbrale ese vale. Ponle la demanda. Llama al abogado.

[27] E. Liendo, *Los topos*, pp. 189-196.

Cóbrale la prima. Dámelo con soda. Dámelo con agua. Cuídate esa úlcera. Cuida las arterias. Cuida la cirrosis. Cuídate la próstata. Partición de herencia. Compra el sindicato. Bóveda de mármol. Nota necrológica. Dámela sin masa[28].

---

[28] L. Britto García, *Abrapalabra*, pp. 158-159.

Entre marcas y gangas

«...porque donde aparecía una ganga allí
estaba tía Consuelo, como una fija».

ANTONIETA MADRID,
No es tiempo para rosas rojas (1975)

28. Tal como ha sido repetido en secciones previas de este trabajo, el americanizado consumismo de la sociedad venezolana, escenificado en «ferias de vana alegría» que pretendieron adoptar los emblemas urbanos de la modernidad de Nueva York y Los Ángeles –el rascacielos y la autopista, la valla publicitaria y el centro comercial– es una de las características de nuestra urbanización, en comparación con otras sociedades y metrópolis latinoamericanas[1]. Por su estructural confusión de desarrollo con consumo, después del despegue sin madurez de comienzos de los sesenta, esa urbanización aparente y equívoca se vería reflejada no sólo en la movilidad violenta, la motorización y la frivolidad, entre otros rasgos ya referidos, sino también en el consumismo, confundido en buena medida con el de la boyante Norteamérica de posguerra. Habiendo ya revisado algo de ese catálogo en la ensayística y novelística, sólo deseo dar a continuación algunas otras referencias novelescas, en las que la marca comercial parece acentuar la condición dependiente de la sociedad, a la vez que el objetualismo literario.

Desde las novelas del segundo Meneses y del primer Garmendia, la narrativa que recreara los cambios de mediados del siglo XX registra situaciones y símbolos ilustrativos del

---

[1] A. Almandoz, *La ciudad en el imaginario venezolano*, t. II, pp. 141-151.

consumo comercial, casi en paralelo con la masificación y modernización del sujeto popular. Creo que la subsiguiente alienación de ese pequeño ser garmendiano encuentra nuevos y americanizados signos en *Las 10 p.m. menos nunca*, de Ramón Bravo, así como en otras novelas del mismo Salvador. Componiendo una suerte de galería del *pop art* a través del discurso fragmentado, el cuerpo de Marilyn Monroe o el emblema de los cigarrillos Fortuna, el Ford de ocho cilindros o las latas de Pepsi-Cola o leche Klim, son iconos que aparecen y se repiten en la absurda trama, imprimiendo un llamativo toque de color a algunos escenarios y situaciones grises –baños de bares, talleres mecánicos, supermercados y programas de concursos– en los que transcurre la lenta narración[2]. Aunque no sean siempre marcas de la industria norteamericana, ellas pasan por la narración como iconografía que colorea la atmósfera existencialista creada por Bravo, un poco a la manera de las fugaces imágenes que la Coca-Cola supuestamente insertaba en las películas, como mecanismo subliminal de publicidad, según propalaban los detractores del capitalismo yanqui por aquellos años.

29. Coloreando también el anodino mundo en que se desenvuelven los pequeños seres desde aquella novela homónima, las marcas comerciales, incluyendo sus traducciones a los venezolanismos del español, resuenan en *La mala vida* de Garmendia. El «enorme Nash 1955 de Jimmy», los lentes «raiban» que nos exhibe Villa en el burdel de La China, o el «Cadillac viejo» que surca la novela[3], no son sino algunos signos desvencijados –que no dejan por ello de ser ostentosos y esnobistas– del estrafalario mal gusto de los personajes de bajos fondos. Son marcas comerciales que enfatizan el objetualismo ya presente desde la temprana narrativa garmendiana, a la vez que, tal como ha hecho notar Bilbao, «son representativos no sólo de la época, del estado sincrónico de la lengua, sino también del proceso neocolonial vigente en todos los planos de

---

[2] R. Bravo, *Las 10 p.m. menos nunca*, pp. 60-61, 142, 150, 154, 160.
[3] S. Garmendia, *La mala vida*, pp. 38, 69-70.

la vida venezolana»[4]. En este sentido, como reconociendo las formas pretéritas de la penetración europea que cedieran ante la invasión norteamericana, las postales que venían «de París, de Londres, de Lisboa, de Hamburgo», quedan en la novela encajonadas en los persistentes pero distantes recuerdos de la infancia parroquiana de los personajes; aunque en el «mundo microscópico» de las etiquetas, que Garmendia nos hace visitar como en un detallista viaje de Carroll, refulja todavía una diminuta que rezaba «PARKER... London»[5].

Más allá de los objetos, Garmendia parece esbozar un dejo de sorna ante los americanizados gestos de modernidad que intentan romper la mala vida de sus pequeños seres. En la compartimentada ciudad de funcionarios y oficinas –cuyo mercantilismo nos recuerda en algo a *El hombre de hierro* de Blanco Fombona, a pesar de los ascensores en los que nos introduce Salvador– la rutina de contabilistas y secretarias del departamento de ventas, es apenas quebrada, los viernes por la noche, por las partidas de *bowling* y los bailes en el club recreativo de los empleados[6]. Haciéndose eco del culto a lo gringo que ya voceaban los superiores de Crispín Luz en las oficinas novecentistas de Perrín y Cia., uno de estos sombríos personajes, extraído esta vez de *Día de ceniza*, recurre a aquel americanismo de marras en la mentalidad funcionarial, para recrearnos una escena de colorido y animación inusuales en la narrativa garmendiana:

> Sanabria, que había viajado a Nueva York en los días de la Feria Mundial, defendía la gran civilización americana. Era uno de los pocos temas en el mundo capaces de avivarlo y sacudirlo de la somnolencia en que vivía sumergido su enorme y pesado cuerpo de cuarenta o más años, arrastrándolo a una locuacidad sorda y obstinada. Antúnez pateaba y chillaba delante del sillón donde Sanabria discurría imperturbable. El veía acercarse el desfile de los nuevos Superhombres sin pasado, simpáticos y rudos, vestidos de simples paisanos como los había

---

4 B. Bilbao, *Salvador Garmendia*, p. 40.
5 S. Garmendia, *La mala vida*, pp. 134-135.
6 *Ibíd.*, pp. 10-11.

anunciado Whitman, y los describía sonrientes, desaliñados, en mangas de camisa, echando humo de sus habanos y sus pipas, respondiendo al saludo de la multitud con sus manos vigorosas, todavía manchadas de grasa, bajo la lluvia de confetis y el estrépito de las bandas multicolores»[7].

30. Si las novelas de Bravo y Garmendia nos ofrecen objetos, situaciones y gestos de esa americanización venezolana entre los sectores populares, postales más coloridas y aburguesadas pueden entresacarse, tal como hemos visto, de las novelas de Francisco Massiani, Otero Silva y Antonieta Madrid, que retratan personajes de la clase media en la Caracas del este. En el caso de *No es tiempo para rosas rojas*, más allá de los lugares citadinos que sirven de escenario a las andanzas juveniles, el extranjerismo de la pequeña burguesía retratada por Madrid se alegoriza en el compulsivo consumismo de la tía Consuelo, cuyo «mayor conflicto era qué hacer con todas las cosas que compraba, cuando viajaba a Miami, o a Curaçao, o en la Intendencia militar o en Sears, cuando había gangas, porque donde aparecía una ganga allí estaba tía Consuelo, como una fija». Es una estampa caricaturesca pero fiel de esa tía, primo, vecina o pariente que todos tuvimos en aquellos años germinales del «'ta barato», cuando casi cualquier venezolano con empleo o rentas podía darse el lujo de viajar a Miami o Nueva York, Aruba o Curaçao, en frenética búsqueda de ofertas de corotos con los que el consumismo nos deslumbraba, o de súbitas ganancias en casinos que reproducían el modo de vida de un país hasta entonces sortario. Parodiado a la manera del realismo de Gallegos o Pocaterra, también está en la novela de Madrid el secular encantamiento ante lo gringo, pero actualizado ahora en una llamada telefónica hecha desde Filadelfia, donde la nieta de la familia acaba de nacer: «todo bien, todo perfecto, ¡ay!, qué adelanto, qué pulcritud, qué perfección, todo estaba previsto, hasta el día del parto»[8].

---

[7] S. Garmendia, *Día de ceniza*, pp. 171. Con respecto al culto a lo yanqui en la ciudad mercantil de Blanco Fombona, ver el capítulo «La capital de la Bella Época», en A. Almandoz, *La ciudad en el imaginario venezolano*, t. I, pp. 33-41.

[8] A. Madrid, *No es tiempo para rosas rojas*, pp. 71, 116.

dice la voz de una abuela que parece haberse desprendido del gentilicio, la querencia y la tradición venezolanas.

Para concluir con una licencia que tomamos del género teatral, valga señalar que también los sombríos y fracturados diálogos de *Vida con mamá* (1975) están coloreados de referencias a marcas comerciales que pasaban de los abarrotados estantes de los supermercados venezolanos, a los anaqueles de fórmica de nuestras cocinas americanas. Como confirmando su provocadora preferencia por los iconos de la cultura pop, Lerner incorpora a la utilería del apartamento pequeñoburgués el Silvo que ayuda a mantener el brillo de candelabros, suerte de metálicos recordatorios de pretérito lustre social; saca de los anaqueles a «la muchacha que aparece en esas cajas de pasas de California, con un gran gorro rojo de cintas atado al cuello, ofreciendo una rica bandeja de uvas...», antes de confrontarnos con los paquetes de gelatina Royal que la solterona mece en un cochecito alegórico de una maternidad desgarrada entre los diálogos. Y como arrojando más ironía sobre nuestra secular confusión entre desarrollo y consumismo, madre e hija refieren a los motorizados fetiches que se exhiben en las calles de la Venezuela nueva rica, presididos por el enorme Mercedes Benz, cuyo pomposo nombre de actriz de cine es asociado por muchos «al progreso económico de la república»[9].

[9] E. Lerner, *Vida con mamá* (1975), en *Teatro*. Caracas: Ediciones Angria, 2004, pp. 160-161, 172-178.

A lo Rebeca*

«Pues bien, cuando en Rebeca, la actriz
lució grisosas, pardas faldas, y algún
austero *pullover*, pareció representar una
nueva sobriedad, un adiós definitivo al
sofisticado satén de las actrices de preguerra»

ELISA LERNER,
«La Joan Fontaine de Rebeca» (1970),
en *Yo amo a Columbo* (1979)

31. La última referencia a Lerner es más que casual, ya
que su teatro y su crónica nos introducen a otro capítulo pop
a través del cual puede ser ilustrada, no sólo la presencia del
cine en la cultura de masas venezolana, sino también una irónica reflexión sobre el americanismo farandulero de nuestra
urbanización de posguerra. En este sentido, buscando algo
de apoyo en el teatro lerneriano, quiero ahora centrarme en
Yo amo a Columbo (1979), libro raro hasta cierto punto, que
registra nuestro vodevil a través de una crónica entre sarcás-
tica y frívola, escrita tanto desde metrópolis estadounidenses
como desde la ciudad venezolana en trance de modernización.
Como telón de fondo del fragmentario reporte que los ensayos
de ese libro hacen de un nuevo y masificado tiempo latinoamericano –manifiesto en inusitadas expresiones de la noche
y sus músicas, la literatura y la televisión, entre otros motivos– la mitología fílmica puede decirse presente en todas ellas,
pero especialmente a través de un «raído boleto de cine» y de

* Una primera versión de esta sección y la siguiente fue incluida dentro de
una ponencia libre en el IV Congreso de Investigación y Creación Intelectual,
Caracas: Universidad Metropolitana, mayo 18, 2004. Posteriormente fue arbitrada y publicada como artículo: A. Almandoz, «La americanización venezolana en ensayos y novelas de los años 1960 y 1970», *Anales de la Universidad
Metropolitana*, Vol. 4, No. 1 (Nueva Serie), Caracas: Universidad Metropolitana, 2004, pp. 183-200.

«crónicas norteamericanas», secciones que permiten a la autora dos registros distintos pero complementarios de nuestra cultura pop.

Un texto posterior que recordara la austera y cortés Caracas de su infancia –de «sacrificadas costumbres» pero «suave felicidad», poblada de afables saludos que encabezaba el mismo López Contreras desde su limosina negra– nos da pistas valiosísimas para rastrear esa suerte de urbanización cinematográfica de Lerner, estampada de motivos que son a la vez frívolos y cosmopolitas, vanidosos y modernos. En los paseos con la madre al centro de la capital que se expandía y masificaba con amabilidad todavía, en medio de «aquella ciudad tan callada que no se atrevía a escucharse a sí misma», después de curucutear libros argentinos en *La Mina* de Las Gradillas, las Lerner visitaban *La Compagnie Française*, tienda que sobrevivía desde la Bella Época caraqueña, concurrida ya por las señoras más chic de las novelas de Pocaterra o Pío Gil; allí alcanzó la madre a comprar a Ruth y a Elisa «un lindísimo abriguito rojo», porque creemos que fuera el mismo para las dos hermanas. «Porque en Caracas –como en las sensacionales metrópolis que comenzábamos a conocer en los noticieros del cine– de noche, era posible que viniera el frío a remover un poco la ciudad»[1]. Mencionada justo después de la compra del libro, esa confesión de Elisa es acaso una clave para entender su asociación entre moda y cine, entre metrópoli y frialdad, motivos todos que atraviesan sus piezas teatrales y crónicas adultas.

Eligiendo el cine como tema de muchas de sus columnas –publicadas en la prensa venezolana en los veinte años siguientes al fin del silencio dictatorial concluido en 1958– Lerner puede tramontar hasta la primera modernidad del siglo XX, a través de la iconografía universal del celuloide. Creo que por primera vez en la literatura venezolana –y de una manera hasta cierto punto atrevida, en vista del rechazo de la intelectualidad izquierdista a este arte banal del capitalismo– Lerner

---

[1] E. Lerner, «El sueño de un mundo», en S. Mendoza (ed.), *Así es Caracas*. Caracas: Editorial Ateneo de Caracas, 1980, s.p. Inmigrante también a la ciudad, ese ambiente que describe Lerner está también en varias de las crónicas de M. Vannini, *Arrivederci Caracas*.

adoptó un solazado desenfado de espectador secular, para catalogar la galería de estrellas y películas que viera en Caracas y Nueva York, igualadas esas ciudades por permitirle el acceso a un sitio que ha amado tanto, según ella misma confesara, «como es esa pantalla al fondo de las butacas»[2]. Desde Buster Keaton, Laurel y Hardy, y el Chaplin bailarín que viera en «los simpáticos cines de la parroquia San Juan», hasta la «fresca ironía de Marilyn Monroe en sus respuestas, en su manera de caminar y de sonreír»[3], seguida de la Barbra Streisand que lograra escapar de los clichés del *vaudeville* en *Funny Girl*, estrellas, filmes y géneros de la cinematografía norteamericana, desde los *roaring twenties* hasta los contestatarios setenta, ofrecen motivos de urbanizada reflexión a la espectadora en su butaca.

32. Varias de las crónicas de *Yo amo a Columbo* recorren la moda y el maquillaje, los decorados y la bisutería que parecieran seguir el directorio de secciones femeninas de las grandes tiendas que la joven Elisa visitara en Nueva York o Detroit; como haciéndonos atravesar esos departamentos –casi coincidentes con los índices de las revistas del hogar que las venezolanas hojeaban desde antes que Vam o Sears se establecieran en Caracas– la cronista elige modernizadas prendas de la norteamericana secular a través de un catálogo de divas desdibujadas. Como emblemas de las fáusticas seducciones de Hollywood, allí están retratados, por supuesto, los enjoyados turbantes de Gloria Swanson en *Sunset Boulevard* y la «helada belleza» de la Garbo; las «nubosas alcobas» por las que se pasearan Mae West o Carole Lombard, desplegando elegantes batas de seda que hacían juego con «pretenciosos drapeados» y «vaporosos peinadores». Pero Lerner parece mostrar más interés por las formas de escapar de la molicie clausurada de esas habitaciones, de su mobiliario capitoné y de sus edredones satinados; porque así lo hicieron glamorosas actrices

---

[2] E. Lerner, «Woody Allen. Ratificación de una vieja familiaridad» (1973), en *Yo amo a Columbo...*, pp. 214-216, 214.
[3] E. Lerner, «Marilyn Monroe. La verdad de una nueva rebeldía» (1970); «Chaplin el bailarín» (1978), en *Yo amo a Columbo...*, pp. 197-199, 198, pp. 224-229, 224.

como Ginger Rogers y Lana Turner, con sus excursiones a las heladerías suburbanas; también Bette Davis y Bárbara Stanwyck, «trajeadas de jinetes, montando a caballo, haciendo vida saludable y deportista»; así también la Rita Hayworth que personificara nuevas formas de nocturnidad para la mujer de los años 1940[4].

Como buscando iconos más modernos y seculares entre esos fotogramas que ella torna cubistas, Lerner parece entusiasmarse –sin abandonar su irónica sonrisa– con las transformaciones hacia la moda más sobria y ágil, simple y masificada que tuvieron que adoptar las norteamericanas que votaban y estudiaban desde hacía mucho, y que aprovecharon su estadía en las fábricas, durante la Segunda Guerra Mundial, para obtener las reivindicaciones laborales que les faltaban. Quizás lo más sofisticado de este nuevo tiempo fueran los «exquisitos camiseros de blanca seda» que Katharine Hepburn luciera en *The Philadelphia Story*, los cuales, «eternamente, siguen vendiéndose en *Lord and Taylor*»; porque los sombreros de ala ancha que la Bergman asomara en el *Notorious* (1946) de Hitchcock, han quedado arrinconados, nos advierte la baquiana de las tiendas, en algunos estantes de *The Tailored Woman*, entre la Quinta Avenida y la calle 57[5].

Publicadas muchas de ellas en la revista *Mi Film*, esas crónicas en apariencia frívolas y caprichosas, eran reveladoras y hasta formativas en el panorama venezolano, ya que abogaban –no olvidemos la profesión original de Lerner– a través de la metamorfosis estilística de las divas a las estrellas, por una feminidad secular y desenvuelta; en este sentido, como ha señalado Rodolfo Izaguirre, compañero de la cronista en Sardio, «muchas de ellas se referían a actrices de Hollywood que, habiendo cruzado el infierno de la hecatombe y del holocausto, convertidas por el cine en novias o viudas de guerra, retornaban al mundo del *glamour* arrastrando la sonrisa triunfal de Katharine Hepburn»[6].

[4] E. Lerner, «Actrices» (1961); «Actrices de ayer» (1973), en *Yo amo a Columbo...*, pp. 103-107, 105, pp. 217-223, 218-219, 222.

[5] E. Lerner, «Siempre Miss Hepburn» (1970); «Una Bergman que no fue de Rosellini» (1970), en *Yo amo a Columbo...*, pp. 179-181, 180, pp. 185-187, 186.

[6] R. Izaguirre, «El mantel como una bandera», prólogo a E. Lerner, *Teatro*.

33. El simplificado estilo de la mujer funcionarial –mecanógrafa, secretaria, maestra– había sido prefigurado en *Rebeca*, donde Joan Fontaine, vistiendo «grisosas, pardas faldas, y algún austero *pullover*, pareció representar una nueva sobriedad, un adiós definitivo al sofisticado satén de las actrices de preguerra»[7]. Retrato secular de la Jane Eyre de las Brontë, de esa Rebeca austera tomó Lerner, quizás, el adusto estilo que terminó adoptando su Rosie Davis, aunque a la oficinista solterona y a su madre les cueste todavía desprenderse de los sombreros rosa y «los largos guantes negros de las mejores tiendas de Manhattan»[8]. Con o sin sus vestuarios atrevidos, Marilyn Monroe, Elizabeth Taylor, Kim Novak, Ann Bancroft y Barbra Streisand, entre otras *stars* y *beautiful babies* de las décadas siguientes, desfilan también en la crónica modista de Lerner, personificando nuevas formas de conquista, desenfado e ironía de la mujer de la segunda mitad del siglo XX[9]. Esas legendarias «actrices de ayer» permiten a la autora de *Yo amo a Columbo* establecer una glamorosa mitología del «protagonismo femenino» que se repite en otros contextos y períodos de su obra, convirtiéndose, como ha señalado Rusotto, en una constante «perspectiva de género» que alcanzaría su clímax en *Crónicas ginecológicas* (1984)[10].

Es la gran crónica de una transformación femenina que, al otro lado del Atlántico, se remonta a la revolución que consolidara Chanel, después de que Paul Poiret liberara de tachones y drapeados a las encorsetadas damas de la *Belle Époque*; sabemos que esa metamorfosis continuó con la simplificación de estilos y el sube y baja de faldas, que desde la segunda posguerra, protagonizaran en Francia la misma Chanel, Dior y Givenchy; antes de difundirse los irreverentes *culottes*, el traje

Caracas: Ediciones Angria, 2004, pp. 3-10, p. 5.

[7] E. Lerner, E., «La Joan Fontaine de Rebeca» (1970), en *Yo amo a Columbo...*, pp. 182-184, 182.

[8] E. Lerner, *En el vasto silencio de Manhattan* (1971), en *Teatro*. Caracas: Ediciones Angria, 2004, p. 66.

[9] E. Lerner, «Actrices»; «Barbra Streisand. Un nuevo estilo en la comedia musical» (1969), en *Yo amo a Columbo...*, pp. 104, 170-172.

[10] M. Russotto, «Crónica de los géneros sexuales», Papel Literario, *El Nacional*, Caracas: mayo 12, 2001.

pantalón de Saint-Laurent o la minifalda de Mary Quant. Pero es significativo que la americanizada mirada de Lerner, quien sabe mucho también de las peripecias europeas de la *haute couture* y del *prêt-à-porter*, prefiriera seguir el itinerario de Hollywood, para pespuntear y bocetear en las páginas de revistas y suplementos culturales de los periódicos venezolanos, su propia historia de la moda y los estilos[11]. Hay mucho de esa historia y de ese itinerario, por cierto, en los entrecortados diálogos de *Vida con mamá*, donde la Madre, trajeada de Erté, pregunta repetidamente a la Hija –vestida apenas, a lo Rebeca, con «blusa camisero de seda blanco, de gran lazo y falda negra», según las profusas y penetrantes indicaciones de la dramaturga– por el destino de los largos trajes de novia aderezados con perlas y tocados de tul. Porque las perlas nupciales son, como el «reposo de las repisas», como las mecedoras desde donde prorrumpe el aguzado diálogo de las mujeres lernerianas, formas del recuerdo que los divorcios y las novelerías buscan desenhebrar[12].

Hay algo aquí también del juego lerneriano advertido por Russotto, para cambiar las miradas contextuales –europea, norteamericana, latinoamericana– de los objetos recurrentes de sus crónicas[13]. Es como si la hija de inmigrantes rumanos al rico pero atrasado país de América Latina, quien había tenido la fortuna de vivir en colosales metrópolis estadounidenses, supiera que era de éstas de donde debía tomar la iconografía más ilustrativa y adecuada para esas mujeres venezolanas que, como ella misma y su hermana Ruth, demandaban atuendos y actitudes más funcionales para adentrar sus odiseas profesionales en los ministerios y en los liceos, en las universidades y en las petroleras. Es también como si la cronista quisiera descifrar, a tavés de ese *prêt-à-porter* cinematográfico, claves de feminidad moderna para esa ingenua lectora que, aunque no conociera Nueva York como Elisa, sí compartía con ella esa

[11] Ver en este sentido el texto «La moda», de M. Vannini, *Arrivederci Caracas*, pp. 49-54.
[12] E. Lerner, *Vida con mamá*, en *Teatro*, pp. 152, 198.
[13] M. Russotto, «La literatura satírica en manos de mujeres», Papel Literario, *El Nacional*, Caracas: mayo 5, 2001, p. 4.

mitología desde las butacas del cine, o a través de las pantallas de los televisores que ya llegaban a nuestros hogares.

En matinés y vespertinas*

> «...Infante entendió muy bien que nece-
> sitaba un mundo nuevo, que no podía
> seguir de charro, entonces se puso su
> chaquetita de cuero y empezó a vivir los
> dramas urbanos.»
>
> Cabrujas a Milagros Socorro,
> *Catia, tres voces...* (1994)

34. Lerner contemplaba su mitología de estrellas en los
palacios de cine, esa tipología descendiente del *movie palace*
norteamericano, que desde los años 1920 había despuntado
en Nueva York y Chicago, San Francisco y Los Ángeles; en las
amplias plateas y balcones ya equipados con aire acondiciona-
do, una suntuosa decoración combinaba la «magia futurista»
del Art Deco con raros motivos tomados de exóticas civilizaciones cuyos descubrimientos arqueológicos causaban furor en
aquellos Años Locos, desde lo egipciaco y chino, hasta lo maya
y azteca. Si bien Caracas ya tenía cines relevantes desde la era
gomecista –el Candelaria (1916), el Rialto (1917) de Gustavo
Wallis, el Capitol (1921), el Ayacucho (1925), el Principal (1931)
y el Ávila (1931)– fue en las décadas de los cincuenta y sesenta
cuando los palacios de cine capitalinos permitirían a la cronista recrear la nórdica modernización a través del panteón de estrellas norteamericanas. Ubicados en los centros principales y
los grandes ejes de circulación caraqueña, el Hollywood (1941),
de Rafael Bergamín; el Junín (1952) y el Metropolitano (1953);
pero sobre todo el Radio City (1953), muy a lo Rockefeller Center neoyorquino, así como el Teatro del Este (1956) –en los

---

* Algunos pasajes de esta sección fueron incluidos en la ponencia «Postales
caraqueñas de Cabrujas», VI Jornadas de Literatura. Homenaje a José Ignacio
Cabrujas. Caracas: Universidad Pedagógica Experimental Libertador (UPEL),
enero 21-24, 2008.

bajos de un rascacielos corporativo de Martín Vegas y José Miguel Galia que realzaba la pequeña *city* de Plaza Venezuela– fueron todos prototipos de los palacios metropolitanos, donde los filmes eran estrenados para un gran público que se extasiaba ante una modernidad venezolana y gringa a la vez[1].

Mientras tanto, salas más modestas y barriales del oeste y centro proyectaban, en matinés y vespertinas, otras ramas genealógicas de esa mitología ante auditorios diversos; el Baby (1943) de Prado de María, el Jardines (1943) de El Valle, el Lux (1943) de Chacao y otros de esos cines parroquiales llegarían a constituir más del 75 por ciento del total del servicio capitalino, cuyo apogeo se alcanzaría a partir de 1957, con 80 recintos. En esas salas modestas de San Agustín o El Valle habían visto algunos de los topos de Liendo, antes de adentrarse en la guerrilla, los *westerns* o las películas de acción, aquellos duelos «de pistola y puñal» donde confrontábanse los héroes duros y sus parientes villanos: Marlon Brando, Yul Brynner, Anthony Quinn, John Wayne y Jack Palance; pero cuando discutían quién era el mejor actor, los panas llegaban «a la conclusión de que desde que el mundo es mundo no ha habido un actor más cojonudo que Kirk Douglas»[2].

Por su parte, en el cine Pérez Bonalde, la audiencia de Catia vio *Casablanca* y otros clásicos norteamericanos, como la infaltable saga de Tarzán; pero fueron las películas mexicanas, con frecuencia programadas en el cine España o el Esmeralda –donde los porteros dejaban pasar a los imberbes a la censura B– las que más parecen haber marcado a la patota de José Ignacio Cabrujas. Con toques cursilones y factura más pobre que las películas gringas, era como otra visión del mundo que proyectaban en el hemisferio oeste de la ciudad, contando una fantaseada historia charra que era muy latinoamericana a la vez. Bien resumiría Cabrujas la influencia ideológica de ese cine a propósito de Armendáriz e Infante, sin olvidar empero su contraste con el sobrio estilo del clásico protagonizado por Bogart y Bergman:

[1] G. Barrios, *Inventario del olvido*. Caracas: Fundación Cinemateca Nacional, 1992, pp. 20-27.
[2] E. Liendo, *Los topos*, p. 197; G. Barrios, *Inventario del olvido*, pp. 18, 26.

Esa sobriedad, esa economía conmovedora no es la que tenía propiamente Pedro Infante o Pedro Armendáriz, ese macho telúrico, el más bello latinoamericano que ha existido, el único orgullo racial que puede tener América Latina. Sin embargo, Armendáriz no nos gustaba tanto como Pedro Infante; Armendáriz representaba el mundo indígena y lugareño, lo veíamos con inquietud social; Pedro Armendáriz, que era la única concreción real del indio pulposo que pintaba Diego Rivera, contribuyó mucho a que nos hiciéramos comunistas...»[3].

35. Más allá de la concienciación telúrica e ideológica a lo Rivera, el romanticismo provinciano y machista que marcaba las historias sepias de *Señora ama* y *La malquerida*, de *María Candelaria* y *El rebozo de Soledad*, en las que protagonizaba el bigotudo Armendáriz con Dolores Del Río, no excluía cierta modernización y urbanización latinoamericanas, que el cine mexicano también proyectó ante la masa venezolana. Ese registro fue advertido por el público de Catia a propósito de la transformación de Infante, quien, a diferencia de Jorge Negrete, supo urbanizarse iconográfica y temáticamente: «Tras un breve período en que hizo de charro, Infante entendió muy bien que necesitaba un mundo nuevo, que no podía seguir de charro, entonces se puso su chaquetita de cuero y empezó a vivir los dramas urbanos»[4], notó Cabrujas sobre aquellos cuates que buscaban ahora parecerse a James Dean y Paul Newman. Algo de esa metamorfosis tuvo también la Del Río en dramas posteriores a *María Candelaria*, donde se convierte en ama de casa de modernos apartamentos en las colonias centrales de Ciudad de México y otras metrópolis. También lo haría María Félix después del clasicismo rural de *Doña Bárbara*, escapando de los fotogramas blanquinegros y proyectándose en un tecnicolor que se despliega ahora en una pantalla tan vasta como su urbanizada ambición; en *Estrella vacía*, por ejemplo, la Félix se rodeó de la más sofisticada iconografía que podía ofrecer el México de los cincuenta, en un papel de trepadora que pareciera en parte autobiográfico, pero que podría

---

[3] Tal como confesara a M. Socorro, *Catia, tres voces...*, p. 61.
[4] *Ibíd.*, p. 62.

también haber sido extraído de personajes de *La región más transparente* de Fuentes.

Para completar esa secularización cinematográfica, la Del Río y la Félix terminaron divorciadas, lo que las emparentaba con la genealogía que, entronizada por Wallis Simpson, duquesa de Windsor –no podía dejar de ser noble la fundadora de una dinastía, incluso en el Nuevo Mundo– continuaba con Joan Crawford, Ingrid Bergman, Lana Turner, Rita Hayworth y Ava Gardner, para mencionar las que Madre e Hija entroncan en *Vida con mamá*. Las divas mexicanas tenían así también su lugar en esa estirpe de rabiosa feminidad independiente, caricaturizada por el mismo Hollywood en la pizpireta Betty Boop de las tiras cómicas; una nueva clase de mujeres emancipadas que no esperaban ya a las cigüeñas que venían de París, aunque coqueteaban todavía con su elegancia, para utilizar imágenes del mismo diálogo lerneriano que en mucho recuerda a la profecía de Spengler sobre las Nanás y las Noras del siglo XX[5].

Después de la Del Río y la Félix, de Libertad Lamarque y Marga López, divas todas del México de la temprana urbanización, Silvia Pinal emergería como *starlet* más moderna y juvenil, una mezcla de Elizabeth Taylor y Marilyn Monroe quizás; con la notable excepción de la goyesca *Viridiana* de esperpentos que filmara con Buñuel, el catálogo de personajes de la Pinal transitaría, como en *El amor de María Isabel*, por lujosas mansiones o modernísimos apartamentos en las colonias más aburguesadas de las urbes aztecas, exhibiendo icónicos trajes que iban de la rumbera o *vedette* del cabaret de postín, a la chica yeyé o la señora de sofisticada elegancia psicodélica, con un toque de Saint-Laurent o Paco Rabanne. El estilo moderno de los nuevos galanes iba perfilándose mientras tanto con Aldo Monti y César Costa, Jorge Rivero y Julio Alemán, quien

---

[5] E. Lerner, *Vida con mamá*, en *Teatro*, pp. 163, 169-170. Con respecto a las Nanás y las Noras, por los personajes de Zola e Ibsen, me refiero a la connotación que Spengler les diera como símbolos de las mujeres cuyos «conflictos internos» les hacen poner de lado la familia; ver en este sentido O. Spengler, *La decadencia de Occidente. Bosquejo de una morfología de la historia universal* (1918), trad. M. García Morente. Madrid: Espasa-Calpe, 1998, 2 tomos, t. II, p. 168.

en el tormentoso drama *Amor y sexo*, pareció sellar con la Félix la urbanizada y pecaminosa unión de dos generaciones del cine mexicano.

36. Así como lo hiciera Rodolfo Izaguirre, miembro también del grupo Sardio, Lerner sienta con ella en las butacas a generaciones de venezolanos que no habíamos presenciado la mitología fundacional de Hollywood en los primeros cines; sus crónicas son como invitaciones no sólo a los palacios metropolitanos, como el Radio City o el Lido (1947), el Broadway (1952) o el Canaima (1965), sino también al Florida (1945) o al San Bernardino (1952), al Castellana (1956) o al Caribe (1960), por sólo mencionar algunas de las más modernas salas zonales de esa Caracas masificada y segregada, pero amable todavía[6]. En *matinée* o vespertina, porque la noche comenzaba a ser para autocines y otro tipo de películas, esas invitaciones al cine nos hacen partícipes de una de las manifestaciones más envolventes de la cultura de masas, lo que permite sentirnos parte de un secular Occidente de neón y marquesinas, aunque en el fondo seamos un país preterido y periférico.

Pero atención: a través de sus crónicas, la «sádica Elisa», como le dice Russotto con más confianza, pone aquí en práctica uno de los juegos de su ironía, porque si bien «acaricia nuestro ego de país moderno» y nuevo rico, ridiculiza al mismo tiempo las torpezas de la Venezuela de Tercer Mundo que copia y cree con demasiada ingenuidad[7]. Allí está una clave para entender por qué las «crónicas norteamericanas» de *Yo amo a Columbo* tornan a ratos, enceguecidas por el fulgor cinematográfico, hacia oscuros ángulos ocultos de la bonanza gringa, como alertando a los lectores venezolanos sobre otros códigos y manifestaciones más sórdidos de aquella sociedad, los cuales acaso el deslumbramiento farandulero y consumista no nos dejaba entrever. No olvidemos que, por haber vivido entre 1963 y 64 en Nueva York –metrópoli de aquel «Norte brumoso y cautivador» que para ella se extendía hasta el Londres de Virginia Woolf y el grupo de Bloomsbury– Lerner sabía

[6] G. Barrios, *Inventario del olvido*, pp. 28, 36-37.
[7] M. Russotto, «La literatura satírica en manos de mujeres».

cuánto puede aturdir el charlestón y cuán grises pueden ser las aguas del East River, para utilizar punzantes metáforas de la señorita Rosie Davis, suerte de alter ego de la dramaturga en *El vasto silencio de Manhattan* (1971)[8].

Con el perdón por el cambio de autor y de género literario, hay algo de ese tono delator de sombríos rincones en las soberbias ciudades norteamericanas en muchos pasajes de *El bonche* (1976), de Renato Rodríguez. Resultando también en su caso de las temporadas allí pasadas, por los mismos años de las crónicas y las obras teatrales de Lerner, el narrador no sólo hace pasear al lector venezolano por el frenesí de Broadway y Wall Street, por la bohemia del Village y Washington Square; para mezclarlo después con la desenfadada juventud de California, donde no es casual que escriba el poema que da título a la novela. También nos hace dormir en los albergues para pobres donde pulula la ratería, como en las calles de las ciudades venezolanas; nos informa de las críticas al sistema educativo gringo que voceaba Burt Lancaster en el show nocturno de Dick Cavett; y nos ofrece otro ángulo de la incesante multitud que trajina día y noche por Times Square, mofándose al verlo trabajar como pintor de brocha gorda en los locales de los alrededores:

> Putas, maricones, borrachines, chulos, lavaplatos, telegrafistas, tramoyistas, policías, vendedores de drogas, ladrones, monjas, predicadores arrechos porque nadie quiere irse con ellos al cielo, amenazándolo a un (*sic*) con lo que le pasó a la *go go girl*, se apostaban del lado de la calle a vernos trabajar y nos aplaudían y nos hacían muecas, igualito que en zoológico[9].

37. Las *stars* son para Lerner, junto a los *cowboys* y los *gangsters*, componentes de la «mitología americana» que el cine se ha encargado de proyectar, pero también de explotar; y esa explotación pasa por el fracaso de las aspirantes, así como

---

8   E. Lerner, *En el vasto silencio de Manhattan*, en *Teatro*, pp. 71, 79. La imagen del Norte brumoso está tomada de R. Izaguirre, «El mantel como una bandera», p. 3.
9   R. Rodríguez, *El bonche* (1976). Caracas: Monte Ávila Editores Latinoamericana, 2006, pp. 63-64, 75, 93, 156.

por el anonimato de las «pequeñas actrices» que proliferan en las audiciones de Manhattan o Los Ángeles. Todas patean el chato y duro asfalto que conecta estudios con cafeterías donde también se reúnen los sempiternos escritores inéditos de Nueva York y los rechazados de los *castings* de Broadway; allí toman Coca-Cola y comen hamburguesas, que es «un alimento de la pobreza americana», dice Lerner como para ensombrecer los neones que por entonces comenzaban a promocionarlas en las ciudades venezolanas[10]. Con la cronista presenciamos, en primera fila, la negra violencia con la que Archie Moore noquea a su contendor italiano en el Madison Square Garden, una furia que parecer vengar la ominosa segregación racial que a la sazón se peleaba y reprimía en las ciudades de Alabama y Mississippi, mientras la Motown trataba de escamotearla refinando sus cantantes de color para conquistar las audiencias blancas. Y como haciéndose eco todavía de las sombrías visiones que los arielistas de comienzos del XX tuvieran de las metrópolis yanquis, Lerner nos muestra que el cielo de Detroit, que «no mira a los edificios», es de un triste y solitario gris tan plomizo como «en el agua de fregaderos», como la corriente del río Este, para utilizar otra imagen del desolado Manhattan de su teatro[11].

Además del crítico registro reporteril de escenas y postales norteamericanas, es también interesante el significado que cobran otros fetiches gringos, cuando son observados desde posturas más cercanas y entrañables. Así por ejemplo, al ser quizás una de las primeras en reportar la obra escultórica de Marisol Escobar para el público criollo, Lerner reconoció que, porque vivía en Nueva York, podía aquélla construir «el cruel día de la ciudad con gracia inteligente», introduciendo una «crítica severísima al rico *snobismo* de la ciudad», especialmente al que se observaba en los alrededores de Madison Avenue. Sin embargo, al exhortar a la artista a exponer en Caracas su escultura «extremadamente aguda, casi sociológica», le advertía sobre la sorpresa negativa que causaba «el marcado acento

[10] E. Lerner, «Actrices», en *Yo amo a Columbo...*, pp. 103, 107.
[11] E. Lerner, «Negros» (1962); «El cielo de Detroit» (1962), en *Yo amo a Columbo...*, pp. 112-115, pp. 116-117; *En el vasto silencio de Manhattan*, en *Teatro*, p. 79.

extranjero de su español, cuando la lengua es la primera memoria», así como que mirara hacia Venezuela «con distancia y lejanía, como si ella ya formase parte para siempre de los vastos silencios de Manhattan»[12]. Porque ella sabía que el encandilamiento producido por la metrópoli del *music hall* y los rascacielos, no podía hacer olvidar el pasado personal y urbano del que se proviene; por ello para la hija de inmigrantes judíos a Venezuela, Nueva York pasa a ser por sobre todo el lugar de residencia del primo Abuchi, al que nunca se había visto, pero cuya semejanza con el padre muerto entristece las resplandecientes marquesinas de Broadway. Y esa mirada vernácula y atávica con la que atraviesa la silueta neoyorquina hace que, después de todo, el omnipresente Empire State termine siendo una suerte de Ávila, una «colina de sofisticación» análoga a la de la adolescencia caraqueña, como confiesa Lerner a uno de los tantos suicidas que se lanzaran de la torre[13].

Como otro exponente de la crónica norteamericana en la literatura nacional, *Yo amo a Columbo* está emparentado con libros de viaje de mediados del siglo XX –*La ciudad de nadie* de Uslar (1950) y el *Viaje por el país de las máquinas* (1954) de Núñez– que perdían su condición novedosa y reporteril entre una audiencia venezolana con creciente acceso a los Estados Unidos; en algunos de sus pasajes parece todavía resonar el dictamen de aquéllos sobre la impersonalidad y el anonimato: «Cada estación ofrecerá nuevos rostros, pero la soledad sigue siendo inmensa en Nueva York», nos dice la pasajera desde el subterráneo, con algo del tono uslariano que no llega a perderse en *El vasto silencio de Manhattan*[14]. Pero la crónica de Lerner no conservó tanto el valor de miscelánea geográfica o itinerario para la discusión de doctrinas sociológicas o históricas, a la manera de las de don Arturo o don Enrique, sino más bien de prisma en el que refulgen nuevas expresiones e ico-

---

[12] E. Lerner, «Marisol. Esculturas» (1962), en *Yo amo a Columbo...*, pp. 108-111.
[13] E. Lerner, «El primo Abuchi en Brooklyn» (1961); «Carta a Stanley Barcaski, suicida de Nueva York» (1963), en *Yo amo a Columbo...*, pp. 101-102, pp. 121-124, 122.
[14] E. Lerner, «Negros», en *Yo amo a Columbo...*, p. 115. Sobre el reporte de otros autores, ver el capítulo «Regreso de Nueva York», en A. Almandoz, *La ciudad en el imaginario venezolano*, t. II, pp. 77-112.

nografías de una americanizada urbanización de posguerra, ofrecidas a un país que salía del letargo dictatorial, en medio de la bonanza petrolera y el *boom* de los medios de comunicación de masas. A través de esa americanización cinematográfica y vodevilesca registrada en su crónica, en consonancia con la frivolidad de la urbanización venezolana, penetra la mirada de Lerner desde su butaca, para realizar «la más demoledora crítica a las perversiones de nuestra modernidad», utilizando, al decir de Russotto, «la cultura urbana como referencia privilegiada»[15].

[15] M. Russotto, «La literatura satírica en manos de mujeres».

Países de radio y televisión

«Dejé de leer revistas y diarios; dejé de escuchar mi propia estación o las otras emisoras de Caracas. Para 1963 se realizó la primera transmisión de *Radio T*, ubicada aquí mismo. Reduje el dial de mi receptor a ella, y allí ha permanecido doce años. Tamizadas, débiles y convertidas en caricaturas, obtengo así las noticias y las variaciones musicales. De la radio externa nada sé, tampoco de mí mismo».

JOSÉ BALZA, *D. Ejercicio narrativo* (1977)

«El visitante: ¡Un desconocido! ¿Desconocido Mr. TV? ¡Imposible, señora amiga mía! Le aseguro a usted que Mr. TV ha sido declarado Huésped Vitalicio en lugares tan importantes como el Palacio de Gobierno, el Congreso de la República, la Casona Presidencial y la Universidad Central; razón ésta más que suficiente para que goce de muy justa popularidad y sea motivo de orgullo recibirlo en el seno de cualquier familia.».

EDUARDO LIENDO,
El mago de la cara de vidrio (1973)

38. Si el cine es motivo principal de crónica en Lerner, como en Cabrujas, el imaginario de otros medios de comunicación también nos permite recrear la masificación cultural venezolana de la segunda posguerra, a través de otros autores y obras de los setenta. La radio está como un hilo conductor que la misma Lerner y Salvador Garmendia siguen para pulsar la urbanización de los cuarenta y cincuenta, como también lo hiciera Balza en *D* (1977). La televisión puede asimismo analizarse en el ensayo de Ludovico Silva, cuyos alertas sobre el omnipresente medio aparecen ilustradas en otras novelas de Balza, así como en *El mago de la cara de vidrio* (1973), de Eduardo Liendo. Es una pequeña muestra de obras en las que se puede tomar el motivo urbano para recorrer los dos países

configurados por esos medios, cuya historia de significados tratamos de bosquejar a continuación.

En la breve historiografía de la Venezuela moderna que *Vida con mamá* encierra, Madre e Hija repetidamente afirman que en nuestro país «nadie quiere recordar», desde el Tricófero de Barry y la sal de uvas Picot, hasta la emulsión de Scott y el tiempo de Juan Vicente Gómez: «El único tiempo de introspección nacional. La única vez que los venezolanos, realmente, estuvimos solos», sentencia la Hija desde la parda mecedora de mimbre[1]. Metáfora de la dictadura represiva que reconoce a la vez las sobrias costumbres en la recoleta vida de marras, ese introspectivo silencio gomecista era en parte posible por la incipiente presencia de los medios de comunicación audiovisual en las casas, donde la radio había llevado, no obstante, mucho del dominio público al privado[2]. Pero bien nos recuerda Aníbal Nazoa que AYRE, la primera estación caraqueña fundada en 1926, sería clausurada por el régimen después de las revueltas estudiantiles del 28; tampoco olvidemos que, nunca habiendo oído al Benemérito en aquellos receptores ojivales, los venezolanos escucharon por vez primera la voz de un gobernante cuando López Contreras leyera el plan Trienal en 1937[3]. En la reposada y literaria doncellez de muchas casas decentes hasta comienzos de los cuarenta –réplicas todavía de la de María Eugenia Alonso, dos décadas antes– cobra aún más significado premonitorio la referencia lerneriana a las librerías del centro caraqueño, donde abundaban «novelas rosa de la colección *Primor* destinadas a quienes estaban por descubrir la femenina perversidad de las telenovelas y de Corín Tellado»[4].

[1] E. Lerner, *Vida con mamá*, en *Teatro*, p. 164.
[2] Con respecto a la presencia de la radio y otros medios, ver el trabajo de R. Rivas Rojas, *Bulla y buchiplumeo. Masificación cultural y recepción letrada en la Venezuela gomecista*. Caracas: Fondo editorial La Nave Va, 2002, pp. 105-112.
[3] Ver A. Nazoa, *Caracas física y espiritual* (1967). Caracas: Panapo, 1987, pp. 180-181. AYRE era el nombre de la Broadcasting Central de Caracas.
[4] E. Lerner, «El sueño de un mundo», en S. Mendoza (ed.), *Así es Caracas*, s.p. Con respecto a las casas decentes del gomecismo, ver la sección «María Eugenia y Victoria», en A. Almandoz, *Urbanismo europeo en Caracas (1870-1940)*, pp. 243-250.

El temprano país radial, que es también el de la primera nocturnidad, ha sido asociado por Lerner con la progenie novelesca de Oscar Guaramato y Salvador Garmendia, tal como ya ha sido mencionado; desde Mateo Martán, los pequeños seres garmendianos son funcionarios e inmigrantes que habitan en pensiones donde los radios van llenando progresivamente los vacíos de la domesticidad desarraigada y la familiaridad ausente; hasta que ese sustrato radial se transforma en componente de la bulla urbana que trasciende al dominio público[5]. Así, ya en *La mala vida* –como en anticipación de una trama de sonidos que quedaría registrada en piezas como *Trópicos* (1973-74) de Alfredo del Mónaco– la barriada de Monte Piedad se reconoce a través de su propia algarabía, que es en parte radial, remontándose hasta la colina de El Calvario: «Hasta allí subía el ruido del barrio, la música o el parloteo confuso de los radios, el desbande de los muchachos, voces de mujeres cantando o llamándose a gritos desde las platabandas, y también el tufo dulce y corrompido de los lavaderos»[6].

39. Desde el lado de los pioneros de la industria radiodifusora, la historia del medio, como eco de la urbanización venezolana, está recreada a través de los protagonistas de la *D* balziana. Partiendo de su incorporación a las estaciones caraqueñas que transmitían radionovelas, noticieros y música bailable, el relato de Olivares se remonta, con raminificaciones deltaicas, a los orígenes de la radio venezolana a mediados del gomecismo, cuando el famoso Almacén Americano de W. H. Phelps, que tenía la concesión de la RCA Victor en Venezuela, solicitó permiso para crear una emisora conducida por el pionero Edgar Anzola, nacía en los treinta la 1BC Broadcasting

---

[5] E. Lerner, «Oscar Guaramato: una condición nocturna en la ficción del país», en *Yo amo a Columbo...*, p. 53. Allí añade Lerner sobre el epersonaje de Garmendia: «La neurosis burocrática de Martán corresponde, muy claramente, a los días vividos por los venezolanos a finales de la década del cincuenta. El hombre venezolano de pronto se hizo rico y no pudo, de nuevo, ensimismarse, volver a una interior jerarquía espiritual. La sociedad de consumo lo puso muy afuera. Cuando ha querido volverse hacia adentro, buscar una verdad interior sólo ha sido a través de una neurosis y con la ayuda de psiquiatras».
[6] S. Garmendia, *La mala vida*, p. 82.

Caracas, con antena en la placita Henry Clay[7]. Aunque cuplés y pasodobles alegraban las parroquias caraqueñas desde finales de la Bella Época, parece que apenas con las ondas hercianas hubiera, para el entonces aficionado radioescucha, nacido la música, intercalada con la publicidad de los cigarrillos Camel y la emulsión de Scott, del jabón Reuter y la sal de frutas Eno; hasta que fuera ganando pequeños papeles en espacios donde comenzaban a tocar las orquestas de Billo's Caracas Boys y Luis Alfonzo Larrain, seguidas de una avalancha de mambos de Pérez Prado y rancheras de José Alfredo Jiménez, en la voz de Pedro Infante[8].

Contrapunteando con el relato de Hebu, el otro locutor, Balza construye una compleja estructura anacrónica de «intertextualidad» e «intercalación», en la que términos de las ciencias sociales y eslóganes radiales recorren un delta de significados históricos, documentales y de cultura masiva[9]. Es un registro por casetes que componen episodios en los que, allende los relatos personales de los protagonistas, es transmitida la historia del país moderno con múltiples frecuencias que las ondas hercianas suministran: la misma sucesión de las emisoras dominantes, como Rumbos y Radio Aeropuerto, Radio Tiempo y sus «dos ligaditos»; títulos inolvidables de la programación, desde novelas como *El derecho de nacer* hasta noticieros como *El repórter Esso*; se escuchan los boleros de Los Panchos y Toña La Negra, los merengues de Damirón, y otros ritmos de aquella nocturnidad caribeña que se escenificaba en cabarés y clubes; después se oyen piezas y corrientes de una música criolla que se torna más arreglada y sofisticada, como la *Dinner in Caracas*, de Aldemaro Romero o la *Ansiedad* de Chelique Sarabia, seguidas de las revoluciones psicodélicas de los Beatles, los Rolling Stones, Pink Floyd, hasta el *punk* andrógino de David Bowie; se interrumpe la programación con cuñas y anuncios que evidenciaban la consumista urbanización de una sociedad masificada –los ahorros en el Banco de Venezuela, las sonrisas

---

[7] J. Balza, *D...*, pp. 27, 37; R. Rivas Rojas, *Bulla y buchiplumeo...*, pp. 109-110.
[8] J. Balza, *D...*, pp. 44, 45.
[9] M. Belrose, *Claves para descifrar la novelística de José Balza*. Caracas; Fundarte, 1999, p. 94.

Colgate-Palmolive, los rostros de Max Factor, los güisquies de Old Parr– muchos de ellos anunciados según las pautas americanas, pero también adaptando la publicidad «a un tono criollo», como en el caso de la mueblería La Liberal[10].

Así, aunque el breve «presente de enunciación» de los locutores se reduzca a unos días de junio de 1975, la desdoblada estructura de los ejercicios narrativos balzianos permite la reconstrucción de una vasta historia de más de medio siglo, en la que el delta se convierte en matriz novelesca e historiográfica a la vez[11]. Y esta ramificación se hace más vasta por las antípodas de los dos narradores –Olivares de Caracas, Hebu de San Rafael– lo que permite que los dos países capitalino y provinciano sumen el mapa radial nacional. De hecho la radio deviene suerte de sustrato herciano, en el que los dos países se entreveran, ya que el locutor caraqueño termina retirado en San Rafael; al datarnos este exilio deltaico, que es también un extrañamiento y desconocimiento de su yo urbano, lo hace a través de su relación con los medios y las emisoras, que no ya directamente con los hechos y los acontecimientos: «Dejé de leer revistas y diarios; dejé de escuchar mi propia estación o las otras emisoras de Caracas. Para 1963 se realizó la primera transmisión de *Radio T*, ubicada aquí mismo. Reduje el dial de mi receptor a ella, y allí ha permanecido doce años. Tamizadas, débiles y convertidas en caricaturas, obtengo así las noticias y las variaciones musicales. De la radio externa nada sé, tampoco de mí mismo»[12].

40. Hasta la privacidad de la casa llegan, en *Vida con mamá*, los ecos de la «ciudad que es ruidosa», sobre todo en «la hora del gran tráfago de autos», cuando también «los te-

---

[10] J. Balza, *D.*..., pp. 52, 63-64, 66-68, 94, 99, 114, 128, 137, 184-185, 223.
[11] M. Belrose, *Claves para descifrar la novelística de José Balza*, pp. 22, 30. Con respecto a esta compleja estructura, Belrose señala que la historia documental de la radio, así como las digresiones sobre arte, literatura y música, ocupan demasiado espacio y son reiterados en *D.*...; todo lo cual le confiere a la novela «un carácter documental y convencional que contrasta con lo novedoso de las técnicas narrativas utilizadas por el autor». También añade que quizás sea el ejercicio narrativo menos gustado por el mismo Balza, tal como este mismo se lo confesara (*Ibíd.*, p. 130).
[12] J. Balza, *D.*..., p. 28.

levisores se encienden como una puntual fogata nocturna»; esa televisión que ha reemplazado la crónica de los cocteles, hace que Madre e Hija sólo esperen, en la cotidianidad ininterrumpida, la visita de los medidores del *rating* que vienen a preguntar si gustan de las telenovelas, porque la televisión «sólo es para las mujeres de corazón». Después de la crónica radial de la temprana posguerra, es la televisión «la que nos pone tristes a todos», con sus anuncios de nuevas marcas de cigarrillos –Fortuna, Astor, Belmont– que sustituyen a Philip Morris y Lucky Strike, fumados otrora en largas pitilleras de marfil que la Madre evoca, cual diva de Hollywood, envuelta en aquellas bocanadas cuya extinción va implicando el fin de nuestros recuerdos[13].

A diferencia de esa indulgente postura que la amante de Columbo, desde su mecedora o butaca, adopta frente al mostrenco e inexorable mueble del decorado doméstico, Ludovico Silva, adalid marxista de la misma generación de Lerner, asumió una posición mucho más crítica. En consecuencia con su ya considerado análisis sobre las comiquitas, la interpretación que hace el autor de *Teoría y práctica de la ideología* sobre los manifestaciones de la cultura pop en los media del Tercer Mundo, es de un marxismo ortodoxo: «los medios de comunicación masivos de nuestros países constituyen actualmente, más aún que el sistema educativo y el sistema religioso, el genuino instrumento ideológico de que se sirve el capitalismo monopolista-imperialista para perpetuar la dependencia en las cabezas mismas de los neocolonizados»[14]. Algunos años antes de que Lerner nos hiciera ver la televisión como nueva forma de nocturnidad que recrea una galería de personajes presididos por el detective Columbo, Silva, apoyándose en miembros de la escuela de Francfort –Theodor Adorno, Max Horkheimer y Herbert Marcuse, así como en Henri Lefebvre, quienes representaban «la interpretación y continuación más válida de la teoría de Marx»– arremetía contra «la guerra subliminal», la «ofensiva ideológica» y las manipulaciones de la

---

[13] E. Lerner, *Vida con mamá*, en *Teatro*, pp. 154-158, 191-192.
[14] L. Silva, *Teoría y práctica de la ideología*, p. 153. Con respecto al análisis de las comiquitas, ver *supra* «Calibanes, tarzanes y cuellos blancos».

«industria cultural» que se libraban desde aquellos monitores aparentemente inofensivos, los cuales todavía ofrecían imágenes grisáceas y nerviosas, desde pesadas consolas coronadas con antenas de bigotes.[15]

Con una creciente presencia en los hogares venezolanos que dejaban de ver otros medios, ya para los sesenta se evidenciaba la competencia de la televisión sobre el consumo cinematográfico caraqueño.[16] Por ello, aunque atento a los ideologizados mensajes de todas las formas de la cultura pop de las que eran imbuidas las masas venezolanas –desde el cine hasta el cómic, como ya ha sido señalado– Silva estaba especialmente en guardia contra la televisión, a la cual consideraba un *medium mediorum*: «es audiovisual como el cine, es informativa y posee una escritura como la prensa, y está en casa como la radio, aunque no en cualquier sitio, sino en aquel que cada hogar considera el sitio de honor, el de la ocupación más crasamente doméstica, o sea el sitio de 'estar'»[17]. Además de su invasiva penetración en todos los parajes y entrañas de la casa, lo cual la convierte en una suerte de altar, la TV resultaba para Silva el aparatoso motor de la producción industrial de la ideología a la que se refiriera Marcuse en *El hombre unidimensional*, así como la «mercancía que nos hace ver otras mercancías», en el sentido advertido por McLuhan en *The Medium is the Message*[18].

41. Una como ilustración narrativa de las tesis de Silva puede encontrarse en *El mago de la cara de vidrio* (1973), donde se libran las batallas entre «el austero maestro de escuela Ceferino Rodríguez Quiñónez» y su enemigo electrónico, «Mr. TV (a) El Mago de la Cara de Vidrio». Ese título de míster

---

[15] *Ibíd.*, pp. 116, 152-153.
[16] Como señala G. Barrios (*Inventario del olvido...*, pp. 32-34), ya para los sesenta se produce un incremento de los receptores de televisión, mientras el cine pierde fuerza, con 66 salas para 1977; jugó también a favor de la televisión la liberación del precio de las entradas cinematográficas desde 1974.
[17] L. Silva, *Teoría y práctica de la ideología*, pp. 168-169. Con respecto al análisis de Silva sobre las comiquitas, ver *supra* «Calibanes, tarzanes y cuellos blancos».
[18] L. Silva, *Teoría y práctica de la ideología*, pp. 168-169. Sobre la desacralización del lar con los aparatos, he tratado de ilustrar connotaciones urbanas en A. Almandoz, *Ensayos de cultura urbana*, pp. 72-74.

que utiliza el autor de la novela, Eduardo Liendo, para referirse al ubicuo aparato, es connotativo de una irrupción televisiva que se asocia con la modernidad gringa. Como en una recreación caraqueña de *La naranja mecánica*, la novela de Liendo tiene lugar en un tipo de unidad vecinal característica del urbanismo funcionalista de superbloques, que el autor se encarga de caracterizar en tanto escenario de sus batallas:

> El campo de disputa estuvo ubicado en la urbanización «Bloque a Juro» donde residía, siendo éste un sitio que cualquiera recuerda porque el superbloque tiene exactamente veinticinco pisos y el teatro principal de las operaciones fue el apartamento trescientos veintiuno (321) donde aún habita mi incauta familia. Pero si alguien, por ser todos los llamados superbloques idénticos, llegase a considerar, no sin cierta razón, tal información imprecisa, agrego que el señalado posee la singular característica de que sus constructores olvidaron el lugar correspondiente al ascensor, molestia que fue inteligentemente superada dibujando con profundo sentido realista la puerta y el botón[19].

Liendo nos retorna a un hábitat ante cuyas puertas nos había ya dejado el Garmendia de *Los habitantes*, pero dibujado ahora con menos extrañeza y hasta con dejos de resignado humor cercanos al otro Garmendia, don Julio, con quien Márquez Rodríguez establece un parentesco del primero en términos de utilización de recursos como la sátira y la ironía[20]. Pudiendo ser el 23 de enero o Casalta, entre las urbanizaciones perezjimenistas, pero también una de las UDs que ya había construido la democracia en Caricuao, en ese apartamento de superbloque tienen lugar las batallas ya no campales pero sí seguidas, entre Mr. TV y el señor Quiñónez, muchas de las cuales son causadas por la inopinada intrusión de aquel nuevo «Huésped Vitalicio» en la vida privada de éste, pero también

---

[19] E. Liendo, *El mago de la cara de vidrio* (1973). Caracas: Monte Ávila Editores Latinoamericana, 2000, pp. 20-21.
[20] A. Márquez Rodríguez, «Prólogo» (1985) a E. Liendo, *El mago de la cara de vidrio* (1973). Caracas: Monte Ávila Editores Latinoamericana, 2000, pp. 9-16, pp. 13-14. Con respecto al hábitat del superbloque en S. Garmendia, ver A. Almandoz, *La ciudad en el imaginario venezolano*, t. II, pp. 191-192.

por los cambios de los valores familiares y sociales a los que se resiste el «pureto».[21] Aunque salpicadas de las imágenes humorísticas y del colorido lenguaje con los que Liendo ilustra el frenético cambio de aquel tiempo psicodélico, no dejan de ser dramáticas algunas de esas batallas que representan la antinomia, apuntada por Márquez, entre valores y antivalores de docencia tradicional y televisión, patriarcado y masificación, conservadurismo y liberalismo en las costumbres[22].

Mr. TV ciertamente representará una revolución mediática, análoga a la de haberse mudado a esta «pajarera» del superbloque, después de aquella «casita», seguramente parroquiana, en la que vivían los Quiñónez. El «ladilloso enemigo» es declarado huésped *non grato* por el pureto de la casa, quien, entre otras cosas, asume «la responsabilidad de ser juzgado en el remoto tiempo como un *homo obsoletus*», por su «intransigente rechazo» de la guitarra eléctrica en tanto «exaltado símbolo del ruido» secular. La sabiduría rural que el maestro preconizara todavía a través de las moralejas de Tío Tigre y Tío Conejo se desvanece frente a *El derecho de nacer* y otros «tortuosos melodramas» que seducen a Guillermina la sirvienta; o a las recetas de cocina que, seguramente por boca de *La perfecta ama de casa*, abaten los pocos reparos que ante el nuevo huésped opusiera Carmelina la esposa. Pero son sobre todo Tribilín, Pluto y Meteoro algunos de los héroes de las comiquitas vespertinas que lideran la batalla definitiva y triunfan entre la muchachada absorta, como haciendo ya imposible todo retorno a una cotidianidad sin el mago[23].

42. No olvidemos que el mago televisivo articula una de las subtramas referenciales y alternativas en *Historias de la calle Lincoln*, donde «Corazón de mujer» es otra suerte de diario a través del cual Cristina y otros personajes juveniles van cotejando sus cuitas y experiencias[24]. También controla el «monopolio de la moda», el crédito y otros mecanismos capita-

---

[21] E. Liendo, *El mago de la cara de vidrio*, p. 23.
[22] A. Márquez Rodríguez, «Prólogo» a E. Liendo, *El mago de la cara de vidrio*, p. 16.
[23] E. Liendo, *El mago de la cara de vidrio*, pp. 23-27, 30-34.
[24] C. Noguera, *Historias de la calle Lincoln*, pp. 84-85.

listas en los relatos de Britto García; para el autor de *Rajatabla* (1970), la TV es una de las piedras angulares de la maquinaria publicitaria, que se refuerza en el periódico y se extiende a la ciudad toda; bien dice el narrador, como haciéndose eco de las tesis mediáticas de Silva: «Pasa que sales a la calle huyendo de un periódico estrujado y de una amenazadora pantalla vacía, y encuentras que en la ciudad entera paredes puertas parques techos bancos postes casas carros tiendas gentes se esconden tras una cobertura continua de carteles de publicidad»[25].

También para los personajes de Balza, la iconografía publicitaria es una continuación del evangelio televisivo y radial, sobre todo en los centros comerciales, donde el fragmentado lenguaje de las vallas y letreros los asalta, como en la radio y la televisión: desde «*¡Eso sí, con tal de que sea Old Parr!*», hasta el sempiterno «*¡Alíviese con Vick Vaporub!*»[26]. Al hacer notar desde el carro que «no hay una pared libre de anuncios», un personaje de *Setecientas palmeras* parece finalmente reconocer la predominancia publicitaria del mago de la cara de vidrio: «La televisión ha invadido no sólo las casas sino la percepción: he visto a los jóvenes desconocer la muerte del Ché Guevara para aprender el novísimo paso de surf y de éste saltar a los pantalones acampanados que son lo chévere. Se come arepa, es cierto, pero únicamente aquellas de la harina recomendada por TV; no hay otras cervecerías que las de la onda»[27].

43. Puede finalmente decirse que, al igual que en el terreno de la publicidad, hubo una competencia entre dos países de los medios de comunicación masivos, también reflejada en la novelística balziana. Por un lado, incluso después de la consolidación de la televisión, la radio mantuvo su dominio en el carro, otro ámbito de privacidad y proyeccción individual especialmente caro al venezolano, sobre todo a los caraqueños que permanecían atascados en vísperas del metro –como de nuevo a comienzos del siglo XXI– en las más largas y lentas colas del tráfico latinoamericano. Siguiendo esa radiodifusión vehicular,

[25] L. Britto García, «El monopolio de la moda» y «Publicidad», en *Rajatabla* (1970). Caracas: Alfadil Ediciones, 1995 pp. 81, 93.
[26] J. Balza, *D...*, pp. 128-132.
[27] J. Balza, *Setecientas palmeras plantadas en el mismo lugar*, p. 30.

a través de la conversación entre locutores al final de *D*, el narrador hace un recuento de presentadores veteranos como Martínez Alcalá, hasta los *disc jockeys* más irreverentes de la psicodelia venezolana, como Napoleón Bravo e Iván Loscher, en una como rapsodia del cambio temático de la radio que es también de la ciudad que aquélla va registrando; esa recapitulación se hace coincidir con programas matinales de Radio Capital, los cuales se inician «cada mañana, justo al ingreso de las grandes colas y de la vociferación», convocando por igual «a los automovilistas, a los pasajeros de carritos por puestos y a las amas de casa». Es la proclamación novelesca de un enloquecido tiempo metropolitano que demanda inusitadas formas de reportarlo, incluyendo las transmisiones en las horas pico desde los helicópteros que sobrevuelan las extendidas cabezas de la hidra caraqueña:

> Angustioso, infernal, el tiempo de las colas se convierte en la entrada imperial de la radio. Entonces el reinado crece, se abalanza sobre sus víctimas: desde cada carro surge un pastoso líquido, un humo nauseabundo: la mezcla de discos, anuncios y voces, que recorre toda la fila tocando cada oreja hasta descoyuntarla. Los automóviles, las trancas de tránsito y la radio han pasado así a ser un sinónimo del infierno, de ese, actual, que aguarda en cada salida a la calle...[28].

Por otro lado, si bien la televisión estaba entronizada desde la capital, algunos personajes balzianos nos recuerdan que el país radial persistió en regiones como el Delta, donde apenas el canal 8 comenzara a llegar a comienzos de los setenta, «muy arenoso y con caídas de audio». Aunque «parpadeante y fugaz», esa TV acompaña empero a los personajes como la tía, que abandonaron la rutina de pequeño ser caraqueño para refugiarse en aquella desembocadura de su senectud; al igual que el famoso locutor protagonista de *D*, ella cambió «la ciudad por el pueblo sin advertirlo», pero no se interesa por nada de su nuevo medio[29]. Como marcados por la canción *Dinner*

[28] J. Balza, *D...*, pp. 243, 246-248.
[29] *Ibíd.*, pp. 20-21, 181. Tal como recuerda el narrador haciendo un poco de

in Caracas, con la que iniciara su señal la radio T regional, esos pequeños seres, aunque retornen a la comarca remota, quedan ya urbanizados por los medios de comunicación, por lo que no regresan a ser provincianos tampoco. En ellos fragua más bien la conciencia híbrida de un sujeto que se despoja de los supuestos valores urbanos –como popularidad, en el caso del locutor– para asumir una nueva existencia esquizoide, como la del país de súbita urbanización; por ello confiesa el locutor-narrador desde tierra de Tucupiana o Tucupita: «Y aunque yo mismo no pueda calibrar lo que he logrado, aquí estoy. Si al principio sólo quise prolongar la eterna fiesta de la ciudad, lentamente esta tierra fue determinando su propia exigencia. Llegué bajo el asombro de gente que nunca había visto vivir a alguien como yo lo hacía, pero mis actos únicamente adquirían repercusión si alguien de Caracas los destacaba.»[30].

Después de la gran odisea metropolitana y nacional, se produce en *D* un regreso a la provincia que asimismo ocurre en el retorno a la aldea de San Rafael, también en el Delta de *Setecientas palmeras*, a pesar del tiempo transcurrido y de la intención inicial de nunca retornar: «Diez años fuera de este pueblo –tan cercano sin embargo a la ciudad: tres horas en avión, más de medio día en carro– y mi firme propósito de no regresar a él...», nos dice un narrador que trasunta al mismo Balza, cuya esquizofrenia entre urbana y rural fue confesada en entrevista décadas después: «Para mí, Caracas es tan importante como el Delta. No puedo vivir sin ninguno de los dos»[31].

Son claves que nos colocan de regreso a la provincia en

historia: «Aunque la capital irradió (y el vocablo no es una broma) con sus estaciones hacia la provincia, para 1935 casi todas las ciudades importantes del país habían instalado su propia emisora. A la par de mis primeros asomos por la *Broadcasting Caracas*, muchas veces viajé con Veloz Mancera creando antenas para las radios de avanzada, en Barquisimeto, en Maracaibo, por ejemplo. Cuando llegué al Delta, sin embargo, la gente sólo escuchaba señales capitalinas (como *Radio Continente* o *Radio Rumbos*) y, durante las horas de la tarde, a *Radio Monagas* y *Ondas Porteñas*. Televisión ni pensarlo: hace apenas dos años que entra el Canal 8, muy arenoso y con caídas de audio».

[30] *Ibíd.*, pp. 92, 116, 182.

[31] J. Balza, *Setecientas palmeras plantadas en el mismo lugar*, p. 17; R. Wisotzki y A. Gómez, «A fuego lento con José Balza. 'El escritor venezolano es cobarde'».

nuestro propio discurso, después de la odisea de segregaciones que venimos de recorrer, con movimientos, itinerarios y destinos que, en el caso de los personajes balzianos, están marcados por la segregación virtual y territorial de los medios. A lo largo de esa odisea, como lo hicieran Lerner y Cabrujas a través del cine, así como Liendo con la televisión, Balza nos recuerda asimismo los orígenes mediáticos, publicitarios y consumistas de nuestra urbanización[32]. Al mismo tiempo, la segregación comunicacional y territorial que aflora en la novelística balziana, como en otras obras consideradas en estos países de radio y televisión, recrea, en el dominio comunicacional, la estratificación que se da también en la estructura social y espacial de la metrópoli venezolana; asemeja la segregación sociocultural y temporal de la bohemia nocturna de Noguera y Madrid, extrapolada en las odiseas internacionales de los intelectuales de Renato Rodríguez. Con los personajes de Liendo y Balza se completan esos itinerarios de diferenciación cuya búsqueda iniciamos en la segunda parte de este tercer libro, rastreando la segregación socioespacial del pequeño ser garmendiano, recién inmigrado de provincia al centro capitalino; sus travesías por el este y oeste fueron extremadas por el Andrés Barazarte de González León y los Victorinos de Otero Silva, en odiseas a través de una Caracas que se tornara metrópoli compleja y policéntrica, subversiva y violenta desde la segunda posguerra. Y colocados ahora por los locutores balzianos ante las puertas territoriales de la radio y la televisión expansivas, nos toca a continuación cruzarlas para adentrarnos de nuevo en provincia, pero no siguiendo ya el viaje de las ondas hercianas, sino el imaginario del paisaje rural y su recurrente permanencia en la memoria de sujetos que han migrado y trasegado entre los umbrales y las fronteras de campo y ciudad.

---

[32] Aunque más televisiva y cinematográfica, Lerner señaló, a finales de los sesenta que, «entre nosotros (aunque ahora los transistores hayan reemplazado a las Philco ojivales), continúan teniendo, una dramática vigencia las comedias radiales» E. Lerner, «Nuestra sociedad radial en Salvador Garmendia» (1969), en *Yo amo a Columbo*, pp. 43-50, p. 49.

IV
Puertas de campo y de pasado*

* Esta parte de la investigación fue prefigurada en la ponencia presentada como A. Almandoz, «Provincia y ruralidad en obras narrativas venezolanas de los años 1960 y 1970», XXIX Simposio de Docentes e Investigadores de la Literatura Venezolana, Caracas: Universidad Central de Venezuela (UCV), Universidad Católica Andrés Bello (UCAB), octubre 29-31, 2003.

Géneros y comarcas

«... escritura de sierra arriba y sierra abajo, Santo Domingo tronador de por medio, desde el frailejón al cafetal y al revés,
como en la narrativa entonces de moda,
desde aquí hasta la conciencia, o para
decirlo con el paisaje que lo contienen,
desde el ganado hasta el cafetal, desde
el trigo al frailejón, desde el frailejón al
hielo».

LUIS ALBERTO CRESPO,
«Orlando Araujo entre la niebla de arriba
y la niebla de adentro» (2001),
en *El país ausente* (2004)

1. No exclusivamente por contraposición a Caracas, la
provincia venezolana puede ser entendida como el derredor regional que depende de una ciudad mayor, bien sea ésta Mérida, Barcelona o Trujillo; en torno de estas capitales regionales
gravita siempre una inmediata periferia en la que se observan
las manifestaciones de lo pueblerino y lo parroquiano, desde
la arquitectura hasta los lugareños y sus actitudes. De modo
análogo, el ruralismo puede ser rastreado desde su condición
territorial dispersa, que lo contrapone al compacto tejido urbano, hasta las manifestaciones más telúricas que adquieren
fisonomía en la tierra y el campesino. Son consideraciones iniciales que conviene advertir, sin olvidar además que, por cen-
trarnos a continuación en esa relación entre la capitalidad, lo
provinciano y lo rural, la pesquisa no pierde su orientación, a
través del contraste, con respecto a la gran ciudad y la urbanización, que siguen siendo hilo conductor del imaginario a
revisar.

Olorosos a provincia y a pasado, dos motivos de la obra
piconiana –el viaje auroral y juvenil, seguido de la Maricastaña
emergente de la oralidad pueblerina y casera– buscan, junto
a otras imágenes tomadas de la mundanidad pastoral del segundo Heidegger, asomar aquí su parentesco con el temario
de algunas obras que considero representativas de los parajes

de la casa y de los paisajes provincianos y rurales[1]. Son éstas *Viaje al frailejón* (1955), de Antonia Palacios; *También los hombres son ciudades* (1962), de Oswaldo Trejo; *El osario de Dios* (1969), de Alfredo Armas Alfonzo; y *Compañero de viaje* (1970), de Orlando Araujo, elegidas entre un corpus que sabemos más antiguo y extenso[2]. La misma búsqueda vincula con referencias a pasados provincianos en obras que se consideran más urbanas, especialmente por estar en su mayor parte escenificadas en la ya metropolitana Caracas de los sesenta y setenta, tales como *País portátil*, de González León, *Setecientas palmeras plantadas en el mismo lugar*, de Balza, así como algunas novelas de Salvador Garmendia y Otero Silva, donde el céntrico presente parroquiano transmuta la pretérita mundanidad comarcal.

Tal como bien ha señalado Carlos Pacheco, se suele pensar en los sesenta como una década en la que se produjo «una apuesta definitiva por el ámbito urbano» dentro de la narrativa venezolana, tendiéndose entonces a ver «la ficcionalización del mundo rural como rezago de criollismos y regionalismos superados»[3]. Sabemos que el atropellado proceso de urbanización de pueblos y campamentos había sido reportado por la novela petrolera, desde Díaz Sánchez hasta Otero Silva, mientras que la inserción de los inmigrantes provincianos en la metrópoli masificada, se dio a través de una serie de mutaciones que experimentaron los esquizoides sujetos de Meneses o Salvador Garmendia[4]. Si bien en *Los pequeños seres* o en *Los habitantes* de este último, al igual que en *País portátil* de González León, tendría lugar la «dualidad ambiental» determinada por un pasado provinciano que persistiría como carga

[1] Remito aquí a la sección «Tiempo de Maricastaña» del primer libro de esta investigación, donde ambos motivos sirven para abrir y fundar a la vez nuestra búsqueda del imaginario urbano secular; ver A. Almandoz, *La ciudad en el imaginario venezolano*, t. I, pp. 15-32.

[2] En una progenie que podría establecerse desde Samuel Darío Maldonado hasta José León Tapia, para las que referimos a textos de L. A. Crespo, *El país ausente*, pp. 321-322, 350-351.

[3] C. Pacheco, «El espacio de la ruralidad en la narrativa venezolana» (1996), en *La patria y el parricidio. Estudios y ensayos críticos sobre la historia y la escritura en la narrativa venezolana*. Mérida: Ediciones el Otro, el Mismo, 2001, pp. 199-206, p. 200.

[4] A. Almandoz, *La ciudad en el imaginario venezolano*, t. II.

ancestral de personajes que deambulaban por la urbe, ésta se convierte ya, como vimos en el capítulo anterior, en único escenario natural de los desenfadados sujetos narrativos de Francisco Massiani o Antonieta Madrid, por ejemplo[5].

Después de esas dos vertientes literarias que registraron el ciclo de cambios y transformaciones que sufriera el otrora país rural, *El osario de Dios* y *Compañero de viaje* despuntaron como obras que, sin regresar al ruralismo de la novela criollista, y en medio del vuelco urbano de la narrativa venezolana, arrojaron una «nueva mirada ficcional a la ruralidad» de la Venezuela urbanizada[6]. Permitiéndome añadir *Viaje al frailejón* y *También los hombres son ciudades* a esos dos clásicos, quiero concentrarme a continuación en algunos motivos de ese provincianismo y ruralidad, con predilección por dos imágenes piconianas, repito, vinculándolas a la vez con los referentes que subyacen, en forma pretérita, en obras más urbanas de Garmendia, González León y Otero Silva.

2. Antes de comenzar con la pesquisa provinciana y rural, conviene hacer una breve consideración sobre el género y la geografía del material a examinar. La condición narrativa de algunos de estos textos está muy diluida, siendo rayanos con la autobiografía, el ensayo o la crónica de viaje, sobre todo por tematizar regiones del mapa rural venezolano. Como haciéndose eco del *Viaje al amanecer* de Picón Salas, Francisco Rivera ha señalado, por ejemplo, que la sencilla narrativa de Trejo tiene mucho de «autobiografía lírica novelada», o incluso de la *Bildungsroman* o novela de aprendizaje, en el sentido de que un itinerario vital, psicológico e intimista, marca mucho más el discurso que una trama tradicional[7]. Con respecto a la obra de Araujo, Luis Alberto Crespo ha enumerado, con la poesía que lo caracteriza, algunos de los motivos, resonancias

---

[5] C. Pacheco, «El espacio de la ruralidad en la narrativa venezolana», en *La patria y el parricidio...*, pp. 200-201. Con respecto al capítulo anterior, ver *supra* «Segregación y odiseas».

[6] C. Pacheco, «El espacio de la ruralidad en la narrativa venezolana», en *La patria y el parricidio...*, p. 201.

[7] F. Rivera, «Prólogo» a O. Trejo, *También los hombres son ciudades*. Caracas: Monte Ávila, 1981, pp. 5-9, p. 7.

y demarcaciones del imaginario geográfico del escritor barinés que se adentra en los Andes: «escritura de sierra arriba y sierra abajo, Santo Domingo tronador de por medio, desde el frailejón al cafetal y al revés, como en la narrativa entonces de moda, desde aquí hasta la conciencia, o para decirlo con el paisaje que lo contienen, desde el ganado hasta el cafetal, desde el trigo al frailejón, desde el frailejón al hielo»[8]. No obstante este peso de la temática geográfica, puede decirse que predomina una tesitura narrativa porque, como señala González León en su prólogo a *Compañero de viaje*, se trata primordialmente de contar «la vida de un pueblo construido por montañeses entre los límites del páramo y la llanura».[9] En este sentido, puede decirse que esa aldea de Calderas y su entorno son personajes, y sus episodios de vida natural devienen en cierta forma anecdotario de esta narrativa territorial de Araujo, como también lo hace el delta orinoquense en *Setencientas palmeras* de Balza.

A pesar de la «dubitación genérica» que igualmente ha sido señalada a propósito de *El osario de Dios*, Pacheco también opta por lo narrativo al tratar de asemejar el libro de Armas Alfonzo con el de Araujo, aunque sin descartar el registro geográfico de cada obra: «Cada libro, al mismo tiempo, conforma una novela virtual, fragmentaria, cuyos episodios deben ser integrados por un lector activo para lograr un conjunto significativo mayor, capaz de representar la vida social y cultural de toda una comarca rural venezolana».[10] En el coloreado mapa de nuestra geografía, puede decirse que esa comarca es la tierra del Unare, como más de una vez se menciona en *El osario de Dios*; pero van más allá los límites territoriales y temporales del libro, que son míticos e históricos a la vez; porque en el fondo se trata de una «región narrativa», como bien lo apuntara Jesús Sanoja, «por donde desfilan, más que los ha-

---

[8] L. A. Crespo, «Orlando Araujo entre la niebla de arriba y la niebla de adentro» (2001), en *El país ausente*. Caracas: Fondo Editorial del Caribe, 2004, pp. 451-452, p. 451.

[9] A. González León, «Prólogo» a O. Araujo, *Compañero de viaje* (1970). Caracas: Monte Ávila Editores, 1991, pp. 7-20, p. 17.

[10] C. Pacheco, «El espacio de la ruralidad en la narrativa venezolana», en *La patria y el parricidio...*, p. 202.

bitantes, los seres habitados por fantasmas y evocaciones, pasiones y memorias, en una confusión de edades»[11]. El narrador mismo parece indicarnos algunos de esos límites geográficos e históricos, a través de los estampados confines entre los que transcurrió la vida de Platón, el burro del Viejo Lucas, que murió de tristeza en la plaza de Clarines, después de haber sido abandonado por su dueño:

> ...los cacaotales de Barlovento, las calientes soledades de las salinas de Píritu, donde apenas si hallaba una que otra paraulata estridente; los inacabables chaparrales del sur diseminados de tristes y enmontados pueblos que ardieron en cada asalto de las guerras; la fría y oscura fila por la que se iba a Guatopo, las altas casas de Barcelona, con musgos negros creciendo entre los zócalos y grietas de portales, o las tenebrosas noches de Clarines, entre las que acechaba el zorro, el rayo o la gente de Piquijuye[12].

La virtualidad novelístisca de *El osario de Dios* no sólo cobra forma en la unidad geográfica, sino también, como ha hecho notar Celso Medina para cada relato fragmentario de este corpus, por «la textualidad producida en su coexistencia con todos los demás textos»[13]. Activando estas claves, la unidad geográfica en torno a Mérida, Ejido y La Parroquia es también clara en el caso de la obra de Trejo, más marcada que las anteriores por la condición narrativa. Y para el texto de Palacios, Luz Marina Rivas bien ha señalado que, tal como ocurre en la narrativa posterior a *Ana Isabel, una niña decente*, su escritura deviene «cada vez menos anecdótica y más sugerente, cercana a las subjetividades de personajes que indagan en su mundo interior», a lo largo de un tiempo narrativo ralentizado y enriquecido de significaciones poéticas que enrarecen a la vez

---

[11] J. Sanoja Hernández, «Una región habitada por la memoria», en *50 imprescindibles*, curador y comentarista J. Sanoja Hernández. Caracas: Fundación para la Cultura Urbana, 2002, pp. 425-427, p. 426.
[12] A. Armas Alfonzo, *El osario de Dios* (1969). Caracas: Monte Ávila Editores, 1991, § 107, § 111, pp. 147, 153.
[13] C. Medina, «De la novela de la idea a la novela carnavalesca», en C. Pacheco, L. Barrera Linares, B. González Stephan (coord.), *Nación y literatura...*, p. 758.

los espacios. Así, entre narrativa, crónica de viajes y poesía, *Viaje al frailejón* se nos ofrece como otro texto intergenérico e interfásico: «No se narra un paisaje, sino una experiencia»[14], es una sentencia de Rivas que bien puede predicarse de este corpus a revisar, que tensiona la relación entre género literario y comarca geográfica.

[14] L. M. Rivas, «¿Qué es lo que traman ellas?: nuestras narradoras», en C. Pacheco, L. Barrera Linares, B. González Stephan (coord.), *Nación y literatura. Itinerarios de la palabra escrita en la cultura venezolana.* Caracas: Fundación Bigott, Banesco, Editorial Equinoccio, 2006, pp. 711-728, p. 720.

Viajes del amanecer*

«Mi compañero de viaje va adelante con
su sombrero borsalino que se parece a él
y la cobija negra más negra que la noche
sobre una espalda inclinada y poderosa
que me protege contra el miedo».

ORLANDO ARAUJO,
Compañero de viaje (1970)

3. Como en recreación del *Viaje al amanecer* (1943) del
joven Picón Salas, cuyas resonancias mañaneras se tornan
míticas en la literatura venezolana de corte autobiográfico, la
partida en *Compañero de viaje*, rumbo a Boconó, «también fue
de madrugada, después del primer canto de gallos y cuando
ya comenzaba el segundo», porque no olvidemos que hay tres
quiquiriquíes en la larga madrugada andina, nos recuerda el
autor[1]. Allí, donde se deshace lo que los urbanistas llama-
mos el sistema de ciudades; donde las estadísticas censales
dejan de registrar el umbral del asentamiento urbano; donde
los caseríos pierden la contigüidad[2], es donde parece haber
comenzado el viaje de los personajes de Araujo. En aquella
Calderas «de gente solitaria de nacimiento y callada por vocación», encerradas en viviendas de montaña que al fondo de las

---

* Versiones preliminares de esta y las siguientes tres secciones formaron
parte de la ponencia invitada de A. Almandoz, «Dos imágenes de la provincia
piconiana en textos de la Venezuela urbana», VI Bienal de Literatura Mariano
Picón Salas, Mérida, Venezuela: Universidad de Los Andes (ULA), Fundación
Casa de las Letras Mariano Picón Salas, marzo 8-11, 2005.
[1] O. Araujo, *Compañero de viaje* (1970). Caracas: Monte Ávila Editores, 1991,
pp. 141-142.
[2] Para tener una idea del umbral, valga recordar que la definición censal del
centro urbano en Venezuela ha trabajado históricamente con 2.500 habitantes; ver M. Bolívar Chollett, *La población venezolana 10 años después de El
Cairo...*, p. 53.

estribaciones «terminan por juntarse y hacer pueblo»; en ese tejido aldeano en fragua, apareció el compañero de viaje, como en epifanía de lo urbano mismo:

> Y en el encuentro de las aguas, allá donde las extremidades inferiores de los montes se juntan para formar un cuenco, allá está el pueblo: techos de teja, de palma y de zinc, calles de piedra y gentes de ver, oír y callar.
>
> Allí encontré a mi compañero de viaje y viví con él, primero en una casa pequeña a la orilla de un río, después en una más grande, a la orilla de otro. Ya lo dije, las casas resbalaban hasta formar pueblo[3].

El encuentro fue así, en primera instancia, con el compañero de viaje, «figura fundadora» a través de la que el narrador nos recrea al padre, como ha señalado Pacheco[4]. Pero a la vez, con ese paisaje primigenio que quizás corresponda a los Andes de mediados del siglo XX –acaso también a los de hoy, no importa– Araujo nos ofrece una postal que recrea no sólo el ruralismo de su infancia, sino también el amanecer de lo urbano, a través de sus primeros atributos.[5] Retrotrayéndonos a la aldea neolítica recreada por Mumford para las vísperas de la cristalización de la ciudad, encontramos en algunos pasajes de *Compañero de viaje* una como actualización de la agregación y concentración por la que tuvieron que comenzar muchos de los asentamientos de la historia, desde los días germinales de Ur y Menfis, hasta Teotihuacán y los caseríos andinos[6]. Y es que la simplicidad del lenguaje y de los elementos en fragua narrativa confiere al códice de Araujo una fuerza arquetípica, una resonancia que tramonta hasta lo primigenio

[3] O. Araujo, *Compañero de viaje*, pp. 27, 30-31.
[4] C. Pacheco, «El espacio de la ruralidad en la narrativa venezolana», en *La patria y el parricidio...*, p. 203.
[5] En este sentido, ver A. Almandoz, «Atributos de ciudad» (1991), en *Ensayos de cultura urbana*, pp. 34-57.
[6] Me refiero al capítulo «The Crystallization of the City», en L. Mumford, *The City in History. Its Origins, its Transformations, and its Prospects*. Nueva York: Harcourt, Brace & World, 1961, pp. 29-54; *La ciudad en la historia*, trad. E.L. Revol (1966). Buenos Aires: Ediciones Infinito, 1979, 2ts, tI, pp. 41-72.

y auroral de la infancia y del viaje, hasta lo mítico e histórico del territorio y de la ciudad.

4. La semejanza con lo pueblerino, y hasta con lo preurbano, es acaso reforzada por lo recóndito de las localizaciones: «Nadie llegaba hasta allí por el placer de viajar y nadie se quedaba si podía vivir en otra parte», dice el narrador de *Compañero de viaje*.[7] Marginados de los circuitos productivos y de las rutas turísticas parecen estar las aldeas parameras de Araujo o los poblados de Armas Alfonzo; las primeras sólo transitadas, al decir de Pacheco, «por oleadas de fugitivos de alguna oscura venganza o de la ley, que se mantienen alejados de los caminos de la historia; mientras en *El osario de Dios*, entre el polvo de los cardonales, se asoman apenas los signos de una precaria modernidad, acelerados por el inicio en la zona de la explotación petrolera»[8].

En efecto, la que Armas Alfonzo retrata es una pálida modernidad que apenas si asoma fugazmente en la carretera que hubo de construir la compañía, y que terminara siendo utilizada para vender ocumo chino; o en los desvaídos recuerdos de la Yilé, la andaluza que se avecinara allí después que la dejara el sismógrafo norteamericano que hacía exploraciones para la petrolera en Caracarache; es un progreso que apenas se columbra en la imprenta que Ricardito Alfonzo trajera de Londres, o en los ejemplares de *El Nuevo Diario* y de *Caras y Caretas*, que ayudaban a protegerse de los ciempieses en invierno, antes de que llegara el DDT. La monótona oscuridad del Clarines evocado en *El osario de Dios*, sólo se veía interrumpida por la proyección de la primera película muda en la casa Amarilla; con la visita del agente de los laboratorios Behrens; o de aquel poeta colombiano con peinado «a la garzón», quien escandalizara al salón pueblerino al proclamar que «el sagrado vínculo del matrimonio no es sino la unión de dos mucosas»[9].

---

[7] O. Araujo, *Compañero de viaje*, p. 32.

[8] C. Pacheco, «El espacio de la ruralidad en la narrativa venezolana», en *La patria y el parricidio...*, p. 201.

[9] A. Armas Alfonzo, *El osario de Dios*, §41, p. 71, §50, pp. 82-83; §110, p. 151; §69, p. 104; §121, p. 170; §77, pp. 114-115.

Lo recóndito, remoto y premoderno envuelve también el códice personal y comarcal de Trejo. Entroncada en la estirpe de la autobiografía piconiana, la de Oswaldo, merideño como don Mariano, es una que también elabora la metáfora del amanecer de la infancia consciente que despertara con la voz de Adriana, madre y primer amor a la vez, indicando la luz de las estrellas en el corredor de la casa de hacienda.

> Es posible que mi vida comenzara con tal hecho, simple y todavía no borrado por el tiempo que se confunde con la extensión de las montañas de donde vengo y que tantas cosas perdidas debe guardarme, perdidas como la llave que precisaría para abrir el lugar donde se hallan, la pequeñísima llave oculta en medio de los árboles y entre la sucesión de las noches[10].

Es la aurora de recuerdos infantiles que se pierden entre las montañas y los valles, en un país merideño que data de las postrimerías del gomecismo –no olvidemos que Alberto José, el narrador, nos informa de su nacimiento el 10 de junio de 1928– pero que se evoca con imágenes más primitivas: «Allá donde los hombres llevan luces en las manos. Donde las llamas de los leños arden en las cocinas y los rostros nocturnos tienen reflejos amarillos». Es también el viaje al amanecer con la abuela, en carreta, pasando por el Patio de las Brujas, mientras los campesinos «se dirigían a la ciudad con gallinas bajo el brazo y con cestas en la cabeza»[11], nos añade un narrador que incrusta, como Araujo, la infancia casera y el viaje comarcano en un pasado iluminado apenas por las brasas y las estrellas. Como gestado antes de la modernidad eléctrica y del tiempo historiado, el códice merideño de Trejo, a semejanza del unarense de Armas Alfonzo, nos retrotrae también a una partida auroral y atávica.

5. Como dos espantos bajo la luna salieron Ernestina y el abuelo, la noche en que el casorio fuera suspendido, a la

---

[10] O. Trejo, *También los hombres son ciudades*. Caracas: Monte Ávila, 1981, p. 15.
[11] *Ibíd.*, pp. 33, 49.

pos del novio huido a Valera; a pesar de la lluvia que no había parado en toda la madrugada, de la molestia que sentía por el vestido de novia almidonado, maltrecho por la deshonra, la cabalgadura y los lodazales del camino, la llegada en la mañana a Motatán no pudo dejar de producir admiración en Ernestina: «nunca había visto tanta gente» y tráfago comercial, lo que la hizo pensar en la gran ciudad del cuadro guindado en la casona familiar, «que quedaba mucho más allá de donde estaba el mar»[12]. A través del único y malhadado viaje de una de las solteronas de *País portátil*, González León nos deja así ver algo del inexorable embrujo que la ciudad provinciana ejerce sobre el comarcano, especialmente en el atrasado contexto de la Venezuela decimonónica. Si bien las imágenes remiten a dos siglos diferentes, podemos en este sentido establecer cierta analogía con el asombro que suscitara Boconó en el narrador infantil de Araujo:

> Boconó fue la primera ciudad. Allí vi por vez primera carros y camiones, seres monstruosos que había presentido menos rugientes, y el olor de gasolina, desde entonces y por siempre, fue el indicio de un mundo nuevo, desconocido y ajeno. Un mundo que me atemorizaba y que me hacía sentir pequeño e indefenso. Cuando el sentimiento de inferioridad se me hacía insoportable hasta dolerme el pecho, corría en las tardes, después de la escuela, hasta la salida para Niquitao[13].

En su aciaga búsqueda del novio vagabundo, Ernestina alcanzó a recorrer la Gran Estación del Ferrocarril de La Ceiba, único contacto que acaso tuvo con las locomotoras y los caminos del progreso decimonónico; de la misma manera que en esa «primera ciudad» que fue Boconó, a través de su visión inaugural de carros y camiones, verdaderos agentes de la urbanización del siglo XX, el narrador infantil de Araujo nos da una postal del país andino que había mudado de piel con el petróleo. Pero esa primera ciudad significa más: en contraposición a la connotación familiar que cobra Niquitao, punto

---

[12] A. González León, *País portátil*, pp. 158-159.
[13] O. Araujo, *Compañero de viaje*, pp. 148-149.

de trasbordo en la frecuente ruta hacia el pueblo, el terruño y la casa, la alienante impresión que produce Boconó sobre el narrador infantil parece confirmar los efectos dislocantes que, sobre el individuo proveniente de la pequeña comunidad o *Gemeinschaft*, tienen las ciudades a medida que se avanza en la complejidad y magnitud del *continuum* rural-urbano, al menos según los dictámenes de una sociología algo superada ya, pero inexorable en su lógica[14]. Los personajes de González León y Araujo ilustran, a propósito de Motatán y Boconó, no sólo el significado sociológico, sino también existencial, de aquella *primera ciudad* en tanto umbral de un dominio urbano diferente del rural; con la salvedad de que el narrador de *Compañero de viaje*, a diferencia de Ernestina, habría de permanecer en ese medio que le sería extraño y alienante por el resto de la existencia, a juzgar por su propia confesión: «Boconó me devuelve la sensación del primer encuentro con este mundo ajeno donde vivo en el exilio...»[15].

6. También en el relato de Trejo está la diferencia entre La Parroquia, pueblo donde se ha pasado la mayor parte de la infancia, y Mérida en tanto primera ciudad que se conoce en una visita a la casa de las tías. Aunque la capital estadal sólo pudiera ser entrevista por el sujeto infantil a través de las celosías de la casona lorquiana, o en las ocasiones «de acompañar a mi abuela en sus periódicas salidas y en las novedades que penetraban en la aristocratizante casa donde eran destiladas por el juicio severo» de las solteronas, al regreso a La Parroquia sería difícil «reconciliar la vida de la ciudad con la del pueblo pequeño». Después de retornar a éste en el desvencijado autobús que presumía del nombre de El Relámpago del Catatumbo, Alberto hallaría «en las cortezas que diferenciaban a la ciudad del pueblo, dos mundos con sus límites

---

[14] Nos referimos a las teorías clásicas de F. Tönnies, «*Gemeinschaft* and *Gesellschaft*» (1887), trad. C. P. Loomis, en *Theories of Society. Foundations of Modern Sociological Theory* (1961). Nueva York: The Free Press, 1965, pp. 191-201; R. Redfield, «The Folk Society», en R. Sennett (ed.), *Classic Essays on the Culture of Cities*, pp. 180-205.

[15] O. Araujo, *Compañero de viaje*, p. 150.

precisos», donde este último parecía haber «sufrido una notable reducción»[16].

Asimismo, aunque no las visitara, en los interrogatorios de clase en la escuela comarcal fueron mentadas por vez primera las capitales remotas del coloreado mapa de Venezuela:

–¿Venezuela, capital...?
–Caracas.
–¿Lara, capital...?
–Barquisimeto.
–¿Zulia, capital...?
–Maracaibo[17].

Eran ciudades que nadie en la clase conocía; sólo Adriana, fuente de todos los recuerdos, había visitado la Mérida capitalina, así como refería, en los libros de su cajón, «las ciudades populosas en las que debía ser fácil perderse»; urbes que tenían parques y museos, «jardines zoológicos, palacios y avenidas» que cobraban vida a través de las «palabras cargadas de ficción» de la madrastra, las cuales hacían al narrador infantil

...vivir la aventura de prodigiosos viajes que, sin salir del pueblo, realizábamos para disfrutar ya fuera de un paseo en góndola por los canales de Venecia como de una caminata por los Campos Elíseos. Dejando lugares ya conocidos, nos hallábamos

---

[16] O. Trejo, *También los hombres son ciudades*, p. 66. Resulta muy ilustrativa la manera como el narrador describe la reducción de La Parroquia natal, después de la visita a Mérida: «Comparándolo con la ciudad, desde mi regreso hallaba que el pueblo era demasiado pequeño. Por sus aceras más angostas y por sus casas más bajas, la impresión era que hubiese sufrido una notable reducción. Tanto por la ubicación arbitraria de las casas así como por algunos aleros rotos y paredes torcidas y desnudas que mostraban abajo los cimientos, La Parroquia me parecía una cosa diferente, como el pedazo de otro pueblo que hubiese sido arrancado y dejado allí por algún ciclón de la montaña. Hasta la plazuela pedregosa con sus pocas matas comidas por las gallinas y los chivos resultaba destartalada e incompleta. Ahora su fisonomía era la de un pueblo que estuviese preparado bajo el sol para entrar de un momento a otro en movimiento, bien porque las casas se fueran a caer o porque un desplazamiento las mudara a otro lugar.» (*Ibíd.*, pp. 72-73).
[17] *Ibíd.*, p. 29.

de pronto en Roma frente al Coliseo, la Catedral de San Pedro o cualquier otro sitio histórico. A la hora que quisiera, desde el corredor de nuestra casa, podía iniciarse cualquier viaje a los lugares más lejanos...»[18].

Y esos viajes continuaban en la escuela al día siguiente, cuando el niño escuchaba a sus compañeros mayores responder las preguntas del maestro por las capitales de Francia o Panamá, que no eran para el narrador simples nombres geográficos, sino palabras cargadas de significados atribuidos a esas urbes y sus formas en los viajes fantásticos emprendidos con Adriana desde la casa, en las tardes de tarea. Trejo nos coloca así frente a un culto infantil y fabuloso de esas que en otro texto he denominado ciudades de memoria, ilustradas allí, en una variante adulta y dramática, a través del bovarismo de una Enma que no pasara de Ruán, en su irredenta ensoñación del París de trajes y decorados, de fiestas y amantes[19].

7. Por contraste con las mujeres andinas de González León y Trejo, no madrugan mucho las aburguesadas señoras citadinas: ya no es el amanecer sino avanzada la mañana en la Caracas que abandona Antonia Palacios –viajera, cronista, sujeto narrativo y poético a la vez– en la partida de su *Viaje al frailejón.*

Las calles están llenas de transeúntes, las calzadas congestionadas de vehículos. Hay mujeres que regresan del mercado la cesta al brazo, por la boca abierta de las canastas asoman legumbres y frutos. La empleadilla taconea por sobre las aceras con su paso menudo. Hombres llevan carpetas conteniendo legajos, informes, citaciones, leyes. Algunos escolares corren para alcanzar la hora de la escuela antes de que los alcance a ellos la reprimenda»[20].

[18] *Ibíd.*, pp. 29-30.
[19] *Ibíd.*, pp. 30-31. Con respecto a la fabulación de ciudades, ver A. Almandoz, «Ciudad de memoria. Lectura urbana de Borges» (1992), en *Ensayos de cultura urbana*, pp. 135-148, pp. 139-140.
[20] A. Palacios, *Viaje al frailejón* (1955). Caracas: Monte Ávila Editores, 1974, p. 11.

Pero no es el mañanero trajín de la ciudad lo que Palacios y sus acompañantes quieren ver desde el automóvil: «Estamos ansiosos de hallarnos al fin ante la ruta que nos lleve hacia campos abiertos, lejos de la urbe, de su vértigo, de su afán». El asombro del viajero campesino ante las ciudades que van aumentando en escala y tráfago, resulta diametralmente opuesto a la percepción de un tejido urbano que va achatándose y deshaciéndose, despertando así la curiosidad del que viene de las urbes que detentan la primacía de un territorio. A pesar de la novelera expectativa por las topografías y los paisajes rurales, a lo largo de un rosario de «pueblos pequeñitos», de «caseríos» donde venden panelitas de San Joaquín, quesos y membrillos, la viajera capitalina parece llevar todavía a Caracas sobrepuesta, como aquellos picudos lentes de sol tan en boga en la época de su aburguesada excursión. Por ello incluso una ciudad como Valencia es mirada desde la perspectiva capitalina, abordada desde una comparación con la pueblerina Caracas de techos rojos:

Me recordó la Caracas de hace algunos años, aquella Caracas alegre y apacible, donde el progreso comenzaba tímidamente a asomarse a sus empinados balcones. Las calles angostas, las casas con techos de tejas, de los portones cuelgan gruesas aldabas. La ciudad del Rey la llamaron aquellos quienes levantaron sus primeros muros. Es una cuidad llana y señorial. No tiene esos bruscos saltos, esos desniveles propios de los barrios caraqueños que se hallan encaramados en los cerros. Sus calles se estiran rectas y claras. Es una ciudad limpia, abierta, acogedora...[21].

De Kavafis a Borges, de Julien Green a Italo Calvino, cierta estirpe del yo poético viajero ha reconocido que venimos de y vamos hacia una única ciudad a la que se pertenece, suerte de mundo memorial, de naturaleza artificial que lleva a cuestas el urbanita[22]. Emparentada con esa estirpe,

[21] *Ibíd.*, pp. 11, 14, 27.
[22] He tratado de registrar algunos ejemplos en A. Almandoz, «Ciudad de memoria. Lectura urbana de Borges», en *Ensayos de cultura urbana.* pp, 133-148.

Palacios refracta lo que va viendo a través de sus ojos cara-queños; sin embargo, después de cierto trecho, la sucesión de pueblos y caseríos –«pueblos prósperos y ricos», «pueblos sepultados en el olvido», «pueblos oportunistas» que no están «arraigados en la tierra»– deslastra a la viajera de las cate-gorías urbanas de apreciación, habituando y enfocando su mirada y sensibilidad al nuevo paisaje. «¿Dónde está la ciu-dad? Yo sólo miro los campos, los sembradíos, las cumbres de las montañas donde las nubes trazan arabescos y potros, garzas de leve espuma...», se pregunta el yo viajero, como embriagado de cañaverales y maizales. Hasta que finalmente se llega a las serranas estampas de donde partiera el *Compa-ñero de viaje*, último reducto de un tejido urbano que, en iti-nerario inverso al de Araujo, se ha ido deshaciendo a lo largo de la peregrinación en busca del frailejón: «Aquí terminan los caminos hasta donde nos acompaña la máquina. Ahora son veredas, estrechos senderos que contienen tan sólo el paso del hombre y de la bestia»[23]. No sólo desprendiéndose de las vestiduras urbanas que le permiten alcanzar una comunión con la tierra andina, Palacios parece haber llegado también, como los personajes de Araujo y Armas Alfonzo, al amanecer de la urbanización y la ciudad.

Un tal amanecer del paisaje emanando del recuerdo atraviesa también esa suerte de panteísmo entre ser humano y asentamiento urbano que da título a la obra de Trejo; es una consustanciación que el autor establece desde el inicio mis-mo del texto, cuando reconoce que la vida puede comenzar en el paisaje que hace hipóstasis con el cuerpo: «Los hombres que son también ciudades. Ciudades sin muros, ni torres, ni palacios, ni avenidas. Ciudades hechas de pasos, de ges-tos, de voces que a un tiempo dicen: trabajo, perdón, lejos, adiós...». Pero es a su vez el recuerdo primigenio de ese cuer-po y paisaje una suerte de comunión que le persigue, como a Palacios y nuestros otros viajeros del amanecer, a través de los venideros itinerarios de la adultez: «Todo me lleva hacia ese recuerdo. Va conmigo a través de desconocidas ciudades. Atraviesa calles y más calles y se suceden los muros y las

---

[23] A. Palacios, *Viaje al frailejón*, pp. 16, 36, 57.

puertas y las ventanas. Y le soy fiel negándome a descubrir la vida secreta de esas ciudades», señala el narrador obcecado con su auroral memoria del terruño[24].

[24] O. Trejo, *También los hombres son ciudades*, pp. 11-12. Continúa el narrador con su consustanciación entre hombre y paisaje: «Palabras que se multiplican y golpean el tránsito de los sonidos, sin ordenanzas ni señales. Hombres que tienen también zonas vegetales con selvas de silencios, llanuras inmensas y espejismos...».

La tierra y el cielo, lo sagrado y la muerte

> «Y la tierra se nos ha ido dando, nos ha hecho el don de sí misma. La hemos mirado tendida y seca, levantada por los aires. La hemos mirado tendida y verde, florecida de alas y de pétalos. Luego, lentamente, le han ido naciendo pechos, le han ido creciendo espaldas y la hemos visto empinarse en un afán de cielos, de imposibles alturas».
>
> Antonia Palacios, *Viaje al frailejón* (1955)

8. En la mística comunión que las obras de Palacios y Trejo, Araujo y Armas Alfonzo alcanzan con la tierra venezolana, hay mucho que recuerda el habitar cuaternario que invocara Martin Heidegger, inspirándose en Hölderlin, como una manera de acercarse a la humana cita con el Ser[1]. Obviamente escapa de nuestras posibilidades el siquiera tratar de resumir aquí esa críptica noción, construida a la manera del segundo Heidegger, quien después de la analítica existenciaria de *El ser y el tiempo* (1927), descartó el lenguaje de la metafísica, apelando a imágenes tomadas del arte y de la poesía. Sólo quiero señalar que, por oposición al tradicional reporte sociológico del habitar urbano, el pensador de la Selva Negra, a propósito de la pregunta sobre el sentido primero del edificar, reconstruyó el pastoral cuadro del originario habitar humano. En su conferencia «Edificar. Morar. Pensar» (1951), Heidegger mostró que la manera como los hombres estamos siendo sobre la tierra es habitando, y que el fin de ese nuestro habitar esencial es la protección de la Cuaternidad en la que estamos envueltos los mortales. Así, moramos en cuanto salvamos la tierra, en tanto acogemos al cielo como cielo, en tanto aguar-

---

[1] Este tema fue abordado en mi tesis de maestría, bajo la tutoría del profesor José Jara: A. Almandoz, «Metrópoli, habitar y existencia. Un recorrido por los habitares de Heidegger». Tesis de Maestría en Filosofía. Sartenejas: Universidad Simón Bolívar (USB), 1992.

damos a las divinidades como Divinidades, y en la medida en que tomamos conciencia de nuestra muerte, divisándola y esperándola en doméstico sosiego[2].

No quiero forzar aquí una correspondencia con todos esos elementos de la cuadratura heideggeriana –tierra, cielo, divinidades, muerte– sino sólo entresacar de los textos venezolanos algunas imágenes en las que creo se manifiesta ese habitar cuaternario. En este sentido y para comenzar, cabe señalar que, tal como el mismo título de su crónica lo anuncia, el *Viaje al frailejón* de Palacios busca un encuentro místico con las manifestaciones y los frutos de la tierra. No es sólo la comunión final con la planta y su flor, auténtica ofrenda de un yo literario ante el símbolo vegetal del páramo: «Aquí estoy junto a ti, rica, fecunda en experiencias, y en deuda, en permanente deuda contigo. Te traigo mi palabra, es todo lo que tengo que ofrecerte». Es también la captación de un habitante y de su paisaje, en los que la viajera siente, como en ninguna otra región, las manifestaciones de la tierra en tanto sustrato natural y cultural del país venezolano.

> Y es que la tierra es el verdadero dominio del hombre. En ninguna otra parte de la extensa Venezuela la siente el hombre tan suya como a esta tierra de la Cordillera. No se amedrenta porque se le resista y se le escape hacia la altura, por el contrario la sigue, la persigue con ahínco hasta arrancarle su secreto... Se la encuentra en el fruto, en el grano maduro, en la casa de firmes paredes, en la cena abundante, en la prole rolliza que le secunda. Ama la tierra con amor empecinado y tenaz. De tierra son sus platos, el pocillo donde aroma el café, la jícara que llena del agua límpida de los manantiales. En los techos de sus casas refulge la tierra cocida de las tejas y los vientos alisios azotan el horizonte abriendo surcos de ilimitadas distancias a todo el ancho del cielo[3].

---

[2] M. Heidegger, «Bâtir. Habiter. Penser» («*Bauen. Wohnen. Denken*») (1951), en *Essais et conférences,* trad. A. Préau. Paris: Gallimard, 1986, pp. 170-193.

[3] A. Palacios, *Viaje al frailejón,* pp. 54-55, 63.

Aunque los sustratos simbólicos sean diferentes, esa suerte de panteísmo andino que asoma al final de la travesía de Palacios también nos espera después de las trochas por las que nos conduce Araujo. En este sentido, González León ha señalado que en *Compañero de viaje* hay una «épica de la neblina, [...] una metafísica de piedras y ríos sonoros»[4], identificando así la sustancia filosófica de la obra de Araujo, y añadiendo de paso otra dimensión poética al carácter narrativo que ya advirtiéramos al comienzo. Crespo también confirma el simbólico predominio de la bruma entre todos los elementos naturales de la obra: «no hay página en *Compañero de viaje* a la que no la cubra ese humo del nuberío serrano»[5]. Al igual que el frailejón simboliza la tierra en la que se manifiesta el ser, entre la neblina parece alcanzarse la bienaventuranza del padre/compañero, guía de toda andanza terrena; porque de eso parece tratarse la vida, a juzgar por la quijotesca lección que el narrador adulto reconoce como aprendida, al final de su relato: «No fallar en el sencillo oficio de andar y cabalgar como lo hacías, corresponde al código profundo de aquella caballería perdida en la montaña que fui aprendiendo por los caminos con neblina». Aunque borrada ya no sólo por la bruma paramera, sino también por las modificaciones del paisaje de una región que de alguna manera se ha urbanizado, las señales y pistas naturales de aquella caballería esencial parecen mantenerse en la mudanza: «Caminos nuevos han borrado a los antiguos y hombres nuevos habitan las casas y trabajan las tierras de los que se fueron, pero las aguas de los ríos que bajan del páramo siguen corriendo por los viejos cauces», nos dice el narrador adulto que retorna a los parajes de la infancia[6].

9. También lo celestial y lo sagrado del habitar cuaternario se contraponen a algunas expresiones de la urbanización, en un contraste que nuestros autores captan de modo penetrante. Sabemos que la manera de respetar la temporalidad natural y sobrellevar el tiempo mecánico marca buena parte de la dife-

[4] A. González León, «Prólogo» a O. Araujo, *Compañero de viaje*, p. 20.
[5] L. A. Crespo, «Orlando Araujo entre la niebla de arriba y la niebla de adentro», en *El país ausente*, p. 452.
[6] O. Araujo, *Compañero de viaje*, pp. 226-227.

rencia entre campo y ciudad; porque el incesante tráfago de la urbe desconoce las señales horarias del cielo[7]. Arrastrada inicialmente por el ímpetu de la máquina, la viajera citadina, quien se reconoce a sí misma que «anda por la vida descreída, confundida», llega a contemplar y respetar el transcurso de un tempo diferente a medida que se adentra en pueblos y caseríos.

> El tiempo ha quedado atado a mi memoria ciudadana. El que aquí se desliza no tiene el mismo rostro ni los mismos gestos que me son conocidos y temidos. No le vemos asomarse aquí al cuadrante del reloj, de todos los relojes, marcando su paso con el tictac insomne, clavándonos a la espalda sus afiladas garras que nos hacen marchar sin nunca detenernos, sin hacer un alto en el camino por temor a que su hora, su minuto, su avalancha, nos destruyan y nos dejen, como viejo utensilio, en una perdida orilla. Aquí el tiempo, pasajero perenne de estas soledades, tiene un rostro campesino y bonachón. Con paso tardo atraviesa los campos y se sienta a la sombra de algún árbol cualquiera. Nada le apremia. Es un tiempo perezoso sin medida, sin límites, que se alarga y se estira hasta tocar los bordes de toda una eternidad[8].

El andino guarda así con el tiempo una sabia relación acogedora de sus ritmos naturales, del día y de las estaciones, los cuales no pueden sino terminar violentados en el frenesí secular de las urbes. Desde el reporte que nos diera Simmel sobre la temporalidad mercantil y calculadora, recordada en los innúmeros relojes de las metrópolis industriales; pasando por la condición de vigilia incesante que denunciara Spengler a propósito de los desarraigados habitantes de las ciudades mundiales, en vísperas de la Gran Guerra; hasta los análisis de Lefebvre sobre la incesante sociabilidad de algunos tipos de espacios citadinos, la sociología urbana del siglo XX reiteró la angustiada actitud ante el tiempo como uno de los

[7] He intentado ilustrar estas diferencias en A. Almandoz, «El habitar urbano. Visión desde la primera sociología alemana» (1993), en *Ensayos de cultura urbana*, pp. 58-79.

[8] A. Palacios, *Viaje al frailejón*, pp. 26, 35.

rasgos más resaltantes del mecanizado trasiego de la metrópoli[9]. Ya hemos visto que, por su inexorable condición citadina, la viajera conoce algo de ese ajetreo, aunque sea en la modesta capital de donde viene; acaso por ello se solaza en esa suerte de perpetuo feriado que caracteriza a la provincia: «Reina un silencio de mañana de domingo como si el pueblo entero estuviese de asueto», es la impresión que la recibe en más de un centro serrano[10].

También nota la viajera la sagrada diferencia entre día y noche, olvidada con frecuencia en los ritmos artificiales, en la simultaneidad y el mecanicismo, o en el incesante acaecimiento de la vida urbana. Romper las restricciones de la noche no sólo ha sido afán histórico de la ciudad[11], sino también obstáculo para el recogimiento que supone la manifestación del ser; también en ello han sido más sabios los campesinos y parroquianos, al respetar el sosiego de la nocturnidad.

Duermen a tempranas horas todos los pueblos y más aún los pueblos de la montaña. Cuando a la ciudad apenas comienza a inundarla la luz en raudal, cuando las calles se hallan cruzadas de gentes ansiosas de olvidar la suma de fatiga, de pequeños y grandes fracasos que les aporta la diaria faena. Cuando en los teatros, los cafés, los salones de baile, se apretuja una multitud ávida de aturdirse, de posponer aunque sea por unos instantes la apremiante, la ineludible tarea de vivir, ya todo aquí se halla sumido en el silencio.... Todo es reposo y paz[12].

Pareciera que en esos poblados tiene lugar la auténtica inserción de la casa en el cosmos, su plena participación en los dramas del universo, de una manera como nunca podrá sentirlo el apartamento de la gran ciudad, según el clásico

[9] G. Simmel, «The metropolis and mental life», en R. Sennett (ed.), *Classic Essays on the Culture of Cities*, pp. 47-60; O. Spengler, *La decadencia de Occidente...*, t. II, pp. 139-176. En el caso de H. Lefebvre, pueden verse varios de sus ensayos en *De lo rural a lo urbano* (1970), trad. J. González-Pueyo. Barcelona: Ediciones Península, 1978.
[10] A. Palacios, *Viaje al frailejón*, p. 51.
[11] He intentado desarrollar e ilustrar este argumento en A. Almandoz, «La noche urbana» (1986), en *Ensayos de cultura urbana*, pp. 82-86.
[12] A. Palacios, *Viaje al frailejón*, p. 38.

planteamiento de Bachelard[13]. Esa relación diferente con la cosmicidad hace también que los reclamos atmosféricos del pueblo y de la ciudad sean independientes, y con frecuencia antípodas. No olvidemos que son todavía las «señales del cielo» las que indican el momento justo para la siembra, como saben los personajes del Cerro Verde que nos recrea Armas Alfonzo[14]; y la lógica de esa siembra puede entrar en conflicto con las caprichosas demandas de la actividad urbana. Despojada de su centrismo capitalino, la viajera adulta que se detiene ahora frente a la imagen de San Isidro, en la sacristía de la capilla recóndita, parece caer en cuenta de una contraposición, que acaso nunca fue tan obvia para la niña Ana Isabel que Palacios recreara en su novela: «Tal vez, en aquel momento en que una chiquilla pedía sol que inundase las calles y las plazas de su ciudad, los campesinos de la Cordillera clamaban por las lluvias»[15].

10. Como resguardado por la bóveda celeste, el paisaje pueblerino de pausados ritmos cósmicos se despliega también en La Parroquia andina, adonde el sujeto narrativo de Trejo se mudara después de la primera infancia en la hacienda.

> El pueblo, de muy pocos habitantes, está rodeado de colinas y de pequeños valles pedregosos de donde proceden la mayoría de los moradores. Tiene apenas la calle real, por donde pasan los vehículos con viajeros hacia los pueblos vecinos, y un ancho camino de recuas para las carretas que transportan pasto y caña de azúcar. Los arrieros toman este camino cuando bajan de la montaña con sus bestias cargadas de sacos con carbón y productos agrícolas que llevan al mercado de la capital de la provincia.
>
> En la calle real están los comercios mixtos, las casas de los artesanos y las de los agricultores que tienen sus fincas en las colinas y los valles[16].

[13] G. Bachelard, *La poétique de l'espace* (1957). París : Quadrige, Presses Universitaires de France, 1984, pp. 42-43.
[14] A. Armas Alfonzo, *El osario de Dios*, §46, p. 77.
[15] A. Palacios, *Viaje al frailejón*, p. 58.
[16] O. Trejo, *También los hombres son ciudades*, p. 18.

No sólo la cosmicidad y los elementos pautan el sosegado deambular de lugareños y recuas por las calles y los caminos en el apacible poblado merideño; también en el prolongado estío larense, la amenaza lluviosa marca la temporalidad al interior de las casas infantiles de *Memorias de Altagracia* (1974). Aunque los aguaceros resonaban como una fabulación en boca de visitantes de otras regiones –«La gente que venía de lejos narraba historias de crecientes y campos anegados, pues a esas horas debía estar lloviendo en todos los extremos del mundo, menos en el nuestro», nos recuerda el narrador adulto de la novela de Garmendia– los devaneos del sedicente invierno dilataban, bajo un cielo encapotado y tronador, una cotidianidad demorada y casera:

> De esa manera, el verdadero tiempo de lluvias se prolongaba en días cavilosos e inútiles y cielos aporreados que se echaban sobre los tejados y a veces descendían hasta tocar el suelo, en el fondo de las bocacalles o en los solares cubiertos de monte o de ruinas.
>
> En tales condiciones era necesario vivir continuamente dentro de la casa, pues en el espacio de los árboles o de las calles y los laberintos de la sabana, quedaba temporalmente vedado[17].

Multiplicados los olores de ungüentos y las inhalaciones para los males del pecho y el reumatismo que por entonces proliferaban; llagadas las paredes con húmedos lamparones de formas caprichosas, la casa toda se impregnaba de una atmósfera fantástica, que llegaba incluso a condensarse en animados espíritus de la temporada.

> No debía pasar mucho tiempo sin que aparecieran las mujeres largas de la lluvia. Eran unas criaturas livianas, más altas que el común de la gente, con caras afiladas y pálidas y los cabellos largos recogidos detrás. Estaban en toda la casa. Alguna salía por la puerta, otras se cruzaban en un corredor, volvían a la cocina

---

[17] S. Garmendia, *Memorias de Altagracia* (1974). Caracas: Monte Ávila Editores, 1991, p. 47.

con sus pasos menudos y rápidos o pasaban de un dormitorio a otro en el mayor silencio[18].

Así, en los áridos parajes y las agrietadas paredes de la Altagracia de Garmendia, cúmplese otra de las leyes de Bachelard para la dialéctica entre morada y universo, que no son simplemente «dos espacios yuxtapuestos. En el reino de la imaginación, ellos se animan el uno al otro en ensueños contrarios»[19]. Porque los vaivenes de esta dinámica se dan, enmarcados en el yermo paisaje larense que aniquila las formas de vida, a través de fantásticos planos que introducen el realismo mágico en la existencia de las casonas ruinosas; vuelan con el polvo, las tolvaneras y los remolinos que arrastran las mujeres de la lluvia para trastocar la existencia cotidiana. Al mismo tiempo, este animado realismo de las *Memorias* no rompe sus lazos con el quieto objetualismo de otras novelas garmendianas, entrecruzando con frecuencia esos planos fantásticos con los oníricos, como ocurre en la hora bochornosa y surrealista de la siesta[20].

11. Aislados en las estribaciones de las sierras merideñas o trujillanas, los caseríos pintados por Araujo parecen estar también apartados de la existencia secular y normativa: «La vida era pacífica, alterada sólo por noches de aguardiente y puñalada, sin que se cobraran ni pagaran muertes, porque allí no había autoridad constituida, ni nadie estaba interesado en constituirla. Aquél era un lugar de refugio».[21] Parece recordarnos el autor la sempiterna marginación de la temporalidad del pueblo con respecto al centrismo de la ciudad, como bien ha reiterado la filosofía de la historia; Spengler lo confirmó de manera contundente: «*La historia universal es la historia del hombre urbano*»[22], tal como reza un planteamiento que tendría

---

[18] *Ibíd.*, p. 48.
[19] G. Bachelard, *La poétique de l'espace*, p. 55. Mi traducción entresacada de: « ...La maison et l'univers ne sont pas simplement deux espaces juxtaposés. Dans le règne de l'imagination, ils s'animent l'un par l'autre en des rêveries contraires...».
[20] S. Garmendia, *Memorias de Altagracia*, pp. 49, 94.
[21] O. Araujo, *Compañero de viaje*, p. 33.
[22] O. Spengler, *La decadencia de Occidente...*, t. II, p. 145, con cursivas en el

eco en la interpretación del devenir histórico y cultural venezolanos, elaborada para diferentes episodios nacionales por
pensadores como Picón Salas y Uslar Pietri.

«El pueblo para dormir y escuchar misa, porque para trabajar y para hacer hijos prefieren siempre el campo abierto»[23],
nos dice el autor de *Compañero de viaje*, como recordándonos
que esa temporalidad comarcana no sólo rehuye la historia,
sino que también se refugia en una religiosidad que se resiste
a la secularización. Practicada diariamente en capillas e iglesias, la religión reina en calles y plazas que llegan a paralizar
su modesto quehacer para las fiestas patronales, las cuales
perfilan la peculiaridad folclórica del pueblo y refuerzan su
«monolitismo cultural interno»[24]. Pero más allá de los escenarios de culto que la sociología ha registrado, esa religiosidad
penetra también los espacios domésticos en la literatura, sobre todo los que, desde la infancia, marcarán el imaginario de
la adultez. En *El osario de Dios*, resplandece en altares llenos
de santos, como el de la novia de Cielito Lindo el sacristán,
o en el que Mamachía decoraba para el Viernes Santo, con
su crucificado tallado por don Cándido Rojas, quien también
había labrado el de la iglesia de Clarines; o vemos asimismo
la devoción casera en la figura del Niño que es vestida por
Miguelina, quien se disfraza a su vez de pastora, cada seis de
enero[25].

---

original. Picón Salas se refirió a la «dimensión campesina del tiempo» para dar
cuenta de la «anti-historia» que se viviera durante la dictadura gomecista; ver
en este sentido M. Picón Salas, «El tiempo y nosotros (En los días de Juan Vicente Gómez)», en *Suma de Venezuela. Biblioteca Mariano Picón-Salas....*, t.II,
pp. 168-172. Por su parte, Uslar Pietri parte de una concepción similar a la
de Spengler, cuando me afirmara por ejemplo que «toda literatura es urbana»,
porque «el fenómeno literario, como el fenómeno artístico, es un fenómeno
urbano; es en las aglomeraciones urbanas donde se ha producido el arte, la
ciencia y la literatura»; ver A. Almandoz, «Entrevista con un mito» (1983), en
Ensayos de cultura urbana, pp. 186-201, p. 199.

[23] O. Araujo, *Compañero de viaje*, p. 27.
[24] Términos tomados de J. Remy y L. Voyé, *La ciudad y la urbanización*, trad.
J. Hernández Orozco. Madrid: Instituto de Estudios de Administración Local
(IEAL), 1976, pp. 91-92.
[25] A. Armas Alfonzo, *El osario de Dios*, §35, p. 63; §36, p. 65; §55, p. 88; §59,
pp. 92-93.

Sabemos que lo religioso no es la única dimensión de lo sagrado, porque éste también se manifiesta en los signos divinos que todavía asoman en lo doméstico, especialmente a través de ese pedazo de «cielo encauzado» al que ya señalara Borges: «El patio es el declive / por el cual se derrama el cielo en la casa», según rezan los versos de *Fervor de Buenos Aires* (1923)[26]. Algo de la antigua y celestial sacralidad del lar, heredada a través de las casonas coloniales, se cuela también en los corrales y patios de *El osario de Dios*, como aquel de la casa de Clarines, donde se enterraban los animalitos que fueran mascotas de la infancia; o se transforma en encantamiento, como en la casa de Puerto Píritu adonde se mudaron en agosto de 1939, «con fondo al mar y a unas pilas de durmiente de ferrocarril donde habitaban cigarrones colorados y parecía que los palos tuviesen música por dentro»[27]. Porque, como bien saben los poetas, hasta los espacios de apariencia más anodina y prosaica, pueden ser propicios para la manifestación de la música celestial.

Pero sigue siendo la iglesia la que, por sobre todo, emblematiza lo religioso y lo sagrado de la vida pueblerina. En lugar de ser obliterada por los rascacielos caraqueños; acentuada aquí por su contraste con el chato perfil de las casas menguadas, su silueta resaltante es contemplada por Palacios en todo su erguimiento: «torre de una iglesia en un apartado caserío, viene a ser como una evidencia de que el hombre aún clama por algo que sintetice su anhelo de elevación». Y quizás sea la escala modesta del paisaje construido, en contrastante armonía con las prodigiosas moles naturales, como quería Spengler, lo que propicia el místico recogimiento de la viajera capitalina:

Y en aquella mañana de agosto, mientras resonaban mis pasos en medio del silencio de una calle pequeña, de un pequeño pueblo lejano, sentí la presencia de Dios junto a mí. Un Dios campesino y humilde cuyo paso era tan leve como las brumas

[26] J. L. Borges, «Un patio», en *Fervor de Buenos Aires* (1923), en *Obras completas 1923-1972*. Buenos Aires: Emecé Editores, 1981, p. 23.

[27] A. Armas Alfonzo, *El osario de Dios*, §74, p. 110; §114, p. 159.

que coronaban las cimas. Un Dios comprensivo y humano, dispuesto a perdonar nuestras flaquezas, nuestras imperfecciones y dispuesto sobre todo a hacernos compañía en medio de la ilimitada soledad del hombre sobre la tierra[28].

12. Como para completar la hipóstasis del habitar cuaternario, lo sagrado nos remite así a lo terreno, y a lo que quizás sea lo más definitivo de la dimensión humana del mismo: la finitud de la existencia mundana. «Vejez, iglesia y muerte eran tres cosas juntas e indesligables», sentencia el narrador de *Compañero de viaje*. También Palacios observa que, por contraposición a las «fúnebres pompas» de la muerte en la ciudad, la procesión pueblerina es un «gesto simple, cotidiano, del diario acontecer»[29]. Cerrando la cuadratura heideggeriana, esa muerte que se espera en humilde sosiego, nos remite de nuevo a la temporalidad pasiva y sin historia ostensible de los villorrios; pero la sencillez de su rito apenas refleja su dilatada impronta en la existencia colectiva. Porque aunque pueda antojársele cotidiana y sencilla al fugaz visitante de ciudad, la muerte pueblerina conlleva un ciclo mucho más demorado, el cual comienza con la liturgia y se perpetúa con el luto; así lo evoca el sujeto de Araujo:

Me dejaba mecer en el abejeo del rosario y me fascinaba la reiteración de las letanías –madre amable, madre admirable, madre inviolada– que caían como cascadas sobre las aguas profundas del cordero de Dios que quita los pecados del mundo. El llanto contenido, y en caso de entierro grande, las gualdrapas doradas y negras del cura, la voz del corista, el armonio y la desolación del *Dies Irae* y de la *muerte eterna* constituían los trámites misteriosos y solemnes de la despedida. Luego venían las puertas y ventanas cerradas, transición del color negro al morado en varios años y las visitas pobladas de suspiros, de rostros pálidos y de lágrimas discretas. Después, la cruz de cedro y el olvido[30].

---

[28] A. Palacios, *Viaje al frailejón*, pp. 34-35, 49.
[29] A. Araujo, *Compañero de viaje*, p. 199; A. Palacios, *Viaje al frailejón*, p. 61.
[30] O. Araujo, *Compañero de viaje*, pp. 199-200.

La espera de la muerte en el habitar provinciano puede asimismo anticiparse en lo que Adriana repetía en *También los hombres son ciudades*: «tener casa es ya de por sí saber para siempre que nos quedaremos en algún lugar, que nos acogeremos a un pequeño pueblo o a un cercano campo para realizar la vida que nos falta». Sin embargo, cuando la casa se pierde en los infortunios de esa vida, sobreviene el «desapego» en la tercera mudanza familiar a Ejido, después de la hacienda y La Parroquia, a lo que contribuye la enfermedad paterna; en Ejido acaece finalmente la muerte del padre, que el narrador nos ubica en el siginificativo año de 1936[31], como para señalar el inicio de un nuevo ciclo de vida familiar y nacional, que le será ya definitivo como sujeto histórico.

Por todo ello, más allá de su coincidencia con los rasgos ya apuntados por la sociología como característicos de la provincia y la ruralidad, me atrevo a señalar que los habitantes de los textos de Armas Alfonso y Palacios, de Araujo y Trejo ilustran algunos signos del habitar cuaternario al que se refiriera el segundo Heidegger. En este sentido, no olvidemos que el mismo pensador sugirió que, por contraste con la ciudad, era la Selva Negra un privilegiado ámbito campesino en el que la habitación parecía hacerse más cercana del Ser[32]. El pensador lo reconoció como «su mundo de trabajo», estableciendo inmediatamente relaciones, de alto contenido poético, entre los cambios de ese paisaje y los momentos del quehacer filosófico; lo cual habla de un telúrico y cósmico ruralismo por parte de aquél. Pero no sólo el paisaje pastoral lo atrajo: el trabajo campesino se le ofreció cotidianamente como uno «de la misma especie» que el suyo, porque ilustra sencillamente, como lo hace un cuadro de Van Gogh, las faenas de un mundo en el que pensador y labriego están insertos por igual[33]. La cotidianidad con esos campesinos estaba poblada de ratos

---

[31] O. Trejo, *También los hombres son ciudades*, pp. 82, 101, 108.

[32] M. Heidegger, «Pourquoi restons-nous en province?» (1934), trad. N. Parfaity F. Destur, en P. Ansay y R. Schoonbrodt, *Penser la ville. Choix de textes philosophiques*. Bruselas: AAM Éditions, 1989, pp. 466-470.

[33] *Ibíd.*, pp. 467-468. El famoso ejemplo del cuadro de los zuecos del cuadro de Van Gogh está en la conferencia de M. Heidegger, «L'origine de l'oeuvre d'art», en *Chemins qui mènent nulle part* (1962), trad. W. Brokmeir. París: Gallimard, 1987, pp. 13-98.

silenciosos, encuentros en los que ese silencio parecía adquirir la elocuencia deseada por la más alta poesía y el pensar más profundo; escenas todas que justifican por qué Heidegger escogió en «Edificar. Morar. Pensar» el ejemplo de la casa de la Selva Negra como una que, por saber ser habitada, puede ser construida[34].

13. Conviene finalmente reconocer que, antes de las crónicas andinas de Palacios, Araujo y Trejo, antes que el códice unarense de Armas Alfonzo, ese habitar rural había resonado en la prosa de otro escritor venezolano de una generación anterior. Haciéndose eco del alerta que Waldo Frank lanzara sobre la pérdida de la espiritualidad que había supuesto el dominio de la naturaleza por parte del hombre, al recibir el premio nacional de Literatura en 1950, Juan Liscano pareció contraponer, desde el habitar secular y mecanizado, algunas de las dimensiones de la cuadratura heideggeriana:

> Domina efectivamente la naturaleza, pero ni la ama ni la comprende. Ha traducido su realidad que, a lo largo de los siglos, los hombres primitivos y de la antigüedad expresaran en símbolos y mitos, a frías ecuaciones que la desnudan, que la matan. Ya no se contempla una cascada, un anchuroso río sin convertirlos mentalmente en energía eléctrica, ni se mira un rebaño en un prado sin pensar en el aprovechamiento de su carne. La imagen de la tierra, con sus plantas, sus aguas y sus animales, se ha modificado de tal manera, que la visión interior del hombre se ha atrofiado hasta el punto de desconocer el propio universo que habita. Las máquinas le han concedido una falsa impresión de poder. Cree apresar el infinito en el aparato de radio. El cielo ya no es una patria de estrellas sino una ruta comercial. El fuego, una curiosidad de museo o de laboratorio. El sol, un globo de gas científicamente conocido y estudiado. Y el misterio excelso de la noche, se quiebra ante la invasión de luces de neón y de las bombillas eléctricas....[35]

---

[34] M. Heidegger, «Bâtir. Habiter. Penser», en *Essais et conférences*, pp. 191-192.
[35] J. Liscano, «Discurso en el premio Nacional de Literatura, en *Tiempo desandado...*, pp. 263-272, pp. 265-266.

Aunque muy conservadora y algo anacrónica ya para su tiempo, era una concepción sombría de la mecanización y la urbanización que no sólo influyó en el joven Liscano, cuya visión de Caracas había estado enmarcada, desde su juventud, por las haciendas que la circundaban, sino también en intelectuales latinoamericanos que, como él, vivieran en la Europa de entreguerras, quienes reivindicarían la ruralidad aborigen haciendo uso del imaginario germánico descendiente del romanticismo[36]. Fue una visión artística y humanística que deploró el expolio de la magia simbólica del cosmos, de la condición sagrada de la naturaleza y de la existencia humana, reducidas todas al «mundo interpretado» que abominara Rilke; en la primera mitad del siglo XX, ese pensamiento pastoral incluyó la admonición sobre la civilización mundial en Spengler, hasta proclamar la necesidad del «paso atrás» que, para el segundo Heidegger, debíamos dar en nuestra reductiva aproximación técnica a las cosas[37]. Y aunque Liscano recibiera parte de esta herencia a través de Frank, creo que puede ser también emparentado con el habitar cuaternario que ha servido para estructurar la revisión que esta sección ha tratado de ofrecer; de hecho el joven escritor también había tenido, después del regreso de Europa en 1934, el decisivo reencuentro con ese mundo rural en la hacienda familiar de la Colonia Tovar, desde donde saldría la temática fundamental de su obra poética,

[36] La influencia de Frank en Liscano está confirmada en la entrevista con A. Chacón, «Padre e hijo de la madre de las fiestas»; con respecto a otros intelectuales latinoamericanos de entreguerras, que buscaron las raíces negras, indias y telúricas, puede verse por ejemplo J. Franco, *The Modern Culture of Latin America: Society and the Artist* (1967). Baltimore: Penguin Books, 1970, pp. 117-120.

[37] La imagen del «mundo interpretado» está tomada de la Elegía I de Duino: «y los animales, sagaces, se dan cuenta ya / de que no estamos muy seguros, no nos sentimos en casa / en el mundo interpretado...». R. M. Rilke, *Elegías de Duino / Los sonetos a Orfeo*, trad. y ed. E. Barjau. Madrid: Cátedra, 1987, p. 62. En ese mundo interpretado, el hombre debe dar un «paso atrás» (*Schritt zurück*) en su aproximación a las cosas, paso que implica un tratamiento más contemplativo y respetuoso hacia ellas, así como también el paso de un pensar explicativo y analítico a uno memorioso y pensante. Para esta genealogía, remito de nuevo a mi tesis «Metrópoli, habitar y existencia...».

además de revelaciones sobre las ya comentadas relaciones entre cultura y tierra, tradición y folclor[38].

Por recobrar el sentido telúrico del frailejón y de la neblina, que son extensivas formas de la tierra y del cielo a la vez; por sacralizar la domesticidad y restablecer la dignidad religiosa de la existencia colectiva, incorporando a ella el memorial de los antepasados y la respetuosa espera de la muerte, los mundos pueblerino y rural del corpus considerado parecen empinarse en la misma dirección del habitar cuaternario. Esperemos asimismo que las dimensiones de la cuadratura heideggeriana –la tierra y el cielo, lo sagrado y la muerte– nos hayan ayudado a dar más sentido y articulación, si cabe aún, a la aparente fragmentación de los nuevos códices de la ruralidad venezolana.

[38] Tal como confesara Liscano a A. Chacón, «Padre e hijo de la madre de las fiestas»: «Mi manera de romper con Caracas, con la vida en sociedad, con la novía que yo tenía, e irme a la Colonia Tovar. Y de esa estadía salieron ocho poemas que me sitúan ya definitivamente frente al problema social venezolano, el problema del imperialismo, el problema de la naturaleza, el problema de la sexualidad».

Maricastañas redivivas

«Cuando ya no la vimos más después de aquel 26 de julio de 1938, supusimos que se había ido volando con los azulejos hacia algún otro patio inolvidable, si es que lo inolvidable puede residir en otra casa que no era la casa de Clarines de Mamachía».

ALFREDO ARMAS ALFONZO,
El osario de Dios (1969), § 36

«Sus palabras olían a pan recién horneado, tenían el gusto de los dulces de frutas y el sabor de las esencias de clavo y de canela de los caramelos que ahora me prometía fabricar para vender a los vecinos de nuestro nuevo paradero».

OSWALDO TREJO,
También los hombres son ciudades
(1962)

A Margarita

14. Entre los textos que arrojaron una nueva mirada a la provincia y ruralidad venezolanas, bien fuera desde el viaje hacia ellas, o mediante su contraste con la emergente realidad metropolitana, se encuentra otro plexo de imágenes que nos permiten identificar motivos diferentes del viaje mañanero y del habitar cuaternario, pero que ilustran asimismo la sacralidad de la tierra y de la existencia. La reconstrucción del pasado personal, familiar y nacional, así como la evocación del ancestro femenino –con las resonancias míticas que habían adquirido en el conjunto de obras recreativas de lo que he conceptuado como el tiempo de Maricastaña[1]– son dos de esos

---

[1] Ver el capítulo «El tiempo de Maricastaña», en A. Almandoz, *La ciudad en el imaginario venezolano*, t.I, pp. 15-32.

motivos que quiero esbozar a continuación. Tal como Pacheco señala a propósito de *El osario de Dios* y de *Compañero de viaje*, la «resaltante fragmentariedad de estos libros no puede dejar de vincularse con el carácter predominantemente oral de la cultura allí representada ni con el proyecto de 'recuperación' de la frágil memoria comunitaria que no cuenta en muchos casos con el apoyo de un texto escrito». De modo que allí se encuentra una de las claves para avanzar en la intertextualidad de esas obras: «Mediante esa operación reconstitutiva, integradora de lo fragmentario que sobrevive a las turbulencias de la desmemoria, avanza este narrador en pos de un sentido para el pasado de su comunidad que a su vez otorgue sentido a su propia existencia»[2].

En buena parte a través de Mamachía y otros personajes femeninos, en *El osario de Dios*, esa operación de reconstrucción pretérita nos remite a varios estratos de la historia personal, comarcal y nacional, que se entronca finalmente con la tierra. Es en primera instancia lo que parece ser sólo el *pasado personal*, tiempo de reminiscencias de la infancia, como aquellas conservas de flor de amapola de Ña Úrsula, o de las entrañables alhajas que salen de los baúles y cofres del novecientos, desde las joyas familiares hasta el daguerrotipo de la misma Mamachía; tiempo de personalísimos recuerdos de la adolescencia del narrador en Clarines, Puerto Píritu y otras ciudades de la tierra del Unare, como cuando aquel Jueves Santo de 1934, Nomeolvides Blanco le mandó a decir que le escribiera «un papelito de amor»[3]. Es también el *pasado ancestral* que urde una genealogía familiar desde que Rafael Armas fuera jefe civil de aquel pueblo de misión, capital del distrito Peñalver hasta 1928; o que subyace en las osamentas que se hallan por todo Clarines, incluyendo la de Mamachía en la iglesia.[4] Con su prosa de álbum familiar, Armas Alfonzo, «provinciano de lo universal», como lo llama su congénere Crespo, logra así insertar la vida familiar y del villorrio en una

[2] C. Pacheco, «El espacio de la ruralidad en la narrativa venezolana», en *La patria y el parricidio...*, p. 202.

[3] A. Armas Alfonzo, *El osario de Dios*, §140, p. 191; §111, p. 152; §119, p. 168; §58, p. 91.

[4] *Ibíd.*, §42, pp. 72-73; §127, p. 176.

memoria colectiva, donde «el lugar pertenece al mundo» y donde «el recuerdo pertenece a la eternidad»[5].

Lo atávico nos remite con frecuencia al *pasado histórico* de la conquista de un territorio extendido hasta lo que sería nación, con escalofriantes anécdotas del hijo de sir Walter Raleigh; seguida de la colonia que reaparece en las ilegibles escrituras sobre la venta de terrenos o la compra de esclavos en Nueva Barcelona; pasado que después atraviesa la república que irrumpe con la caballería de Bolívar, a su paso por la calle de El Sol, buscando el camino real de Onoto y de Zaraza; para después desembocar en el endeble Estado que se estremece con las turbas de La Libertadora[6]. Es un ensamblaje de atavismos y pretéritos que se remontan incluso al *tiempo mítico* de la «culebra de dos cabezas que tenía su cueva en lo más alto de la cordillera de la costa», suerte de diosa de la que «provenían los truenos, la lluvia, el crecientón, la mucha agua, los temporales, el rayo y la tempestad»; o que remite a la leyenda del caimán que era paseado por todo Clarines en procesión, «como si fuera un santo». Y a un nivel más arcano, *El osario de Dios* es también una pequeña teogonía en la que se mezclan eras primigenias de las regiones venezolanas, a través de personajes comarcanos en parentela con lo sagrado aborigen, como aquel Maestro Don, que vivía entre Curiepe y Acarigua con su mujer y sus hijos, de quien se rumoraba empero que era amante de María Lionza[7].

Así, aunque en apariencia se contraponga, como aislado y caprichoso, a cierto existencialismo pretenciosamente universalista, abanderado por las vanguardias literarias de finales de los sesenta, el localismo de *El osario de Dios* no sólo reconstruye la oralidad comunitaria a la que se refiere Pacheco, sino que también tiene la virtud de ofrecernos, al decir de Sanoja, una «carta de identidad existencial» del autor, que es una forma de buscar lo absoluto desde lo personal, lo familiar y lo local[8]. Y esas eras del pasado individual y regional

---

[5] L. A. Crespo, «Alfredo Armas Alfonzo: el sentimiento como noticia», en *El país ausente*, pp. 508-511, p. 510.

[6] A. Armas Alfonzo, *El osario de Dios*, §25, p. 48; §26, p. 50; §37, p. 67; §79, p. 117; §105, p. 145.

[7] *Ibíd.*, §22, p. 44; §125, p. 174; §379, p. 69.

[8] J. Sanoja Hernández, «Una región habitada por la memoria», en *50 impres-*

van hundiendo y urdiendo sus raíces en una tierra que, como ya vimos, no es sólo orografía, sino sustrato del habitar y de la existencia; se decanta y consolida así una estratificación de pretéritos existenciales que, como bien establece Balbi, constituyen una de las prodigiosas lecciones del localismo del autor:

> Nadie como Alfredo Armas Alfonzo se empecinó en derrotar las leyes del universalismo aséptico, distanciado, racional, abstracto. Casi por instinto, emprendió la batalla empuñando las más sofisticadas armas de un profundo localismo reconstruido de anónimas historias menores, hecho con los retazos de fábulas del simbolismo más imperecedero, levantado sobre el único espacio que apuntala las raíces de los vivos y los huesos de los muertos: la tierra»[9].

15. Descendientes de personajes femeniles del tiempo de Maricastaña en la literatura venezolana –desde *Las memorias de Mamá Blanca* (1929) hasta *Los Riberas* (1952), pasando por *Ana Isabel, una niña decente* (1949) de Palacios y el mismo *Viaje al amanecer*– otras mujeres de la narrativa, incluso de la Venezuela urbana, nos remiten todavía al simbolismo del pasado y de la tierra. No olvidemos el caso de Adriana en la novela de Trejo, que no es sólo figura maternal, sino también fuente de los recuerdos más remotos y entrañables a la vez, como aquellas postales que son para el sujeto narrativo la primera referencia de ciudades desconocidas y cosmopolitas:

> Celosamente las guardaba porque además del recuerdo escrito para ella, tenían adherido el tiempo de las nostalgias, el de los años en nuestra casa, repartidos entre el estar unas veces en las repisas de la sala y otras en la caja donde Adriana guardaba el resto de sus recuerdos, papeles, cintas, estampas, cabellos y pañuelos todavía perfumados[10].

cindibles, p. 427.
[9] M. Balbi, «Bajo el cielo de Clarines», en *50 imprescindibles*, curador y comentarista J. Sanoja Hernández. Caracas: Fundación para la Cultura Urbana, 2002, pp. 419-423, p. 420.
[10] O. Trejo, *También los hombres son ciudades*, p. 32.

En resguardo de la infancia y la mocedad, la figura maternal de Adriana está acompañada de Chama, criada y ahijada a la vez, como tantas otras que anidaron y crecieron en la casa venezolana, tanto provinciana como capitalina, desde el tiempo de Maricastaña hasta mediados del siglo XX. Chama acompaña en la enfermedad y en la muerte del jefe de la casa; ayuda con su costura en las épocas de pobreza y privaciones; antes de las mudanzas, se niega a desprenderse de los enseres y muebles que ella ennoblece con significados y recuerdos atesorados con más celo que los de la propia familia. «Los defendía con vehemencia. Para cada uno tenía una anécdota, una historia que contar como si en lugar de muebles fueran personajes»[11], nos confiesa el narrador que acaso en la adultez entendió que Chama transformaba los objetos en cosas, en el sentido heideggeriano. Porque, en vez de instrumentos que utilizamos y desechamos, el habitar cuaternario del segundo Heidegger está poblado de significativas cosas que espejean la mundanidad de nuestra existencia, siendo el recuerdo en torno de aquéllas una expresión del pensamiento vigilante que remite al Ser.[12]

Por ello al final de su relato, en la víspera de la última mudanza provinciana, antes de dirigirse en aquel significativo año de 1936 a algún destino urbano hacia el que Chama se niega a abandonarlos, Alberto le dedica un reconocimiento que eterniza el significado de la criada casera en el futuro urbano de la familia venezolana: «Sus palabras olían a pan recién horneado, tenían el gusto de los dulces de frutas y el sabor de las esencias de clavo y de canela de los caramelos que ahora me prometía fabricar para vender a los vecinos de nuestro nuevo paradero.». Porque la voz de Chama sería, junto a la presencia de Adriana, la sustancia femenil que permitiría transitar del mundo de la infancia rural al ignoto dominio de paraderos impredecibles. «Entonces, habría el definitivo abandono del paisaje que como la renuncia a nuestros muebles

---

[11] *Ibíd.*, p. 129.
[12] M. Heidegger, «La chose», en *Essais et conférences*, pp. 194-218, pp. 216-217. Remito de nuevo a mi tesis «Metrópoli, habitar y existencia...».

sería igualmente pesaroso para envolver no solamente el color de lo que éramos sino los seres y los climas, los vientos y las luvias, testigos de haber quedado desposeídos y del soñar sin pertenencia en lugares más distantes»[13].

16. La provincia de la infancia es también la remota comarca donde todavía habitan las parientes solteronas, las tías que se quedaron en la casa de los abuelos, como la prima Angélica de *País portátil*, quien sólo parece haber salido de la casona paterna para visitar la Caracas de Guzmán Blanco. Ello le permitió convertirse, de vuelta entre los lugareños, en emblema de primores y estilismos de una moda parisina que seguramente jamás conoció, más allá de las reproducciones de *El Cojo Ilustrado*; de allí que, al igual que para esas muchachas parroquianas que se hacían la ropa con ella, para Andrés Barazarte la imagen de la prima Angélica permaneció asociada al refinamiento: «Se movía entre recuerdos y figurines y tristezas disimuladas, disimuladas porque delante de gente extraña jamás llegó a quejarse y era toda sonrisas y toda amabilidad», recuerda el narrador infantil[14].

También Isolina y Ligia son personajes entresacados de la más temprana infancia de *Compañero de viaje*, que aunque asociados a la muerte que por aquellos años se dedicara a llevarse a los niños, reviven con dulzura en el recuerdo del relato adulto[15]. En *El osario de Dios* están asimismo las Audilio, «mujeres que no conocieron hombre»; o la bondadosa Natalia, quien «está hecha de panela con anís, de casabe con dulce, de rosquete, de humo de tabaco y de recuerdos de flores, de colmenas y de suspiros». Pero sobre todas está Mamachía, quien ofrece, entre muchos otros prodigios, el de recordar acontecimientos de la guerra Federal o del Septenio guzmancista, tales como la toma de la iglesia de Clarines en 1871[16]. Mujer de patios y de altares, de atavismos y de oralidad, al igual que las parientes y criadas de la casona merideña de los Picón, o que la misma Mamá Blanca de Teresa de la Parra, la Mamachía de

[13] O. Trejo, *También los hombres son ciudades*, p. 131.
[14] A. González León, *País portátil*, pp. 135-137.
[15] O. Araujo, *Compañero de viaje*, pp. 193-198
[16] A. Armas Alfonzo, *El osario de Dios*, 52, p. 85; 126, p. 175; 13, p. 35.

Armas Alfonzo se une a las grandes alegorías femeniles del terruño y de la infancia, que dan sustrato a la historia familiar y
comarcal en la literatura de la Venezuela urbana. Confirmando el simbolismo que nos hace vincularla con la tierra, en ella
se superponen estratos, referencias y signos de tiempos remotos, idealizados por las imágenes femeninas e inolvidables de
la añoranza infantil.

> No sé por qué asocio a Mamachía con los altares del Viernes
> Santo que la piedad ornaba con flores de pascua azul inventa-
> das de papel y nubes de algodón en rama del que se daba en
> Carutico o Matiyure. Entonces ya había enviudado de Ricardo
> Alfonzo, que fue oficial de Ezequiel Zamora. El retrato pintado
> por Tovar y Tovar colgaba del testero de la habitación, pero esa
> presencia no parecía molestarla ni envanecerla. Ella también
> venía de la guerra y de la violencia civil, y hablaba de la historia
> de asaltos y de crímenes de La Libertadora o de la Revolución
> Azul como quien evoca lloviznas o vientos[17].

Depositarias de una cultura rural y provinciana predominantemente oral y comunitaria, son esas parientes como Angélica y Adriana, ayas como Mamachía, o criadas como Chama,
suerte de Maricastañas redivivas, las que en buena medida
encarnan la memoria comarcal y la saga familiar que esas
obras recrean. Como un señalado y ennoblecedor quehacer
entre los tantos con que pueblan y decoran la cotidianidad de
la casa, esas tías o ayas, primas o criadas ayudan al narrador en su tránsito entre los mundos infantil y adulto, rural y
urbano, labor que bien ha captado Pacheco, a propósito de la
Mamachía de Armas Alfonzo: «Manteniendo vivas la memoria
y la sensibilidad infantiles en sus relatos, actúa como traduc-
tor cultural. Al perpetuar en el texto escrito y hacer asequible
para el lector urbano contemporáneo la sociedad rural y predominantemente oral del pasado, logra acercar realidades y
miradas que tienden a repelerse mutuamente»[18].

---

[17] *Ibíd.*, 36, p. 65.
[18] C. Pacheco, «Voces de papel: Alfredo Armas Alfonso y la ficcionalización de
la oralidad» (1996), en *La patria y el parricidio...*, pp. 207-220, p. 218.

Pasado y presente, provincia y parroquia

«Barquisimeto, el pueblo donde había nacido, fue un sueño que duró veinte años. Desperté de golpe en una calle de Caracas, a punto de ser atropellado por un carro, un Plymouth del cuarenta y ocho».

SALVADOR GARMENDIA,
«Veinte años de calles, ruidos
y superficies» (1980)

17. Enmarcando las Maricastañas redivivas, la infancia rural asoma a través de múltiples formas y reductos en los relatos urbanos que recrean los paisajes y tiempos provinciales. «No es fácil abandonar las sementeras de la infancia», señaló González León a propósito de *Compañero de viaje*, para advertir sobre los muchos recuerdos personales que tornan el relato autobiográfico[1]. Sabemos ya que éste representa un retorno al origen familiar y rural, aunque valga añadir ahora que esa búsqueda originaria lo convierte en saga de la que el propio Araujo es, como señala Crespo, «personaje omnímodo de su libro tras el cual se halla oculto o entrevisto»[2]. Creo que esa presencia desdoblada coincide con la doble condición del narrador a la que se refiere Pacheco a propósito de *El osario de Dios*: «Se trata entonces de una ficcionalización del escritor Armas Alfonzo quien aparece en la obra como perspectiva y voz narrativa, acercándola entonces por momentos al testimonio, a la autobiografía, a las memorias de la infancia, y evidenciando en todo caso un propósito de fidelidad a la vivencia personal...»[3].

---

[1] A. González León, «Prólogo» a O. Araujo, *Compañero de viaje*, p. 17.
[2] L. A. Crespo, «Orlando Araujo entre niebla de arriba y niebla de adentro», en *El país ausente*, p. 452.
[3] C. Pacheco, «Voces de papel: Alfredo Armas Alfonso y la ficcionalización de la oralidad», en *La patria y el parricidio...*, p. 215.

Otras son las formas de evocación de lo rural y la provincia en la medida en que los relatos o sus narradores se urbanizan. Aunque no tenga un pasado campesino propio, incluso la viajera de ciudad es sobrecogida por el verde mítico, referente del país rural que hasta hacía poco habíamos sido, y que parece estar grabado todavía en el arquetipo venezolano de su generación: «Y de pronto me doy cuenta de que ya no hay un solo trozo pequeño del paisaje que no se halle cubierto de múltiples, innumerables verdes. El verde infantil de los cañaverales, el de los cedros y el de las palmeras, el verde de la hierba que bordea el camino y todos los que viste la montaña hasta el verde-azul, dormido en el lejano, distante silencio de la serranía»[4]. Aunque menos verde y entrañable, el pasado campesino y provinciano aparece también en Salvador Garmendia, cuya perspectiva narrativa, como sabemos, se ha trasladado ya a la ciudad; con todo y ello, la «nostalgia por un tiempo pasado» en sus personajes es, según Bilbao, uno de los recursos de que se vale el escritor para representar la «ruptura de la relación entre el hombre y la realidad», como también lo es «la reificación y la humanización de lo inanimado»[5]. En la objetualidad garmendiana, los olores de la habitación citadina llevan por ejemplo al personaje de *Día de ceniza* a retrotraerse a la vieja casa barquisimetana, incluso de manera más vívida y penetrante que en la visita esporádica:

> (...) aquel olor maduro, orgánico, olor de partes íntimas que había en el cuarto de su padre, una celda blanca de paredes cariadas y techo de caña amarga, lleno de terrones y colgajos de telaraña. Un cono de luz tibia y azulada, donde se gesta un polvo amarillento, entraba todo el día por la solitaria claraboya abierta en lo más alto... y todo volvía a aparecer intacto, vivo, rodeado de su misma luz de antes, la edad ruinosa y disecada de la cosas; mucho más cierto así, en un momento imprevisto, que la misma presencia del lugar abandonado durante tanto

---

[4] A. Palacios, *Viaje al frailejón*, p. 28.
[5] B. Bilbao, *Salvador Garmendia*, pp. 86-87. Sobre la perspectiva urbana de Garmendia, ver A. Almandoz, *La ciudad en el imaginario venezolano*, t. II, pp 187-192.

tiempo, cuando entraba en él, alguna vez, en las cortas temporadas que solía pasar en su vieja casa de Barquisimeto[6].

Incluso en medio del bar citadino de *La mala vida*, la infancia parroquiana confronta al sujeto narrativo a través de objetos que llevan hasta la vieja máquina de coser «que nadie usa ahora y está cubierta de cáscaras tostadas»; despunta como pálida imagen de un tiempo deshilachado, pero con consistencia suficiente para condensar a la difunta madre cosiendo, «mamá de espaldas, rígida en su silla de suela, el pelo negro, suelto como una larga mancha cenceña sobre el respaldo...». Es apenas una entre varias reminiscencias de un sujeto garmendiano cuyo pasado, en *La mala vida*, deja de ser provinciano para convertirse en parroquiano, que es otro estadio del demorado tránsito hacia la urbanización de la novela venezolana. También están las referencias infantiles a la casita de San Agustín del Norte y al taller de relojería del primo Juan, por allá por la esquina de Las Madrices, que visitaban cuando iba a comprar con la madre en aquellas «tiendas abarrotadas, turbulentas y alegres que se perdían en una profundidad de cajas y fardos oscuros...». En la soledad del personaje adulto en la pensión caraqueña, aquella vieja casita parroquiana, «despedazada como si la hubiesen destruido a hachazos», se mezcla ahora con el rumor «informe» y «larvario» que se oye a lo lejos todos lo días[7].

Esa reminiscencia rural y provinciana, transmutada ahora en el paisaje parroquiano, asoma en otras obras urbanas de los sesenta y setenta, desde las novelas de la dictadura hasta las que recrearon la Caracas cosmopolita y burguesa de la Gran Venezuela. Así, aunque esté recluido en las entrañas de la urbe caraqueña cuya complejidad y modernidad oculta-

---

[6] S. Garmendia, *Día de ceniza*, p. 81. Es algo que confirmaría el Garmendia cronista a propósito de la persistencia del recuerdo de Barquisimeto, ya transformado en «sueño petrificado», después de dos décadas de su llegada a las calles caraqueñas: «El sueño anterior permanecía en su sitio, en apariencia intacto, aunque en realidad se había petrificado: calles, paredones, solares, corredores herméticos, patios cristalizados con todas su luz dentro...» S. Garmendia, «Veinte años de calles, ruidos y superficies», en S. Mendoza (ed.), *Así es Caracas*, s.p.

[7] S. Garmendia, *La mala vida*, pp. 46, 49, 222.

ban la represión dictatorial, aquel tiempo amable es, también y paradójicamente, evocado por el médico desde la cárcel perezjimenista en *La muerte de Honorio*. El recuerdo adolescente se refugia en la ciudad parroquiana todavía, en aquella casa modesta que, a la muerte del padre –quien también hubo padecido la cárcel, pero gomecista, en su caso– logran mantener la madre y las tías con el «afanoso repiqueteo de la máquina de coser», en la que son pespunteadas faldas y camisas encargadas por la tienda del turco; casa envuelta con «el aroma de mermeladas y confituras» que emerge del caldero preparado por la menor de las tías, y que la madre se encarga de colocar «en las bodegas de las esquinas y en los tarantines del mercado»[8]. En su trajinar con la ropa y la dulcería, en su cuidado de los helechos del patio y del rosario vespertino, la madre y las tías que procuran la graduación del bachiller como máxima labor de sus vidas, son otras Maricastañas redivivas de una parroquiana domesticidad bordada de primores sagrados.

Fuera de la casa y la familia, incrustado en algún sector de la metrópoli moderna que quedó «varado entre rascacielos», ese tiempo infantil asalta incluso a personajes de talante tan urbano y cosmopolita como la Migaja de Berroeta, quien además asocia aquella era con la construcción de una ciudad lúdica y posible; por ello confiesa, sobreponiendo pretérito y presente: «Cuando uno pasaba por allí, olía a depósito de café verde. En sus calles la gente andaba más lentamente y hasta conversaba en las esquinas. Había quincallas como antes. Las mismas en que nos compraron, cuando niños, cajitas con tacos para armar edificios y casas, mecanos, juegos de carpintería y payasos que subían y bajaban por cuerda haciendo maromas»[9].

18. A pesar de su sordidez presente, el pasado de la pa-

---

[8] M. Otero Silva, *La muerte de Honorio*, p. 49. Aunque no remita a la parroquia urbana sino al pasado rural, también el pueblo de la infancia llanera asoma en el filme que parece proyectarse en la mancha de sangre de la pared de los calabozos de la Seguridad Nacional, en el delirio que sigue a la tortura; ver J. V. Abreu, *Se llamaba SN*, p. 117.

[9] P. Berroeta, *Migaja...*, p. 134.

rroquia garmendiana nos recuerda algo del amable y colorido tiempo de Maricastaña. Poblada de mujeres que «hacían dulces para la venta» y la llenaban «como una gran paila saturada de vainilla, de anís, de canela y de esencias», la casa de los primos en Antímano es otra estampa de *La mala vida* que se emparenta con aquella cocina romántica a la que se refiriera Picón Salas, la cual he tratado de incorporar como manifestación de la hacendosa domesticidad de la Venezuela antañona. Como para completar la estratificación histórica que se decanta en aquella memoria parroquiana, no falta incluso la remembranza decimonónica de Antímano en el jardín de la quinta de Guzmán Blanco, donde se evoca la exhibición privada que diera Frank Brown, «famoso payaso, volatinero y orador». Anquilosado en medio de la urbe expansiva y segregada, el barrio céntrico termina así por ser asociado con una solterona, «con sus casas iguales y de la misma edad (una edad de soltera respetuosa que empieza a quedarse)»[10].

Entre pueblerino y parroquiano, el pasado más mágico y lírico de la obra garmendiana se encuentra quizás en las *Memorias de Altagracia*, cuyos relatos recrean el umbral de la adolescencia en las casas olorosas a hierbas cocidas y polvos medicados, pobladas de traslúcidos seres de la familia, como tía Rosa, tía Augusta y tío Luis; casas resguardadas por sempiternas Maricastañas impregnadas de romanticismo y religiosidad, como las señoritas Sorondo, tejiendo coronas de lata, o las Meonas, que viven a la luz de los altares[11]. Con una temporalidad mágica que depende de las estaciones naturales todavía, son pulperías y casas con patios y traspatios, con *puertas de campo*, por donde entran y salen personajes como el mocho Marinferínfero, «castrador de chivos»; con *cuartos de loco* situados también en el fondo, donde recluyen a la «niña Narcisa en su silla de inválida», entre otros personajes y lugares del imaginario garmendiano[12]. Al igual que en otros dominios del

[10] S. Garmendia, *La mala vida*, pp. 57, 105-106, 228; A. Almandoz, *La ciudad en el imaginario venezolano*, t. I, pp. 28-30.
[11] S. Garmendia, *Memorias de Altagracia*, pp. 18, 22, 99, 104.
[12] *Ibíd.*, pp. 25-27, 180-182. Con respecto a la temporalidad dependiente de las estaciones naturales, ver *supra* «La tierra y el cielo, lo sagrado y la muerte».

tiempo de Maricastaña, se superponen en Altagracia postales que reproducen buena parte de la historia del país republicano: están las postrimerías del siglo XIX en las locomotoras prolijamente ilustradas en las páginas de *Los ferrocarriles del mundo*, y los «sones altivos» de la banda Marcial el 4 de julio de 1890, la noche del baile en casa del general Maximiliano Anduela; asoman los comienzos del XX, con el primer vuelo de míster Boland, que llegó «desarmado en los furgones del ferrocarril», resuenan las románticas retretas de la noche del domingo, seguidas de las primeras funciones del cine Arenas y el Gran Circo Atayde[13].

Es todo un plano temporal que ya atravesaba las anteriores obras garmendianas, pero que desde las *Memorias* entraría más abiertamente en su narrativa, a través de una como puerta de campo al pasado. Ese tiempo que, para decirlo con Rodríguez Ortiz, había viajado «de la provincia a la esquina», se cuela ahora por los relatos todos; «tiempo feliz, interiorano, cancelado, sólo recuperable por la recordación complacida, sublimado por las fantasías de los sueños y los usos de lo mejor»[14]. Las claves para contraponer aquel tiempo infantil y adolescente con la adultez que lleva por los caminos de la ciudad, nos las da el mismo Garmendia al final de las *Memorias de Altagracia*: con los pantalones ya alargados, el temprano empleo en la Jefatura Civil es el inicio del mundo «endurecido» en el que estaban comprimidos, desde hacía dos décadas, los pequeños seres y habitantes adultos de su novelística. Es ese mundo que ya ha conocido el primo Alí, quien se apura desde hace tiempo por «las calles rectas de Barquisimeto» sin saber lo que busca; es un mundo en el barullo de la plaza en la que ahora se encuentran, al final de los relatos de la infancia que han compartido.

> Sé muy bien que aquel ruido imperfecto que resuena en el fondo debe esperarme en algún sitio, lejos de todo esto, bien lejos de seguro de aquel túnel podrido donde fui colocado no sé

[13] S. Garmendia, *Memorias de Altagracia*, pp. 36, 52, 113, 160-162, 188.
[14] O. Rodríguez Ortiz, «De la provincia a la esquina», Papel Literario, *El Nacional*, Caracas: agosto 8, 1989.

cómo, y entonces el murmullo crecerá de algún modo: serán calles, lugares, gente, tal vez una ciudad ruidosa, días febriles, resplandecientes y activos, multitud de deseos y encuentros que formarán madejas intrincadas, mientras el tiempo se estremece, se dilata, reinventa descubriendo formas impensadas, espacios deslumbrantes sin una huella que hubiera antecedido a las nuestras[15].

19. Eran esas ciudades ruidosas que ya había conocido Garmendia el inmigrante y escritor, frente a las que nos coloca al final de su novela infantil, en prefiguración del babélico destino que aguarda al venezolano adulto en su capital. Y desde esta misma, como para corroborar el entrevero de tiempos y contextos que se da también en la memoria de escritores más urbanos, el pasado rural tan reciente asoma en la parroquia caraqueña en la remembranza infantil de Cabrujas, quien confesara a Socorro poco antes de morir: «En mis primeros recuerdos, de seis o siete años, Catia era como campestre, la calle todavía era de tierra, iluminada por unos postes que daban una luz mortecina, muy provinciana. Los alrededores eran todos pastizales y a quinientos metros de mi casa había vacas que pastaban y campesinos canarios que cuidaban sus pequeños huertos, vacas y chivos»[16].

Pero eso no lo hizo un «hombre natural, ni un niño natural», porque el sujeto infantil atravesaba ese paisaje sin notarlo, sin sensibilidad para las formas que no fueran hechas por el hombre, por más defectuosas que resultaran. Recuerda en este sentido al sujeto urbano que ha crecido en la ciudad como mundo, según una genealogía que he tratado de reconstruir a partir del nómada de Spengler[17]. Por eso, a aquel telón de fondo tan bucólico de la Caracas de los cuarenta, Cabrujas sobrepone con más vividez el recuerdo de la Catia dinámica y próspera de Pérez Jiménez, que era el suburbio de la inmi-

[15] S. Garmendia, *Memorias de Altagracia*, pp. 212-215, 220.
[16] M. Socorro, *Catia, tres voces...*, p. 58.
[17] Ver en este sentido A. Almandoz, «Ciudad de memoria. Lectura urbana de Borges», en *Ensayos de cultura urbana*, pp. 137-138. La imagen de Spengler está tomada de *La decadencia de Occidente...*, t. II, p. 52.

gración italiana y portuguesa, española y árabe, hervidero de mercados, galpones y cines:

> Entonces, como allí se creó todo ese mundo de industrias, Catia se convirtió en un paisaje abigarrado, toda esa etapa nostálgica de las vacas, los lagartijos y las flores se convirtió en polvo, en recuerdo, hasta parecer asombroso que hubiera existido alguna vez. Los parajes bucólicos fueron sustituidos rápidamente por galpones industriales rodeados por casas donde vivían unos vecinos confortablemente, adecuadamente, sin preocuparse del entorno. La gente estaba muy contenta porque Catia prosperaba. Esos años de Pérez Jiménez fueron los de verdadera fundación de ese lugar, lo que lo convierte en ese centro abigarrado y esa inmensa cantidad de habitantes que hoy en día tiene Catia[18].

De manera que se impone en Cabrujas la memoria del sujeto urbano, nacido en su caso en la capital, sobre el entorno bucólico y natural; es una anteposición que también ocurre en un escritor inmigrante como Orlando Araujo, cuando escribiera abiertamente sobre Caracas: la orografía y el ruralismo envuelven el paisaje urbano sin sojuzgarlo, por más telúrica que pueda en principio parecer la descripción que el escritor trujillano nos legara del Ávila capitalino. En el naturalismo de su portentosa metáfora inicial resuena mucho del imaginario del otrora provinciano: «El Ávila es un toro, una esfinge, un lomo de lagarto azul y verde y amatista, un animal tan poderosamente echado entre el mar y la ciudad que por sus coyunturas bajan los ríos de niebla muy arriba y golpes de espuma muy abajo»[19]. Es un paisaje que nos recuerda las comarcas brumosas donde discurre el *Compañero de viaje*, porque la montaña capitalina es también una «historia vegetal»; pero a diferencia de las estribaciones trujillanas, las avileñas han sido más recreadas y recoridas por «conquistadores, viajeros, poetas y cascadas». Por eso el texto de Araujo termina

[18] M. Socorro, *Catia, tres voces...*, p. 60.
[19] O. Araujo, «El Avila es un toro», en S. Mendoza (ed.), *Así es Caracas*. Caracas: Editorial Ateneo de Caracas, 1980, s.p.

siendo una suerte de homenaje a los primeros cronistas que nombraron esas estribaciones, de Oviedo y Baños a Andrés Bello; a los primeros viajeros que las cabalgaron, encabezados por Humboldt y Bonpland; a los pintores del Círculo de Bellas Artes que las matizaron en óleos y lienzos, en sucesivas lecciones lumínicas que recogerían la *Peregrina* de Díaz Rodríguez y las variaciones de Cabré...[20].

Pero el tenor bucólico de las imágenes no silencia la voz urbana que el autor trujillano había adquirido después de décadas avecinado en Caracas; por eso revienta la confesión del yo urbanizado al final de la estampa, dejando ver que se vive afincado en la metrópoli contemplada desde ese Ávila totémico: «No es la mía aquella ciudad 'lánguida y fina' de Benavides Ponce, sino la de 'asfalto-infierno' de González León. Por esto amo a Caracas con amor de parameño: mirando siempre al Avila y bañando mi contaminación en sus cascadas»[21]. Es una confesión melancólica pero actualizada, por parte del inmigrante que, un poco a la sordina, se hace eco de aquellos que iniciaran su viaje en el segundo tercio del siglo XX: no ya en el tiempo de Maricastaña, pero sí en el amanecer de la vida, como también lo hicieran el joven Pablo de Picón Salas y el Alfonso Ribera de Briceño Iragorry, paisanos ambos de Araujo y su compañero[22]. Y para ese sujeto abruptamente urbanizado, como su país, el Ávila termina siendo una como ventana hacia la infancia rural, es otra puerta de campo por la que se cruzan pasado y presente; por ello nos recuerda en la lluviosa mañana caraqueña, que transmuta la neblina paramera:

Vengo de la alta madrugada y ahora llueve amaneciendo. Mientras escribo, los árboles caminan por la calle entre goteras. Cuando amanece lloviendo, así oscurito, y luego cesa, hay pája-

[20] El imaginario artístico y literario del paisaje natural caraqueño, con predominancia del Ávila, ha sido recientemente revisado por R. Rondón, «Las sendas del paisaje nacional. Aproximación al paisaje, la modernidad y la nación en la Generación del 18 y el Círculo de Bellas Artes». Sartenejas: Maestría en Literatura Latinoamericana, Universidad Simón Bolívar, mayo 2006.
[21] O. Araujo, «El Avila es un toro», en S. Mendoza (ed.), *Así es Caracas*, s.p.
[22] Remito de nuevo a los capítulos «Tiempo de Maricastaña» y «El viaje de Alfonso Ribera», en A. Almandoz, *La ciudad en el imaginario venezolano*, t. I, pp. 15-32, 73-89.

ros como en hacienda, pero huele a pueblo y campo. Allá arriba, el toro se despereza detrás de la neblina; aquí abajo, los primeros automóviles chapotean en el agua como los carajitos en las calles de una infancia de niebla y cafetales[23].

20. Quizás uno de los más contrastantes ejemplos entre el pasado rural e infantil, y el presente urbano y adulto, sea el que tiene lugar en *País portátil*. Tal como es ya conocido, la obra de González León está vertebrada, como ha resumido Araujo el crítico, por un «diacronismo temporal» a lo largo de «la línea horizontal del medio día de Andrés Barazarte a través de la ciudad, cruzada verticalmente por su pasado personal, volcado en secuencias evocadoras...»[24]. Es un entrevero de estratos de la memoria personal, regional y nacional que el mismo autor reconoció, cuando viera el filme que recreara, en 1979, su ya para entonces clásica novela:

Miradas, voces, parlamentos, objetos, muros, vestidos, corredores, campos abiertos, galopes, trepidaciones urbanas, es decir, todo el rumor de cien y más años de pasiones, ecos frustrantes y expectativas, se conjugan en un ritmo sin igual y un uso inmejorable del contrapunto. Lo que ocurre en *País portátil*, libro, fue contado por mí a través de la memoria turbada de Andrés Barazarte y los recuerdos habidos de la memoria sobresaltada de su abuelo, quien a su vez también recuerda y mezcla, en su postración la materialidad ruinosa con los familiares muertos y los duendes que vienen a escarbarle el corazón[25].

La odisea guerrillera del protagonista novelesco de González León dibuja un plano actual que es cruzado, transversalmente, por otros viajes de la memoria familiar y comarcal, desde las tías que le dieron a leer los primeros libros en los Altos de Escuque, hasta aquel hombre solitario llamado Apolinario Méndez, que le «llevaba por los montes a ver los duendes»[26].

[23] O. Araujo, «El Avila es un toro», en S. Mendoza (ed.), *Así es Caracas*, s.p.
[24] O. Araujo, *Narrativa venezolana contemporánea*, p. 221.
[25] A. González León, «País portátil», *El Nacional*, Caracas: enero 22, 1979.
[26] Tal como confesara el autor a M. Socorro, «'La clase intelectual ha dado una extraordinaria lección de país'», *El Nacional*, Caracas: mayo 1, 2005, A-6.

Tal como lo hiciera Carmen Rosa en las *Casas muertas* de Otero Silva, la reconstrucción de ese pasado provincial desde un presente ruinoso se logra a través de distintas formas de oralidad, entre las que resaltan las peroraciones de Eudoxia la criada o los soliloquios de Papá Salvador, los cuales permiten a Andrés completar el atávico álbum de la historia familiar antes de su «entrada en razón», mientras reconstruye asimismo los «valores inveterados de la oligarquía trujillana». Tampoco lo sagrado de la existencia rural desaparece de las memorias evocadas en la odisea urbana: las irrupciones del «pasado mediato» de Andrés en el presente realista de la novela le confieren «una atmósfera mágica, mítica», introduciendo «una especie de religiosidad, de unción divina de la que no se excluye el miedo reverencial»; es lo que Linares ha calificado de «hierofanías», haciendo referencia a imágenes que remiten a niveles superiores de la realidad, rayanos con lo religioso, lo sacralizado y lo mítico. Esa dimensión sagrada del pasado familiar es reforzada por la mitología del terruño trujillano, siendo esos los canales a través de los cuales arriba lo «real maravilloso» a la novela; ambos parecen definir el acervo de referencias «de ese universo mítico, mágico, tenebroso y seductor que caracterizó la extensiva realidad de los pobladores de un territorio mantenido en condiciones semi-feudales» hasta bien entrado el siglo XX[27]. De manera que incluso en esa obra tan urbana y de su tiempo como lo es *País portátil* –cuyo violento realismo nos golpea a través de una metrópoli que es ya reconocible como la nuestra– podemos sentir todavía la provincia y la ruralidad que asoman a través de las puertas de campo, en esa suerte de contrapunto que establece el narrador con las reminiscencias infantiles de Andrés Barazarte.

21. De Garmendia a González León, mucho del fabuloso tiempo de Maricastaña de la literatura de comienzos del siglo XX, con su ristra de anacronismos y prodigios, sus lugareños pintorescos y andarines legendarios, sigue así entrando todavía, por las puertas de campo y de pasado –esas que es-

---

[27] J. Linares Angulo, *País portátil en la sociología de la novela*, pp. 11, 12, 41, 60-61.

tán al fondo de los solares, más allá de los traspatios– en las casonas de paredes pretéritas y cuartos atávicos. Perorados con frecuencia por las Maricastañas redivivas de las familias, por esas puertas se cuelan los mitos de la infancia y la pubertad, como las cigüeñas por las que preguntara el Alberto de Trejo a la cocinera negra de la hacienda, quien no creía mucho en esos pajarracos, porque «es un asunto de blancos»; pero le habla de las dos puertas diurna y nocturna, por las que son traídos los niños mulatos, indios y blancos:

> Puede llegarse, niño Alberto, durante la noche que es la puerta más fácil de abrir porque siempre hay gente que ayude, las abuelas, las hermanas de la madre, las amigas de la madre y... hasta los hombres. Al no trabajar en la noche, siempre están cerca y ayudan. O, niño, si quiere saber más, también existe la puerta del día. Para empujarla es más difícil, porque el gran sol deja solas a las mujeres, se lleva a sus hombres para el monte, a donde no es posible llegar, para decirles que van a ser padres, tíos o abuelos[28].

Es una cosmología oral que hace de la hacienda una pequeña ciudad, dejando al sujeto marcado para su futuro entendimiento de las diferencias sociales, porque la cocinera rezongona también le advierte que «los mulatos y los indios entran al mundo llorando por cualquiera de las dos puertas de que le hablé ya», mientras el niño Alberto especula que quizás «la cerradura de la puerta de la noche fuera la luna y el sol la cerradura de la puerta del día»[29]. Pero por esas puertas de hacienda también se sale al mundo, como el muchacho garmendiano y el mocho Marinferínfero en la Altagracia de las memorias, brincando por el confín de árboles y tejados bajos, para corretear por calles y plazas de parroquias y villorrios, hasta ganar de nuevo el campo travieso:

> (...) era la gran extensión del viento, el lugar más solo del mundo; un aire tan limpio, una quietud tan vasta y transparente

[28] O. Trejo, *También los hombres son ciudades*, p. 127.
[29] *Ibíd.*, pp. 127-128.

adonde sólo llegaban rumores lejanos, era la tierra inhabitable donde vivían las ideas de las cosas, las gentes y las cosas que se piensan sin que lleguen a tener forma verdadera, a pesar de que uno puede sentirse en medio de ellas, temerles o dejarse arrastrar por sus voces confusas que gritan a distancia o hablan calladamente al oído[30].

Ese campo abierto parece colocarnos de nuevo al inicio de todos los viajes y de todos los asentamientos primigenios de los que manan, cual arroyos y cauces que llegarán a tributar en los grandes ríos, las formas del ser campesino y provinciano que a la postre se encontrarían en las ciudades. Aquellos viajes del amanecer, emprendidos en el pasado rural y provinciano, siguieron atravesando, como hemos visto, los presentes citadinos de varios autores de la literatura venezolana, bien fuera en la urbe cosmopolita de Trejo, Palacios o Balza, o en la metrópoli parroquiana que todavía olía a provincia, como en Garmendia y González León. Pareciera que el presente urbano, con toda su complejidad estallada en nuevas formas de violencia y segregación económica y social, no sólo borrará los itinerarios de aquellos viajes germinales, sino que también terminará por silenciar los nombres más atávicos y los registros más rurales de las femeniles voces de las Maricastañas redivivas, pero no podrá acaso erradicarlos de velados imaginarios a ser evocados por generaciones ulteriores.

[30] S. Garmendia, *Memorias de Altagracia*, p. 29.

V
Conclusiones

1. A pesar de construirse sobre diferentes registros discursivos y ficcionales, los imaginarios político y novelesco que abrieron el tercer libro de esta investigación coinciden en cuanto al reporte de la Venezuela de mediados del siglo XX, o como diría Ricoeur, el «mundo textual» que permiten reconstruir. Aunque más preocupada por las contradicciones económicas y políticas, la crítica de Betancourt contra la ciudad vitrina puso en términos discursivos y electorales de penetrante contemporaneidad, buena parte del imaginario que las novelas de la dictadura recriminaran con resonancias más históricas, el cual gira en torno a la perpetuación de desigualdades sociales, culturales y territoriales entre las Venezuelas rural y urbana. Exiliadas del espacio público, novelas como *La muerte de Honorio* y *Se llamaba SN* ensombrecieron no sólo con crímenes y torturas la modernidad aparente que se construía en las calles, sino también con oscuros planos temporales de la Venezuela atrasada que aquéllas introdujeron en sus tramas. A causa de la falta de valores morales y educativos tendentes a la verdadera modernización, otra sombra de duda fue arrojada, incluso en plena apoteosis de la expansiva ciudad del NIN, sobre la postal sin cariños que parecen enviar los personajes de *Fuerzas vivas*. Por todo ello, aunque disten de ser exhaustivas, esas tres perspectivas del imaginario de los años sesenta completan una pequeña pero significativa recreación caleidos-

cópica del legado urbano perezjimenista, que sirve para adentrarse en el imaginario de la democracia de Punto Fijo.

Después del régimen dictatorial de Pérez Jiménez, los discursos de Betancourt a su regreso del exilio prefiguraron, en varios de sus motivos e imágenes, la negativa visión política y social de la urbanización y la ciudad venezolanas que dominaría hasta finales de los años ochenta. Tales discursos enfatizaban, con justeza, la desigualdad territorial del país que se había urbanizado atropelladamente, pero asomaban también cierto fariseísmo hacia el hecho metropolitano caraqueño, así como hacia la concentración urbana, que era una crítica a la significativa inversión en suntuosas obras públicas de la dictadura. Pero más importante que la diatriba contra la ciudad vitrina era tratar de comprender el desfase entre urbanización y desarrollo en una Venezuela que despegaba a comienzos de los sesenta, como reportó Picón Salas haciéndose eco de los dictámenes de Rostow; si el extravío hacia la madurez económica y social fue un drama compartido con otros países de América Latina y del Tercer Mundo entonces en fragua, en Venezuela tuvo mucho que ver, además de los desequilibrios territoriales y demográficos, con la brusca movilidad social y el descarte de la tradición, a juzgar por tempranos diagnósticos de Rafael Caldera y Juan Liscano. También enfatizó Díaz Seijas las crecientes tendencias hacia el consumismo y la frivolidad, así como la falta de valoración de eso que Briceño Iragorry había denominado, desde las ferias de vana alegría del NIN, las antiguallas de la tradición; eran todas endemias que mutarían hacia otras formas de nuevorriquismo y corrupción en la Gran Venezuela y el país saudita –reproducido incluso a comienzos del siglo XXI– anulando los posibles logros modernizadores que las revoluciones petrolera y urbana habían permitido en el segundo tercio del XX. Menos mal que quizás fue esa espectacular postal del país a punto de despegar hacia el desarrollo la que don Mariano se llevara consigo hasta la muerte que, como sabemos, le sorprendiera al inicio de 1965, dejando a Uslar y Liscano los roles de argos nacionales.

En el polarizado clima de la Guera Fría, bajo las secuelas de la Revolución cubana y el Mayo francés, el viejo debate entre liberalismo y burguesía, por el lado de la derecha, y revolución y guerilla, por la izquierda, conformaron otro capítulo del imaginario ensayístico en la Venezuela de los sesenta y setenta. Inteligentemente entroncado por Carlos Rangel con el mito del buen salvaje rousseauniano, ese imaginario quiso explicar el malestar de la ciudad y las desigualdades del país en románticos términos marxistas, haciendo para ello uso extemporáneo de un utopismo que Uslar supo ver, en su obsolescencia histórica, para Latinoamérica toda. En parentesco con el antiamericanismo de los arielistas de comienzos del XX, el marxismo venezolano sirvió también para los penetrantes análisis de cultura de masas de Ludovico Silva, incluyendo sus lecturas de ideologizadas comiquitas, del Fantasma a Lorenzo Parachoques, en las que asoman calibanes, tarzanes y cuellos blancos que recreaban personajes de punzante actualidad. Socavado por los atropellos de la URSS y el fracaso económico en el orbe comunista, el derrumbe de la utopía marxista se hizo evidente en José Ignacio Cabrujas, quien, no obstante su perspectiva generacional e ideológicamente contrapuesta, pareció suscribir las postales del Kremlin con las que, en sus viajes, el liberalismo humanista de Liscano y Uslar describieran los atropellos y el anacronismo del mostrenco leviatán que entrevieran allende la cortina de Hierro.

2. Tal como se intentó mostrar en la segunda parte de este tercer libro de la investigación, la urbanización del sujeto en la temprana novelística metropolitana ocurre en paralelo con su salida del centro para adentrarse en una Caracas en plena segregación espacial, económica, social y cultural. Después de las mutaciones iniciales de aquel Juan Bimba rural que se transformara en Mateo Martán urbano, las sucesivas ampliaciones en las odiseas citadinas del sujeto popular conllevaron intentos por asimilar la complejidad de la estructura metropolitana, llena de contrastes y segregación entre este rico y oeste pobre. Si bien algunos de los personajes provienen de provincia, como en Garmendia, Balza y González León, la realidad metropolitana se impuso como algo más que el escenario de las acciones de aquéllos, pasando a ser sustrato determinante de la odisea cotidiana. Por sobre las distancias generacionales y estilísticas, temporales y locacionales de las

obras, los fetiches de la modernidad y el consumismo urbanos de la Venezuela de Punto Fijo –del viaducto a la valla, del güisqui al restaurante y el centro comercial– marcan las andanzas de los ulises del este y del oeste caraqueño. Sus odiseas a través de la segregación metropolitana, así como los cantos de sirena que los extraviaran a través de engañosas formas de la modernidad, han sido hilos conductores de un viaje desarrollado, en la segunda parte, a través de segregaciones espaciales y sociales, temporales y culturales.

Creo que las odiseas caraqueñas de varios de esos sujetos han podido ser rastreadas aquí a través de algunas obras emblemáticas de los sesenta y setenta. Comenzando en términos espaciales con *Día de ceniza* de Garmendia y *Las 10 p.m. menos nunca* de Bravo, completadas con la crónica de Cabrujas, hemos tratado de bosquejar las gravitaciones del sujeto adulto e infantil en torno al centro que se hacía oeste. Hacia el este, un ambiente bohemio y cosmopolita, funciones comerciales desplazadas del centro histórico e inusitados tipos de espacios públicos, permitieron a Sabana Grande y sus alrededores convertirse no sólo en sede de grupos vanguardistas como Sardio y El Techo de la Ballena, sino también en escenario de una nueva generación novelística de más desenfadada urbanización. Prefigurados por el Corcho de Massiani, semejantes personajes psicodélicos y contraculturales se mueven por otros distritos urbanos en los relatos de Balza, Madrid, Berroeta, Noguera y Rodríguez, quien incluso extrapola esas andanzas a otras urbes.

Pero las odiseas no han sido sólo espaciales y territoriales, sino también sociales y políticas. Personajes de todas las clases se cruzan en barrios populares, distritos bohemios y urbanizaciones sifrinas recreadas por González León y Madrid, Balza y Otero Silva; el tenso y violento clima que envuelve parte de esas obras –especialmente *País portátil* y *Cuando quiero llorar no lloro*– recuerda que las diferencias políticas y sociales en la Caracas de los sesenta y setenta no podían ser reducidas a una *West side story* neoyorquina. Liderados por los Victorinos de MOS, varios personajes de esa literatura convulsionada expresan una conflictividad que infestaba este y oeste capitalinos, con centros, urbanizaciones y barrios liados por el carro y las autopistas, las motos y las patotas. Además de ser exponente caraqueño del viejo motivo de la odisea urbana en la literatura, el clásico de González León es a la vez expresión de la subversión armada que atravesaba la ciudad, así como *Los topos* de Liendo es recordatorio de la guerrilla que la circundaba.

Asomando inicialmente en la búsqueda imaginaria de la nocturnidad –especialmente en esa mala noche que Lerner entresacara de la narrativa de Guaramato y Garmendia– otra odisea nos ha llevado por los medios de comunicación y varias formas de la cultura de masas de la Venezuela de posguerra. Lerner en los palacios de cine del este caraqueño, reportando la secularización femenina a través de la mitología y la moda de Hollywood; Cabrujas y sus panas desde las modestas salas del centro y de Catia, siguiendo más bien la rezagada modernización del cine mexicano; Liendo con su ubicuo mago de cara de vidrio, que ya no sería desalojado de ninguna quinta, apartamento o rancho venezolanos; y Balza novelando pioneros de nuestra radio y televisión, todos los autores parecen apuntar con su imaginario a la naturaleza entre mediática, frívola y farandulera, publicitaria y consumista de nuestra urbanización. Y a través de esa diferenciación comunicacional se prefigura una otra territorial, especialmente en la novelística balziana, cuyos países de radio y televisión reprodujeron, en el dominio mediático, la estratificación observada en la estructura social y espacial de la metrópoli venezolana.

3. Esos países de radio y televisión nos colocaron otra vez a las puertas de la provincia venezolana, donde una revisión literaria de la ruralidad pareció hacerse en los sesenta y setenta, a través de un corpus al que he tratado de incorporar imágenes del tiempo de Maricastaña introducidas en el primer libro de la investigación. Emprendidos en la juventud desde el pasado rural y provinciano –a la manera del joven Pablo de Picón Salas o del Alfonso Ribera de Briceño Iragorry– los viajes del amanecer han seguido atravesando, como hemos visto, el imaginario en textos de Araujo y González León, Trejo y Palacios. Iniciada en la madrugada de la memoria infantil, aquella partida nos retrotrae no ya a la brumosa ruralidad de entre

siglos –como en el *Viaje al amanecer* de don Mariano– pero sí a los más recónditos caseríos entre los páramos y las sierras, donde lo primitivo del paisaje edificado se torna casi neolítico. Las estaciones geográficas de esa travesía –emprendida, como en las antípodas, desde la Caracas ya metropolitana en Palacios– permiten reconstruir las escalas de un continuo ciudad-campo; mientras que en *El osario de Dios* de Armas Alfonzo, esas estaciones no son sólo en la tierra del Unare, sino también a través de los pasados personales y familiares, comarcales y regionales, históricos y míticos. Con diferentes énfasis en los componentes de la mundanidad, todos los viajes nos han permitido reconstruir uno que hemos llamado habitar cuaternario, tomándolo del segundo Heidegger, en el que tierra y cielo, lo sagrado y la muerte se manifiestan como hipóstasis del Ser.

También el motivo piconiano de la protectora presencia femenil venida de la provincia preterida tórnase recurrente y arquetipal. Por eso hemos denominado Maricastañas redivivas aquellas múltiples formas de las mujeres atávicas en familias y estirpes, fábulas y sagas, leyendas e historias en las que ellas asoman como recreaciones y actualizaciones de la proverbial voz que Picón Salas rescatara. La Mamachía de Armas Alfonzo preside un retablo de madres y tías, ayas y criadas cuyas imágenes resguardan, con relatos, quehaceres y primores, la sacralidad de la casa, la familia y la existencia. Esa femenina presencia está incluso evocada en la parroquia del presente urbano, que es una como actualización del pasado rural y provinciano en la ciudad y en la metrópoli, desde *Memorias de Altagracia* hasta *País portátil*. Enmarcada por el Ávila totémico y aborigen, como en Araujo, esa parroquia metropolitana parece ser la última fachada urbana y actual de aquella era rural y provinciana que se cuela todavía, en el traspatio, por la puerta de campo y de pasado. Acaso sean las últimas imágenes de una generación entre inmigrada y citadina que reflejaba, como Venezuela toda, la urbanización súbita y el ruralismo reciente, pero que probablemente desaparezcan y muten en formas del imaginario urbano por revisar a partir de los ochenta.

VI
Bibliografía

1. Obras de referencia

ALONSO, Martín, *Enciclopedia del idioma. Diccionario histórico y moderno de la lengua española (siglos XII al XX) Etimológico, tecnológico, regional e hispanoamericano.* Madrid: Aguilar, 1958, 3ts.

BARBADILLO, Francisco, *Los artículos de Pizarrón. Aproximación al pensamiento de Arturo Uslar Pietri.* Caracas: Ediciones de la Presidencia de la República, 1996.

CARRERO, María (comp.), *Aportes para una bibliografía sobre Caracas.* Caracas: Instituto Autónomo Biblioteca Nacional y de Servicios de Bibliotecas, Gobernación del Distrito Federal, 1979.

CAVES, Roger (ed.), *Encyclopedia of the City.* Londres y Nueva York: Routledge, 2005.

Contribución a la biblio-hemerografía de Arturo Uslar Pietri. Bibliografía, hemerografía y programas de TV. Caracas: Fundación Polar, 1989.

COOPER, J.J. (ed.), *Brewer's Book of Myth and Legend* (1992). Oxford: Helicon, 1997.

DE-SOLA Ricardo, Irma, *Contribución al estudio de los planos de Caracas.* Caracas: Ediciones del Cuatricentenario de Caracas, 1967.

Diccionario de Historia de Venezuela (1988). Caracas: Fundación Polar, 1997, 4 ts.

Diccionario de la Literatura venezolana (autores). Mérida: Centro de Investigaciones Literarias, Universidad de los Andes (ULA), 1974.

EMBER Melvin y Carol R. (eds.), *Encyclopedia of Urban Cultures. Cities and Cultures around the World*. Danbury, Connecticut: Grolier, 2002, 4 ts.

Enciclopedia Salvat Diccionario. Barcelona: Salvat Editores, 1972, 12 ts.

FORD, Charles, *Dictionnaire des cinéastes contemporains. Des 1945 à nos jours*. Verviers : Marabout Université, 1974.

Gran enciclopedia Espasa. Bogotá: Espasa Calpe, 2005, 20 ts.

Larousse de poche (1996). París: Larousse, 2003.

LARRAZÁBAL HENRÍQUEZ, Osvaldo y Gustavo Luis CARRERA, *Bibliografía Integral de la novela venezolana (1842-1994)*. Caracas: Universidad Central de Venezuela (UCV), 1998.

MÉNDEZ SERENO, Herminia, *5 siglos de historia de Venezuela. Desde 1492 hasta 1996. Guía para estudiantes*. Mérida: Gobernación del Estado Mérida, Instituto de Acción Cultural (IDAC), Editor José Agustín Catalá, El Centauro, 1997.

MENESES, Guillermo, *Caracas en la novela venezolana*. Caracas: Fundación Eugenio Mendoza, 1966.

NÚÑEZ, Rocío y Francisco Javier PÉREZ, *Diccionario del habla actual en Venezuela. Venezolanismos, voces indígenas, nuevas acepciones*. Caracas: Centro de Investigaciones Lingüísticas y Literarias, Universidad Católica Andrés Bello (UCAB), 1994.

Oxford Dictionary of English (1999). Oxford: Oxford University Press, 2005.

Real Academia Española, *Diccionario de la lengua española*. Madrid: Espasa-Calpe, 22a. edición, 2001, 10 ts.

RIVAS D., Rafael Ángel y Gladys GARCÍA RIERA, *Quiénes escriben en Venezuela. Diccionario de escritores venezolanos (siglos XVIII a XXI)* (2004), prólogo Francisco Javier Pérez. Caracas: 2006, 2 ts.

RODGER, Richard, *A Consolidated Bibliography of Urban History*. Aldershot: Scolar Press, 1996

SILLS, David L. (ed.), *International Encyclopedia of Social Sciences* (1968). Nueva York: The MacMillan Company & The Free Press, 1972, 17 ts.

STEVENS CURL, James, *Dictionary of Architecture*. Oxford: Oxford University Press, 1999.

SUTCLIFFE, Anthony, *The History of Modern Town Planning: a Bibliographical Guide*. Birmingham: Centre for Urban and Regional Studies, University of Birmingham, 1977.

The Chicago Manual of Style (1906). Chicago: The University of Chicago Press, 1993.

2. Fuentes primarias

ABREU, José Vicente, *Se llamaba SN* (1964), prólogo de Alexis Márquez Rodríguez. Caracas: Monte Ávila Editores Latinoamericana, 1998.

ARAUJO, Orlando, *Compañero de viaje* (1970). Caracas: Monte Ávila Editores, 1991.

_____, «El vila es un toro», en Soledad Mendoza (ed.), *Así es Caracas*. Caracas: Editorial Ateneo de Caracas, 1980, s.p.

ARMAS ALFONZO, Alfredo, *El osario de Dios* (1969). Caracas: Monte Ávila Editores, 1991.

BACHELARD, Gaston, *La poétique de l'espace* (1957). París: Quadrige, Presses Universitaires de France, 1984; *La poética del espacio*, trad. Ernestina de Champourcin. México: Fondo de Cultura Económica, 1965.

BALZA, José, *Setecientas palmeras plantadas en el mismo lugar* (1974). Caracas: Monte Ávila Editores, 1981.

_____, *D. Ejercicio narrativo*. Caracas: Monte Ávila Editores, 1977.

BENJAMIN, Walter, *Reflections. Essays, Aphorisms, Autobiographical Writings*, ed. Peter Demetz, trad. E. Jephcott. Nueva York: Schocken Books, 1986.

BERROETA, Pedro, *Migaja. Lectura para descansar en la playa*. Caracas: Monte Ávila Editores, 1974.

BETANCOURT, Rómulo, *Posición y doctrina*. Caracas: Editorial Cordillera, 1958.

BORGES, Jorge Luis, *Obras completas 1923-1972*. Buenos Aires: Emecé Editores, 1981.

BRAVO, Ramón, *Las 10 p.m. menos nunca*. Caracas: La Muralla, 1964.

BRITTO GARCÍA, Luis, *Abrapalabra* (1979). Caracas: Monte Ávila Editores Latinoamericana, 2003.

_____, *Rajatabla* (1970). Caracas: Alfadil Ediciones, 1995.

BURGESS, Ernest, «The Growth of the City: An Introduction to a Research Project», en Robert Park y Ernest Burgess, *The City. Suggestions for Investigation of Human Behavior in the Urban Environment* (1925). Chicago: The University of Chicago Press, Midway Reprint, 1984, pp. 47-62.

CABRUJAS, José Ignacio, «La ciudad escondida» (1988), en *Cuatro lecturas de Caracas*, sel. y prólogo de Rafael Arráiz Lucca. Caracas: Fundarte, 1999, pp. 87-108.

_____, *El día que me quieras/ Acto cultural*. Caracas: Monte Ávila Editores Latinoamericana, 1997.

CALDERA, Rafael, *Reflexiones de La Rábida. Política y ciencia social ante la realidad latinoamericana*. Barcelona: Seix Barral, 1976.

_____, *Aspectos sociológicos de la cultura en Venezuela*. Caracas: Instituto de Filosofía, Facultad de Humanidades y Educación, Universidad Central de Venezuela (UCV), s/f.

DAVIS, Kingsley, «La urbanización de la población mundial», en *La ciudad* (1965), trad. G. Gayá Nicolau. Madrid: Scientific American, Alianza Editorial, 1982, pp. 11-36.

DÍAZ SÁNCHEZ, Ramón, *Obras selectas*. Madrid: Edime, 1967.

DÍAZ SEIJAS, Pedro, *Ideas para una interpretación de la realidad venezolana*. Caracas: Jaime Villegas, Editor, 1962.

GALLEGOS, Rómulo, *Una posición en la vida*. Caracas: Ediciones Centauro, 1977, 2 ts.

GARMENDIA, Salvador, «Los sesenta: la disolución del compromiso» (1996), en Carlos Pacheco, Luis Barrera Linares, Beatriz González Stephan (coords.), *Nación y literatura. Itinerarios de la palabra escrita en la cultura venezolana*. Caracas: Fundación Bigott, Banesco, Editorial Equinoccio, 2006, pp. 593-603.

_____, «La Caracas de Juan Figueroa», *El Nacional*, Caracas: agosto 28, 2000.

_____, «Encuentros con Balzac», Papel Literario, *El Nacional*, Caracas: marzo 14, 1993.

_____, *Memorias de Altagracia* (1974). Caracas: Monte Ávila Editores, 1991.

_____, «Veinte años de calles, ruidos y superficies», en Soledad

Mendoza (ed.), *Así es Caracas*. Caracas: Editorial Ateneo de Caracas, 1980, s.p.

_____, *La mala vida* (1968). Caracas: Monte Ávila Editores, 1980.

_____, *Día de ceniza* (1963). Caracas: Monte Ávila Editores, 1968.

_____, *Los pequeños seres / Los habitantes*. Caracas: Monte Ávila Editores, 1979.

GONZÁLEZ LEÓN, Adriano, «Salvador», *El Nacional*, Caracas: junio 8, 2006, A-9.

_____, «Barrio entre el cielo y el infierno», *El Nacional*, Caracas: marzo 16, 2006, A-9.

_____, «País portátil», *El Nacional*, Caracas: enero 22, 1979.

_____, *País portátil* (1968). Barcelona: Editorial Seix Barral, 1969.

GUARAMATO, Oscar, *Cuentos en tono menor* (1990), prólogo de Javier Lasarte Varcárcel. Caracas: Monte Ávila Editores, 1995.

HEIDEGGER, Martin, «Pourquoi restons-nous en province?» (1934), trad. N. Parfaity F. Destur, en Pierre Ansay y René Schoonbrodt, *Penser la ville. Choix de textes philosophiques*. Bruselas: AAM Éditions, 1989, pp. 466-470.

_____, *Essais et conférences*, trad. André Préau. Paris: Gallimard, 1986.

_____, «L'origine de l'oeuvre d'art», en *Chemins qui mènent nulle part* (1962), trad. Wolfgang Brokmeir. París: Gallimard, 1987, pp. 13-98; *Arte y poesía* (1958), trad. y prólogo Samuel Ramos. México: Fondo de Cultura Económica (FCE), 1978, pp. 35-123.

_____, «Edificar. Morar. Pensar», trad. Alberto Wibezahn Massiani, *Boletín del Centro de Investigaciones Históricas y Estéticas*, No. 1, Caracas: CIHE, Universidad Central de Venezuela (UCV), enero 1964, pp. 64-80.

LERNER, Elisa, *Teatro*. Caracas: Ediciones Angria, 2004.

_____, «El sueño de un mundo», en Soledad Mendoza (ed.), *Así es Caracas*. Caracas: Editorial Ateneo de Caracas, 1980, s.p.

_____, *Yo amo a Columbo o la pasión dispersa*. Caracas: Monte Ávila Editores, 1979.

LIENDO, Eduardo, *El mago de la cara de vidrio* (1973), prólogo de Alexis Márquez Rodríguez. Caracas: Monte Ávila Editores Latinoamericana, 2000.

_____, *Los topos* (1975). Caracas: Monte Ávila Editores Latinoamericana, Fondo Editorial Contraloría General de la República, 2000.

LISCANO, Juan, *Tiempo desandado (Polémicas, política y cultura)*. Caracas: Ediciones del Ministerio de Educación, 1964, t. I.

_____, *Folklore y cultura*. Caracas: Editorial Ávila Gráfica, 1950.

MADRID, Antonieta, *No es tiempo para rosas rojas* (1975), prólogo de Alicia Perdomo. Caracas: Monte Ávila Editores, 1994.

MALAVÉ MATA, Héctor, Héctor SILVA MICHELENA y Heinz SONN-TAG, «El contenido conflictivo del actual proceso económico-social de América Latina» (1976), en AA. VV., *Ensayos venezolanos*. Caracas: Ateneo de Caracas, 1979, pp. 92-105.

MARCUSE, Herbert, *El hombre unidimensional* (1964), trad. Antonio Elorza. Barcelona: Editorial Seix-Barral, 1972.

MARX, Karl, *La ideología alemana* (1846). La Habana: Pueblo y Educación, 1982.

MASSIANI, Francisco, *Piedra de mar* (1968), prólogo de José Balza. Caracas: Monte Ávila Editores, 1987.

MIJARES, Augusto, *El último venezolano y otros ensayos*, prólogo Óscar Rodríguez Ortiz. Caracas: Monte Ávila Editores, 1991.

MORO, Tomás, *Utopía* (1516), en Tomás Moro, Tomaso Campanella y Francis Bacon, *Utopías del Renacimiento* (1941). México: Fondo de Cultura Económica, 1984, pp. 37-140.

MUMFORD, Lewis, *The City in History. Its Origins, its Transformations and its Prospects.* Nueva York: Harcourt & Brace, 1961; *La ciudad en la historia. Sus orígenes, transformaciones y perspectivas* (1966), trad. E.L. Revol. Buenos Aires: Ediciones Infinito, 1979, 2 ts.

NAZOA, Aquiles, *Caracas física y espiritual* (1967). Caracas: Panapo, 1987.

NOGUERA, Carlos, *Historias de la calle Lincoln* (1971). Caracas: Monte Ávila Editores Editores, 1991.

OTERO SILVA, Miguel, *Cuando quiero llorar no lloro* (1970). Caracas: CMR, 1996.

_____, *La muerte de Honorio* (1963). Caracas: CMR, 1996.

PALACIOS, Antonia, *Ana Isabel, una niña decente* (1949). Caracas: Monte Ávila, 1989.

_____, *Viaje al frailejón* (1955), ilustraciones de Alfredo Boulton. Caracas: Monte Ávila Editores, 1974.

PARK, Robert, «Suggestions for the Investigation of Human Behavior in the Urban Environment» (1916), en Robert Park y Ernest Burgess, *The City. Suggestions for Investigation of Human Be-*

havior in the Urban Environment (1925). Chicago: The University of Chicago Press, Midway Reprint, 1984, pp. 1-46.

PAZ, Octavio, *El laberinto de la soledad* (1950). México: Fondo de Cultura Económica, 1980.

PICÓN SALAS, Mariano, *Suma de Venezuela. Biblioteca Mariano Picón-Salas.* Caracas: Monte Ávila Editores, 1988, t.II.

_____, «El Rómulo de aquí», en J.M. Siso Martínez y Juan OROPESA, *Mariano Picón Salas. Apostilla prologal de Rómulo Betancourt. Correspondencia cruzada entre Rómulo Betancourt y Mariano Picón Salas, 1931-1965* (1977). Caracas: Ediciones de la Fundación Diego Cisneros, 1978, pp. 156-162.

PIRENNE, Henri, *Las ciudades de la Edad Media* (1925), trad. Francisco Calvo. Madrid: Alianza Editorial, 1981.

_____, *Historia económica y social de la Edad Media* (1933), trad. Salvador Echavarría. México: Fondo de Cultura Económica, 1975.

RANGEL, Carlos. *Del buen salvaje al buen revolucionario. Mitos y realidades de América Latina* (1976). Caracas: Criteria, 2005.

REDFIELD, Robert, *El mundo primitivo y sus transformaciones* (1953), trad. Francisco González Araramburo. México: Fondo de Cultura Económica, 1973.

_____, «The Folk Society» (1947), en Richard Sennett (ed.), *Classic Essays on the Culture of Cities.* Nueva York: Appleton-Century-Crofts, Meredith Corporation, 1969, pp. 180-205.

REDFIELD, Robert y Milton SINGER, «The Cultural Role of Cities», en Richard Sennett (ed.), *Classic Essays on the Culture of Cities.* Nueva York: Appleton-Century-Crofts, Meredith Corporation, 1969, pp. 206-233.

RILKE, Rainer María, *Elegías de Duino / Los sonetos a Orfeo*, trad. y ed. Eustaquio Barjau. Madrid: Cátedra, 1987.

RODRÍGUEZ, Renato, *El bonche* (1976). Caracas: Monte Ávila Editores Latinoamericana, 2006.

_____, *Al sur del equanil* (1963), prólogo de Carlos Noguera. Caracas: Monte Ávila Editores Latinoamericana, 2004.

ROSENBLAT, Ángel, *La primera visión de América y otros estudios* (1965). Caracas: Ministerio de Educación, 1969.

ROSTOW, Walt Whitman, *The Stages of Economic Growth. A Noncommunist Manifesto* (1960). Cambridge: Cambridge University Press, 1971.

ROUSSEAU, Jean-Jacques, *Du contrat social* (1762). París: Le Livre de Poche, 1982.

SÁEZ MÉRIDA, Simón, «Betancourt, otra opinión», Papel Literario, *El Nacional*, Caracas: marzo 5, 2005, p. B-20.

_____, «El mito Roosevelt», en AA. VV., *Ensayos venezolanos*. Caracas: Ateneo de Caracas, 1979, pp. 155-186.

SILVA, Ludovico, *Teoría y práctica de la ideología* (1971). México: Editorial Nuestro Tiempo, 1978.

SIMMEL, Georg, «The metropolis and mental life» (1903), trad. H.H. Gerth, en Richard Sennett (ed.), *Classic Essays on the Culture of Cities*. Nueva York: Appleton-Century-Crofts, Meredith Corporation, 1969, pp. 47-60; «Metrópolis y vida mental», en *La soledad del hombre* (1971), trad. S. González. Caracas: Monte Ávila Editores, 1992, pp. 99-119.

_____, *Sociología. Estudios sobre las formas de socialización* (1908). Madrid: Revista de Occidente, 1977, 2 ts.

SJOBERG, Gideon, «Origen y evolución de las ciudades», en *La ciudad* (1965), trad. G. Gayá Nicolau. Madrid: Scientific American, Alianza Editorial, 1982, pp. 37-54.

SPENGLER, Oswald, *La decadencia de Occidente. Bosquejo de una morfología de la historia universal* (1918), trad. Manuel García Morente. Madrid: Espasa-Calpe, 1998, 2ts.

TÖNNIES, Ferdinand, «*Gemeinschaft* and *Gesellschaft*» (1887), trad. Charles P. Loomis, en *Theories of Society. Foundations of Modern Sociological Theory* (1961). Nueva York: The Free Press, 1965, pp. 191-201.

TREJO, Oswaldo, *También los hombres son ciudades* (1962), prólogo de Francisco Rivera. Caracas: Monte Ávila Editores, 1981.

USLAR PIETRI, Arturo, *Fantasmas de dos mundos*. Barcelona: Seix Barral, 1979.

_____, «América y la revolución» (1979), en AA. VV., *Ensayos venezolanos*. Caracas: Editorial Ateneo de Caracas, 1979, pp. 135-154.

_____, *El globo de colores*. Caracas: Monte Ávila Editores, 1975.

_____, *Un retrato en la geografía*. Buenos Aires: Editorial Losada, 1962.

_____, *Pizarrón*. Caracas: Edime, 1955.

VALLENILLA LANZ, hijo, Laureano, *Fuerzas vivas*. Madrid: Editorial Vaher, 1963.

_____, *Allá en Caracas* (1948). Caracas: Ediciones Garrido, 1954.

VARGAS LLOSA, Mario, «Hombre de letras», *El Nacional*, Caracas: febrero 20, 2005, p. A-11.

VIOLICH, Francis, «Caracas: Focus of the New Venezuela», en H. Wentworth Eldredge (ed.), *World Capitals. Toward Guided Urbanization.* Nueva York: Anchor Press, Doubleday, 1975, pp. 246-292.

WEBER, Max, *Economía y sociedad. Esbozo de sociología comprensiva* (1922), trad. J. Winckelmann. Bogotá: Fondo de Cultura Económica, 1977, 2 ts., t. II, pp. 938-1024; *The City*, ed. y trad. Don Martindale y Gertrude Neuwirth. Nueva York: The Free Press, 1958.

_____, *La ética protestante y el espíritu del capitalismo* (1904-1905), trad. Luis Legaz Lacambra. Barcelona: Ediciones Península, 1977.

3. Bibliografía de apoyo

ALMANDOZ, Arturo, «Itinerario segregado hacia la Caracas roja», *TodaVía. Pensamiento y cultura en América Latina*, 17, Buenos Aires: Fundación Osde, agosto 2007, pp. 20-25. http://revistatodavia.com.ar.

_____, «Intelectualidad, especialización y establecimiento cultural en la Venezuela de Punto Fijo», Papel Literario, *El Nacional*, Caracas: agosto 4, 2007, pp. 3-5.

_____, *Urbanismo europeo en Caracas (1870-1940)*, prólogo de William Niño Araque. Caracas: Equinoccio, Fundación para la Cultura Urbana, 2006.

_____, «Urban planning and historiography in Latin America», *Progress in Planning*, Vol. 65, No. 2, 2006, pp. 81-123.

_____, «Segregación, violencia y contracultura. Acercamiento a los sujetos de la narrativa caraqueña de los años sesenta», en Carlos Colina (comp.), *Ciudades mediáticas. Aproximaciones a Caracas desde la comunicación y la cultura.* Caracas: Fundación Alejandro Colina, Consejo Nacional de la Cultura, Comisión de Estudios de Postgrado (CEP), Facultad de Humanidades y Educación (FHE), Universidad Central de Venezuela (UCV), 2005, pp. 203-219.

_____, «Nueva historia y representación urbana. A la búsqueda de un corpus», *Relea. Revista Latinoamericana de Estudios Avanzados*, No. 20, Caracas: Centro de Investigaciones Postdoctorales (Cipost), Facultad de Ciencias Económicas y Sociales (Faces), Universidad Central de Venezuela (UCV), enero-diciembre 2004, pp. 55-92.

_____, «La americanización venezolana en ensayos y novelas de los años 1960 y 1970», *Anales de la Universidad Metropolitana*, Vol. 4, No. 1 (Nueva Serie), Caracas: Universidad Metropolitana, 2004, pp. 183-200.

_____, *La ciudad en el imaginario venezolano*, t. II: *De 1936 a los pequeños seres*, prólogo de Carlos Pacheco. Caracas: Fundación para la Cultura Urbana, 2004.

_____, *La ciudad en el imaginario venezolano*, t. I: *Del tiempo de Maricastaña a la masificación de techos rojos*, prólogo de Rafael Arráiz Lucca. Caracas: Fundación para la Cultura Urbana, 2002.

_____, «Caracas, Venezuela», en Melvin Ember y Carol R. Ember (eds.), *Encyclopedia of Urban Cultures. Cities and Cultures around the World*. Danbury, Connecticut: Grolier, 2002, 4 ts., I, pp. 495-503.

_____, *Ensayos de cultura urbana*, prólogo de Marco Negrón. Caracas: Fundarte, 2000.

_____, «Metrópoli, habitar y existencia. Un recorrido por los habitares de Heidegger». Tesis de Maestría en Filosofía. Sartenejas: Universidad Simón Bolívar (USB), 1992.

ARAUJO, Orlando, *Narrativa venezolana contemporánea* (1972). Caracas: Monte Ávila Editores, 1988.

ARRÁIZ LUCCA, Rafael, *Arturo Uslar Pietri o la hipérbole del equilibrio*. Caracas: Fundación para la Cultura Urbana, 2005.

_____, «¿Quiénes son los intelectuales?», *El Nacional*, Caracas: septiembre 1, 2003, p. A-6.

_____, «Las tareas de la imaginación: la cultura en el siglo XX venezolano», en Enrique Viloria Vera (comp.), *Venezuela: balance del siglo XX*. Caracas: Universidad Metropolitana, Decanato de Estudios de Postgrado, 2000, pp. 11-65.

BAHRDT, Hans Paul, *La moderna metrópoli. Reflexiones sociológicas sobre la construcción en las ciudades* (1961), trad. Federico Sperber. Buenos Aires: Eudeba, 1979.

BALBI, Marianela, «Bajo el cielo de Clarines», en *50 imprescindibles*, curador y comentarista J. Sanoja Hernández. Caracas: Fundación para la Cultura Urbana, 2002, pp. 419-423.

BALZA, José, «Una literatura de la Atlántida», Suplemento Bajo Palabra, *El Diario de Caracas*, Caracas: julio 26, 1992, p. 4.

_____, «Una novela en la acera» (1985), prólogo a Francisco Massiani, *Piedra de mar* (1968). Caracas: Monte Ávila Editores, 1987, pp. vii-xii.

BARRERA LINARES, Luis, «Renato Rodríguez, topo de la narrativa venezolana», Papel Literario, *El Nacional*, Caracas: diciembre 2, 2006, p. 1.

_____, *La negación del rostro. Apuntes para una egoteca de la narrativa masculina venezolana*. Caracas: Monte Ávila Editores Latinoamericana, 2005.

BARRIOS, Guillermo, «Tramas cruzadas: el rol de la ciudad en el cine venezolano». Caracas: Doctorado en Arquitectura, Facultad de Arquitectura y Urbanismo (FAU), Universidad Central de Venezuela (UCV), mayo 2006.

_____, «Circa 1950. El espacio cinemático en el preámbulo del proyecto moderno en Venezuela». Trabajo de ascenso. Carácas: Facultad de Arquitectura y Urbanismo (FAU), Universidad Central de Venezuela (UCV), 2003.

_____, *Ciudades de película*. Caracas: Fundación Cinemateca Nacional, Eventus, 1997.

_____, *Inventario del olvido*. Caracas: Fundación Cinemateca Nacional, 1992.

BELROSE, Maurice, *Claves para descifrar la novelística de José Balza*. Caracas; Fundarte, 1999.

BILBAO, Alicia, *Salvador Garmendia*. Caracas: Universidad Simón Bolívar (USB), 1990.

BOLIVAR CHOLLETT, Miguel, *La población venezolana 10 años después de El Cairo: una revisión selectiva de su dinámica, distribución espacial y movimientos migratorios*. Caracas: Facultad de Ciencias Económicas y Sociales (Faces), Universidad Central de Venezuela (UCV), Fondo de Población de las Naciones Unidas (Unfpa), 2004.

_____, *Población y sociedad en la Venezuela del siglo XX*. Caracas: Fondo Editorial Tropykos, Facultad de Ciencias Económicas y Sociales (Faces), Universidad Central de Venezuela, 1994.

BREWER-CARÍAS, Allan R., *Cambio político y reforma del Estado en Venezuela. Contribución al estudio del Estado democrático, social y de derecho.* Madrid: Editorial Tecnos, 1975.

BRICEÑO-LEÓN, Roberto, *El futuro de las ciudades venezolanas.* Caracas: Cuadernos Lagovén, 1986.

CAMPOS, Miguel Ángel, «La novela, el tema del petróleo y otros equívocos», en Carlos Pacheco, Luis Barrera Linares, Beatriz González Stephan (coord.), *Nación y literatura. Itinerarios de la palabra escrita en la cultura venezolana.* Caracas: Fundación Bigott, Banesco, Editorial Equinoccio, 2006, pp. 479-491.

CARDOSO, Fernando H. y Enzo FALETTO, *Dependencia y desarrollo en América Latina.* México: Siglo XXI, 1969.

CARRERA DAMAS, Germán, *Una nación llamada Venezuela. Proceso sociohistórico (1810-1974)* (1984), prólogo de Elio Gómez Grillo. Caracas: Monte Ávila Editores, 1988.

CARTAY, Rafael, *Fábrica de ciudadanos. La construcción de la sensibilidad urbana (Caracas 1870-1980).* Caracas: Fundación Bigott, 2003.

CASIQUE, Iraida, «Modelos de intelectualidad marginal en la narrativa de los sesenta y setenta», en Carlos Pacheco, Luis Barrera Linares, Beatriz González Stephan (coord.), *Nación y literatura. Itinerarios de la palabra escrita en la cultura venezolana.* Caracas: Fundación Bigott, Banesco, Editorial Equinoccio, 2006, pp. 605-623.

CASTELLS, Manuel (ed.), *Imperialismo y urbanización en América Latina.* Barcelona: Gustavo Gili, 1973.

CASTRO CORTIÑAS, Beatriz, «Al filo de la vida», Papel Literario, *El Nacional.* Caracas: diciembre 11, 2004, p. 3.

CHACÓN, Alfredo, «Padre e hijo de la madre de las fiestas», Papel Literario, *El Nacional,* Caracas: noviembre 1, 1998, p. 2.

CLICHEVSKY, Nora, *Construcción y administración de la ciudad latinoamericana.* Buenos Aires: Instituto Internacional de Medio Ambiente y Desarrollo (IIED)-América Latina, Grupo Editor Latinoamericano (GEL), 1990.

CORDOLIANI, Silda, «A veinte años de aquella dulce locura», prólogo a Carlos Noguera, *Historias de la calle Lincoln* (1971). Caracas: Monte Ávila Editores Latinoamericana, 1991, pp. 7-15.

CRESPO, Luis Alberto, *El país ausente.* Caracas: Fondo Editorial del Caribe, 2004.

DAVIS, Kingsley, «La urbanización de la población mundial», en *La ciudad* (1965), trad. Guillermo Gayá Nicolau. Madrid: Scientific American, Alianza Editorial, 1982, pp. 11-36.

DRAKAKIS-SMITH, David, *The Third World City* (1987). Londres: Routledge, 1990.

ERMINY, Perán, «Un cambio de identidad», Papel Literario, *El Nacional*, Caracas: noviembre 1, 1998, p. 3.

ESTABA, Rosa M. e Ivonne ALVARADO, *Geografía de los paisajes urbanos e industriales de Venezuela*. Caracas: Editorial Ariel-Seix Barral Venezolana, 1985.

FOSSI, Víctor, «Desarrollo urbano y vivienda: la desordenada evolución hacia un país de metrópolis», en Moisés Naím y Ramón Piñango (eds.), *El caso Venezuela: una ilusión de armonía*. Caracas: Ediciones Instituto de Estudios Superiores de Administración (IESA), 1989, pp. 473-498.

FRANCO, Jean, *The Modern Culture of Latin America: Society and the Artist* (1967). Baltimore: Penguin Books, 1970.

FRASER, Valerie, *Building the New World. Studies in the Modern Architecture of Latin America 1930-1960*. Londres: Verso, 2000.

GALVE de MARTÍN, María Dolores, *La dictadura de Pérez Jiménez: testimonio y ficción*. Caracas: Consejo de Desarrollo Científico y Humanístico (CDCH), Universidad Central de Venezuela (UCV), 2001.

GARCIA CANCLINI, Néstor, *Culturas híbridas. Estrategias para entrar y salir de la modernidad* (1989). Buenos Aires: Editorial Sudamericana, 1995.

GARCÍA-GUADILLA, María Pilar, «Configuración espacial y movimientos ciudadanos», en Tomás R. Villasante (coord.), *Las ciudades hablan. Identidades y movimientos sociales en seis metrópolis latinoamericanas*. Caracas: Nueva Sociedad, 1994, pp. 51-69.

GONZALEZ CASAS, Lorenzo, «Los extraños acordes de una sinfonía metropolitana», en *Santiago de León de Caracas 1567-2030*. Caracas: Exxon Mobil de Venezuela, 2004, pp. 203-239.

_____, «Modernidad y la ciudad: Caracas 1935-1958». Trabajo de ascenso. Sartenejas: Departamento de Planificación Urbana, Universidad Simón Bolívar (USB), 1997.

GONZÁLEZ LEÓN, Adriano, «Prólogo» a Orlando Araujo, *Compañero de viaje* (1970). Caracas: Monte Ávila Editores, 1991, pp. 7-20.

GONZALEZ TÉLLEZ, Silverio, *La ciudad venezolana. Una interpreta-*

ción de su espacio y sentido de la convivencia nacional. Caracas: Fundación para la Cultura Urbana, 2005.

GUILLENT PÉREZ, J.R., «Presentación», en Ramón Bravo, *Las 10 p.m. menos nunca.* Caracas: La Muralla, pp. 7-11.

IZAGUIRRE, Rodolfo, «El mantel como una bandera», prólogo a Elisa Lerner, *Teatro.* Caracas: Ediciones Angria, 2004, pp. 3-10.

JACOBS, Jane, *The Death and Life of Great American Cities.* Nueva York: Vintage Books, 1961; *Muerte y vida de las grandes ciudades* (1967), trad. A. Abad. Barcelona: Península, 1973.

KELLER, Suzanne, *El vecindario urbano. Una perspectiva sociológica* (1968), trad. Magdalena Ruiz de Elvira Zubizarreta. Madrid: Siglo Veintiuno Editores, 1975.

LAPOUGE, Giles, *Utopie et civilisations.* París: Flammarion, 1978.

LASARTE, Javier, «Prólogo» a Oscar Guaramato, *Cuentos en tono menor* (1990). Caracas: Monte Ávila Editores, 1995, pp. 7-22.

LEDEZMA, Pedro Felipe, «Los últimos treinta años» (1992), en AA. VV., *Historia mínima de Venezuela.* Caracas: Fundación de los Trabajadores de Lagovén, 1993, pp. 182-202.

LEFEBVRE, Henri, *De lo rural a lo urbano* (1970), trad. Javier González-Pueyo. Barcelona: Ediciones Península,1978.

_____, *La révolution urbaine* (1970). Paris: Gallimard, 1979; *La revolución urbana,* trad. Mario Nolla. Madrid: Alianza Editorial, 1976.

LINARES, Albinson, «Renato Rodríguez viaja por su memoria. 'La escritura nunca fue un pretexto, siempre fue mi vida'», *El Nacional,* Caracas: agosto 21, 2006, p. B-10.

LINARES ANGULO, Jorge, País portátil *en la sociología de la novela.* Caracas: Ediciones de la Casa de Bello, 1994.

LISCANO, Juan, «Acercamiento de paso a la narrativa venezolana», Papel Literario, *El Nacional,* Caracas: agosto 13, 1993.

LÓPEZ ALVAREZ, Luis, *Caracas.* Barcelona: Ediciones Destino, 1989.

LOPEZ VILLA, Manuel Antonio, «Gestión urbanística, revolución democrática y dictadura militar en Venezuela (1945-1958)», *Urbana,* No.14-15, Caracas: Instituto de Urbanismo, Facultad de Arquitectura y Urbanismo (FAU), Universidad Central de Venezuela (UCV), 1994, pp. 103-119.

MARCANO, Cristina, «'La unidad fue la fuerza decisiva'», *El Nacional,* Caracas: enero 23, 2008, p. Nación-4.

MÁRQUEZ RODRIGUEZ, Alexis, «Prólogo» (1985) a Eduardo Liendo, *El mago de la cara de vidrio* (1973). Caracas: Monte Ávila Editores Latinoamericana, 2000, pp. 9-16.

_____, «Las novelas de MOS», *El Nacional*, Caracas: agosto 30, 1996.

MATO, Daniel, «Estudios y otras prácticas intelectuales latinoamericanas en cultura y poder», *Relea. Revista Latinoamericana de Estudios Avanzados*, No. 14, Caracas: Centro de Investigaciones Posdoctorales (Cipost), Facultad de Ciencias Económicas y Sociales (Faces), Universidad Central de Venezuela (UCV), mayo-agosto 2001, pp. 19-61.

MEDINA, Celso, «De la novela de la idea a la novela carnavalesca», en Carlos Pacheco, Luis Barrera Linares, Beatriz González Stephan (coords.), *Nación y literatura. Itinerarios de la palabra escrita en la cultura venezolana*. Caracas: Fundación Bigott, Banesco, Editorial Equinoccio, 2006, pp. 751-761.

MEDINA, José Ramón, *Noventa años de literatura venezolana (1900-1990)*. Caracas: Monte Ávila Editores, 1993.

MORSE, Richard M., «El desarrollo de los sistemas urbanos en las Américas durante el siglo XIX», en Jorge E. Hardoy, Richard P. Schaedel (eds.), *Las ciudades de América Latina y sus áreas de influencia a través de la historia*. Buenos Aires: Sociedad Interamericana de Planificación (SIAP), 1975, pp. 263-290.

NAVARRO, Armando, «El laberinto citadino de Carlos Noguera», Verbigracia, *El Universal*, Caracas: julio 11, 1998.

NEGRÓN, Marco, *La cosa humana por excelencia. Controversias sobre la ciudad*, prólogo de Manuel Caballero. Caracas: Fundación para la Cultura Urbana, 2004.

NOGUERA, Carlos, «*Al sur del Equanil*. Una inflexión narrativa en los años 60», en Renato Rodríguez, *Al sur del Equanil* (1963). Caracas: Monte Ávila Editores Latinoamericana, 2004, pp. ix-xviii.

OLIVEROS, Gustavo, «Última entrevista a Adriano González León. La República del Este perdió a su miembro más noble», *El Nacional*, Caracas: enero 14, 2007, p. Escenas-2.

PACHECO, Carlos, *La patria y el parricidio. Estudios y ensayos críticos sobre la historia y la escritura en la narrativa venezolana*. Mérida: Ediciones el Otro, el Mismo, 2001.

PALMA, Gabriel, «Dependency: a Formal Theory of Underdevelopment or a Methodology for the Analysis of Concrete Situations of Underdevelopment», *World Development,* 7/8, julio-agosto 1978, pp. 881-920.

PASQUALI, Antonio, *Bienvenido global village. Comunicación y moral.* Caracas: Monte Ávila Editores Latinoamericana, 1998.

PERDOMO, Alicia, «Prologo» a Antonieta Madrid, *No es tiempo para rosas rojas* (1975). Caracas: Monte Ávila Editores, 1994, pp. 7-16.

PEREZ SCHAEL, María Sol, *Petróleo, cultura y poder en Venezuela.* Caracas: Monte Ávila Editores Latinoamericana, 1993.

POTTER, Robert y Sally LLOYD-EVANS, *The City in the Developing World.* Harlow: Longman, 1998.

QUIJANO, Aníbal, *Dependencia, urbanización y cambio social en América Latina.* Lima: Mosca Azul, 1977.

QUINTERO, Rodolfo, *El petróleo y nuestra sociedad.* Caracas: Universidad Central de Venezuela (UCV), 1978.

RAMÍREZ BARRETO, Francismar, «Caracas es una metáfora de las grandes patologías venezolanas», entrevista a Tulio Hernández, Papel Literario, *El Nacional,* Caracas: septiembre 18, 2004, p. 2.

_____, «Entrevista a Marco Negrón. Las ciudades se erigen sobre la calidad de sus ciudadanos», Papel Literario, *El Nacional,* Caracas: agosto 28, 2004, pp. 2-3.

REISSMAN, Leonard, *The Urban Process. Cities in Industrial Societies* (1964). Nueva York: The Free Press, 1970; *El proceso urbano. Las ciudades en las sociedades industriales,* trad. Laboratorio de Urbanismo de la Etsab. Barcelona: Editorial Gustavo Gili, 1972.

REMY, Jean y Lilianne VOYÉ, *La ciudad y la urbanización,* trad. J. Hernández Orozco. Madrid: Instituto de Estudios de Administración Local (IEAL), 1976.

REVEL, Jean-François, «Prólogo» (1976) a Carlos Rangel, *Del buen salvaje al buen revolucionario. Mitos y realidades de América Latina* (1976). Caracas: Criteria, 2005, pp. 21-27.

RICOEUR, Paul Ricoeur, *Temps et récit* (1983-85). París : Éditions du Seuil, 1991, 3ts.

RIVAS, Luz Marina, «¿Qué es lo que traman ellas?: nuestras narradoras», en Carlos Pacheco, Luis Barrera Linares, Beatriz González Stephan (coords.), *Nación y literatura. Itinerarios de la palabra escrita en la cultura venezolana.* Caracas: Fundación Bigott, Banesco, Editorial Equinoccio, 2006, pp. 711-728.

RIVAS ROJAS, Raquel, *Bulla y buchiplumeo. Masificación cultural y* recepción letrada en la Venezuela gomecista. Caracas: Fondo editorial La Nave Va, 2002.

RIVERA, Adriana, «Perfil del 'zar' de Guayana. Sucre Figarella concibió el tren a los Valles del Tuy», El Nacional, Caracas: octubre 22, 2006, p. D-4.

RIVERA, Francisco, «Prólogo» a Oswaldo Trejo, También los hombres son ciudades. Caracas: Monte Ávila, 1981, pp. 5-9.

RIVERA, Nelson, «El escrutinio del melancólico», Papel Literario, El Nacional, Caracas: noviembre 19, 2005, p. 1.

_____, «Conversación con Jesús Sanoja Hernández y Elías Pino Iturrieta. Del padre fundador al padre ausente», Papel Literario, El Nacional, Caracas: marzo 5, 2005, p. B-19.

ROBERTS, Bryan, Cities of Peasants. The Political Economy of Urbanization in the Third World. Londres: Edward Arnold, 1978.

RODRÍGUEZ, Manuel Alfredo, Tres décadas caraqueñas. 1935-1966. Caracas: Editorial Fuentes, 2004.

RODRÍGUEZ ORTIZ, Oscar, «El poderoso radar de Salvador», Papel Literario, El Nacional, Caracas: mayo 26, 2001, pp. 2-3.

_____, «Desesperado por la trascendencia», Papel Literario, El Nacional, Caracas: marzo 3, 2001, p. 4.

_____, Paisaje del ensayo venezolano. Maracaibo: Universidad Cecilio Acosta, 1999.

_____, «De la provincia a la esquina», Papel Literario, El Nacional, Caracas: agosto 8, 1989.

RODWIN, Lloyd, «Ciudad Guayana: una ciudad nueva», en La ciudad (1965), trad. Guillermo Gayá Nicolau. Madrid: Scientific American, Alianza Editorial, 1982, pp. 113-133.

ROFMAN, Alejandro B., Dependencia, estructura de poder y formación regional en América Latina (1974). México: Siglo Veintiuno Editores, 1977.

ROMERO, Aníbal, «Del buen salvaje al buen revolucionario», El Nacional, Caracas: noviembre 1, 2006, p. A-6.

ROMERO, José Luis, Latinoamérica: las ciudades y las ideas (1976). México: Siglo Veintiuno Editores, 1984.

RONDÓN, Rafael, «Las sendas del paisaje nacional. Aproximación al paisaje, la modernidad y la nación en la Generación del 18 y el Círculo de Bellas Artes». Sartenejas: Maestría en Literatura Latinoamericana, Universidad Simón Bolívar (USB), mayo 2006.

RUSSOTTO, Margara, «La literatura satírica en manos de mujeres», Papel Literario, *El Nacional*, Caracas: mayo 5, 2001, p. 4.

_____, «Crónica de los géneros sexuales», Papel Literario, *El Nacional*, Caracas: mayo 12, 2001, p. 4.

SANOJA HERNANDEZ, Jesús, «De Betancourt II a CAP II: el drama adeco», *El Nacional*, Caracas: febrero 6, 2004, p. A-8.

_____, «En busca del tesoro perdido», en *50 imprescindibles*, curador y comentarista J. Sanoja Hernández. Caracas: Fundación para la Cultura Urbana, 2002, pp. 63-65.

_____, «Una región habitada por la memoria», en *50 imprescindibles*, curador y comentarista J. Sanoja Hernández. Caracas: Fundación para la Cultura Urbana, 2002, pp. 425-427.

SANTAELLA, Juan Carlos, «Otras nocturnidades», Papel Literario, *El Nacional*, Caracas: abril 6, 1980.

SEGNINI, Yolanda, *Historia de la cultura en Venezuela*. Caracas: Alfadil Ediciones, 1995.

SERVIER, Jean, *La utopía* (1979). México: Fondo de Cultura Económica, 1982.

SIMONOVIS, Leonora, «El país que se nos va: pasado, presente y memoria en *País portátil* de Adriano González León», *Argos*, No. 42-43, Caracas: División de Ciencias Sociales y Humanidades, Universidad Simón Bolívar (USB), 2005, pp. 104-112.

SOCORRO, Milagros, «'La clase intelectual ha dado una extraordinaria lección de país'», *El Nacional*, Caracas: mayo 1, 2005, p. A-6.

_____, «'Tenemos gente de pocas luces donde había intelectuales'», *El Nacional*, Caracas: junio 8, 2003.

_____, *Catia, tres voces. María Carrasquel Rivas. Henrique Hernández Mujica. José Ignacio Cabrujas*. Caracas: Fundarte, 1994.

STAMBOULI, Andrés, «Rómulo Betancourt en 1932: del socialismo ortodoxo a la democracia», Papel Literario, *El Nacional*, Caracas: junio 11, 2005, p. 3.

_____, *La política extraviada. Una historia de Medina a Chávez*. Caracas: Fundación para la Cultura Urbana, 2002.

TENREIRO, Oscar, «Conversación con el General (R) Marcos Pérez Jiménez, en su residencia en Madrid, el día 5 de febrero de 1995», *Ciudad*, 1, Caracas: Dirección de Gestión Urbana, Alcaldía de Caracas, 1995, pp. 7-33.

TORRES, Ildemaro, «La diaria evocación de José Ignacio», *El Nacional*, Caracas: octubre 21, 2005, p. B-9.

VANNINI, Marisa, *Arrivederci Caracas*. Caracas: Fundarte, 1998.

VILLORIA-SIEGERT, Nelliana y Arturo ALMANDOZ, «Transferring the Neighborhood Unit to Caracas: Examples of Foreign Influence in Venezuela», *Critical Planning*, Vol 9, Los Angeles: University of California Los Angeles (UCLA), verano 2002, pp. 89-100.

WILLIAMSON, Edwin, *The Penguin History of Latin America*. Londres: Penguin Books, 1992.

WISOTZKI, Rubén, «Marco Negrón insiste: 'Caracas nos es ingobernable, es desgobernada'. 'Uno escribe para que alquien conteste pero en Venezuela nadie contesta'», *El Nacional*, Caracas: mayo 10, 2004, p. B-6.

_____, «Luis Britto García vuelve a abrir la palabra», *El Nacional*, Caracas: marzo 8, 2004, p. B-8.

_____, «Todo José Balza contenido en un libro. Soy un autor de la penumbra del país», *El Nacional*, Caracas: junio 22, 1997, p. C-12.

WISOTZKI, Rubén y Andreína GÓMEZ, «A fuego lento con José Balza. 'El escritor venezolano es cobarde'», *El Nacional*, Caracas: octubre 16, 2000, p. C-10.

Índice onomástico

Índice de lugares

Índice

TÍTULOS PUBLICADOS

Este libro se terminó de imprimir en el mes de noviembre del año 2009 en el taller de Gráficas Lauki. En su composición se emplearon tipos de la familia Bookman y Helvética. Para la tripa se usó bond beige 70 gramos. De esta edición se imprimieron mil ejemplares.

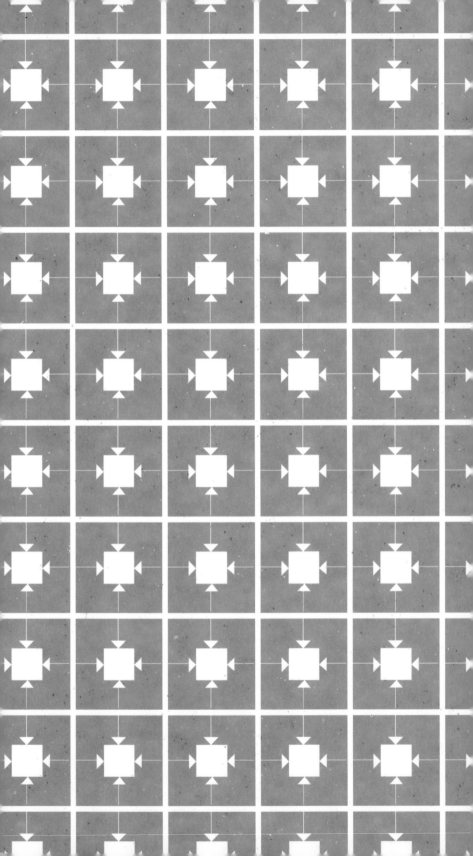

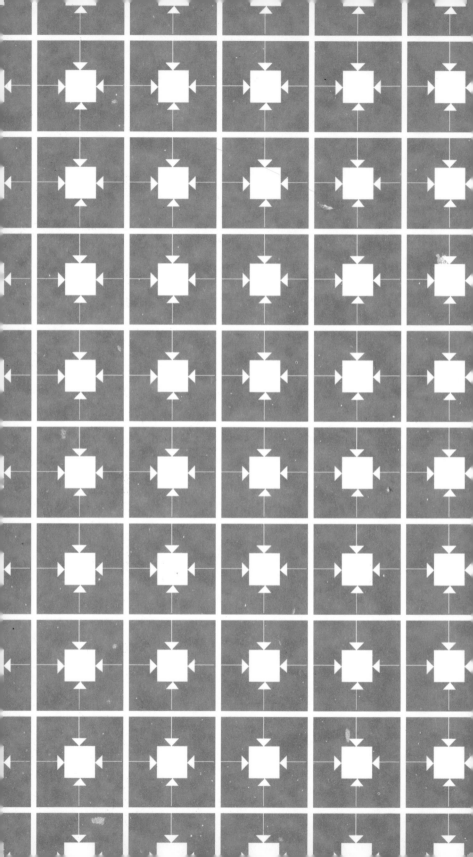